基于组织视角的创新创业人才职业生涯开发技术研究

刘铁明 著

JIYU ZUZHI SHIJIAO DE
CHUANGXIN CHUANGYE RENCAI ZHIYE SHENGYA
KAIFA JISHU YANJIU

中国财经出版传媒集团
经济科学出版社
Economic Science Press

图书在版编目（CIP）数据

基于组织视角的创新创业人才职业生涯开发技术研究/
刘铁明著 . —北京：经济科学出版社，2020.11
ISBN 978－7－5218－1647－1

Ⅰ.①基…　Ⅱ.①刘…　Ⅲ.①创造型人才-人才培养-
研究-中国　Ⅳ.①C964.2

中国版本图书馆 CIP 数据核字（2020）第 109309 号

责任编辑：王柳松
责任校对：杨　海
责任印制：李　鹏　范　艳

基于组织视角的创新创业人才职业生涯开发技术研究

刘铁明　著

经济科学出版社出版、发行　新华书店经销

社址：北京市海淀区阜成路甲 28 号　邮编：100142

总编部电话：010-88191217　发行部电话：010-88191522

网址：www. esp. com. cn

电子邮件：esp@ esp. com. cn

天猫网店：经济科学出版社旗舰店

网址：http：//jjkxcbs. tmall. com

北京季蜂印刷有限公司印装

710×1000　16 开　15 印张　210 000 字数

2020 年 12 月第 1 版　2020 年 12 月第 1 次印刷

ISBN 978－7－5218－1647－1　定价：59.00 元

（图书出现印装问题，本社负责调换。电话：010-88191502）

（版权所有　翻印必究　举报电话：010-88191586

电子邮箱：dbts@ esp. com. cn）

目　录

第一章 绪 论

第一节 选题缘起

本课题研究拖延的时间有点长了。2012 年申请论证时，相关研究文献还不是很多；立项之后，相关研究文献成倍增长。以创新创业为例，我们在中国知网（CNKI）中以"创新创业"进行"主题"检索，"模糊匹配"的结果共有 85473 条文献（检索时间：2020 年 4 月 6 日），根据其年度分布趋势分析发现：1993 年之前，年均发表的文献以个位数计，合计 72 篇，年均 4 篇；1994～1999 年，年均发表的文献以十位数计，合计 157 篇，年均为 26.167 篇；2000～2007 年，年均发表的文献以百位数计，合计 2661 篇，年均为 332.625 篇；2008～2015 年，年均发表文献以千位数计，合计 23777 篇，年均为 2972.125 篇；2016～2019 年，年均发表文献以万位数计，合计 57202 篇，年均为 14300.5 篇；2018 年达到顶峰，有 15375 篇；2019 年略微下降至 14770 篇，位居历年第二位；2020 年第一季度就有 1527 篇。但是，我们在课题申报中提出的问题至今仍然没有被学界很好地解决；我们提出的研究目标，仍然属于前沿性课题。

正如我们在 2012 年课题论证中所阐述的，在长期从事人力资源管理教学与研究工作中，有两个相对独立的研究领域引起了我们的关注：一是人才学研究；二是职业生涯规划研究。特别是随着我国人才强国战略的确定、全国人才工作会议的召开，以及《国家中长期人才发展规划纲要（2010—2020 年）》的颁布，加强人才队伍建设成为各级党委和各级政府负有的重要责任。其中，创新创业人才队伍建设更是引起各地、各级政府的高度关注，创新创业人才队伍建设是我国实施人才强国战略的客观需要，也是落实我国建设创新型国家的有力举措。但在近 3 万篇文献中，绝大多数是宣传报道和贯彻执行我国的人才政策和人才战略的内容，诸如结合本部门、本单位、本地区、本行业、本系统的实际讨论有关人才队伍建设的问题，给人留下"一阵风"的感觉。截至 2020 年 4 月增加到 8.5 万多篇，发表的相关文献一年比一年多，说明该问题仍然是研究的热点课题。

真正对此提出质疑的就是著名的"钱学森之问"，即为什么我们的学校总是培养不出杰出人才。换句话说，我们投入了这么多的人力、物力和财力，为什么培养不出杰出的人才？原因有很多，方案有很多，结论也有很多。我们的结论是，必须注重人才队伍建设的精准累积效应，特别是创新型人才队伍建设更要注重精准累积效应。这里所说的精准累积效应是精准与累积效应的复合，精准是指，非常准确、精确的意思，表示时间上的精确和位置上的准确。而累积效应则是指，某些物质被多次吸收进入生物体后产生蓄积、累加作用的现象，用经济学的观点看，它是由乘数效应和加速效应交织产生的。因此，精准累积效应注重累积效应的目标性、精确性和个性化。

为达成精准累积效应的目标，不仅要有明确的战略目标规划，这是判断精准与否的标准，而且要有达成目标的途径、模式和机制，而有组织的职业生涯开发与规划可以提供可行性方案。基于这一背景，我们将创新创业人才队伍建设与有组织的职业生涯开发结合起来，申报了国家社科基金课题"基于组织视角的创新创业人才职业生涯开发技术研究"，从组织的视角对创新创业人才职业生涯开发进行系统的研究。

我们在上述 85473 条"创新创业"研究文献中以"职业生涯"进行"主题"检索，发现只有 480 条文献，占比为 0.56%，其年度分布情况如图 1-1 所示，充分说明将"创新创业"与"职业生涯"结合起来，特别是将创新创业人才队伍建设与有组织的职业生涯开发结合起来进行研究仅处于萌芽状态，还没有真正起步。但从 2013 年开始，相关文献逐年增加，到 2019 年达到顶峰，发表了 99 篇文献。

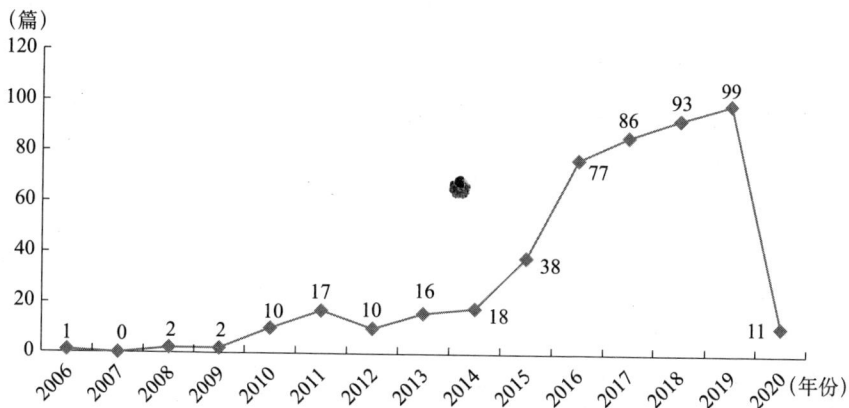

图 1 - 1 创新创业和职业生涯研究文献年度分布趋势

资料来源：本书课题组统计绘制。

第二节 研究现状

（一）创新创业人才研究

2012 年，我们论证本课题时，纵观国内外创新创业人才研究成果，主要集中在如下几个方面：一是创新创业人才培养模式研究，探索产学研相结合的人才培养新机制和新模式，其贡献是提出了创新创业人才建设路径的多样性，而如何避免创新创业人才培养的低效性是目前面临的主要问题；二是重视开发和提升各类人才的创新创业能力，构建人才胜任力模型，其贡献是建立了人才评估指标体系和平衡计分卡考核技术，但如何针对创新创业人才独特的素质结构建立评价标准是目前需要攻克的课题；三是创新创业人才流动研究，为大力引进和集聚高层次创新创业人才提出了相应的对策与建议，其不足是如何解决创新创业人才职业的安全性问题。因此，鉴于创新创业人才队伍建设是 21 世纪提出的一项复杂系统工程,有关创新创业人才队伍建设的众多问题亟待从理论和实践上予以探索。当务之急,是要解决好"创新创业人才培养的低效性、创新创业人才评价的模糊性和创新创业人才职业的安全性"等直接影响创新创业人才队伍建设工程的三大核心问题。时至今日,这三大核心问题仍然没有引起学界与业界的关注。

(二) 职业生涯开发研究

职业生涯开发研究在国外起步较早,形成了比较完整的理论体系,并实现了从传统的注重个人理想与目标实现的自我职业生涯管理到知识经济背景下构筑组织与个人双赢模式的有组织的职业生涯开发 (organizational career development,OCD) 的转变。特别是在美国培训与发展协会 (ASTD) 的赞助下,经过多年研发形成了 ASTD 问卷量表和 OCD 案例数据库,并对外发布研究成果和调研报告。其突出贡献就是强化组织的责任与价值,寻求个人与组织的平衡,将零散的职业生涯开发活动与孤立的职业生涯开发工具,如继任规划体系与接班人计划、满意度测评、组织承诺、心理契约、员工价值交换、教练技术等,整合为一套具体的方法、步骤和实践系统,形成有组织的职业生涯开发,并在美国、欧盟、澳大利亚、新加坡进行了广泛推广。但其调查样本主要来自欧美等发达地区和全球性企业,其功能主要用于普通员工的培训开发以获取并维持企业的竞争优势。这就决定了 OCD 研究有待在中国等发展中国家建立 OCD 案例数据库,特别是从组织的视角针对有自身独特素质结构的创新创业人才研发有针对性的职业生涯开发技术,必将成为创新创业人才队伍建设和职业生涯开发研究的重要发展趋势。

因此,鉴于目前还没有专门针对中国创新创业人才队伍建设展开有系统的职业生涯开发研究,本书从组织的视角采用 ASTD 问卷量表对中国创新创业人才职业生涯开发技术进行专题研究,以达到中国创新型人才队伍建设精准累积效应的目标。

第三节　研究思路

　　本书研究的基本思路或具体技术路线，如图 1 - 2 所示。首先，本书基于理论研究和现实背景确定了研究主题，认为有组织的职业生涯开发是创新创业人才队伍建设最直接、最有效的工具，我们称之为背景研究。其次，重点研究两方面的问题：一方面，OCD 作为一套完备的人力资源开发系统具有内在的作用机理，并且在推广和实施过程中对环境具有明显的依赖性；另一方面，创新创业人才具有独特的素质结构，这就意味着对创新创业人才的评价需要编制科学的指标体系，并且创新创业人才的开发路径具有多样性。我们的观点是，有组织的职业生涯开发与创新创业人才建设存在相关性，不仅 OCD 能促进创新创业人才队伍建设，而且在中国特定环境条件下创新创业人才有组织的职业生涯开发，可以促进 OCD 的进一步推广和完善。最后，根据基于 OCD 案例数据库进行实证研究得出的结论，提出我国创新创业人才队伍建设的具体对策与建议。

　　具体内容如下：

　　一是建立中国创新创业人才 OCD 案例数据库，即采用 ASTD 问卷量表对中国创新创业人才 OCD 的实践状况进行专题调研，粗略勾勒出中国创新创业人才 OCD 实践的全景图，为本书实证研究和后续研发提供数据案例支撑。

　　二是中国创新创业人才的评价标准研究，即在借鉴相关人才评估指标研究成果的基础上，主要针对中国创新创业人才独特的素质结构建立评价标准，并结合 OCD 案例数据库对创新创业人才评价指标体系进行实证研究。

　　三是 OCD 对中国创新创业人才队伍建设的作用机理研究，主要从全球化背景下创新创业人才的开发路径以及 OCD 推广与实施对环境的依赖性等方面进行理论探讨与实证分析，构建中国创新创业人才 OCD 模型。

研究背景

现实背景：人才强国战略，创新型国家
与创新创业人才队伍建设

理论背景：创新创业人才建设、职
业生涯开发、组织职业生涯管理等

主题：基于组织视角的创新创业
人才职业生涯开发技术研究

OCD对创新创业人才作用机理研究　　　　创新创业人才评价标准研究

创新创业人才建
设路径的多样性

OCD推广的
环境依赖性

OCD
数据库

创新创业人才
评价指标体系

创新创业人才职
业生涯开发技术

实证研究：OCD对我国创新创业
人才队伍建设的效能研究

对策与建议

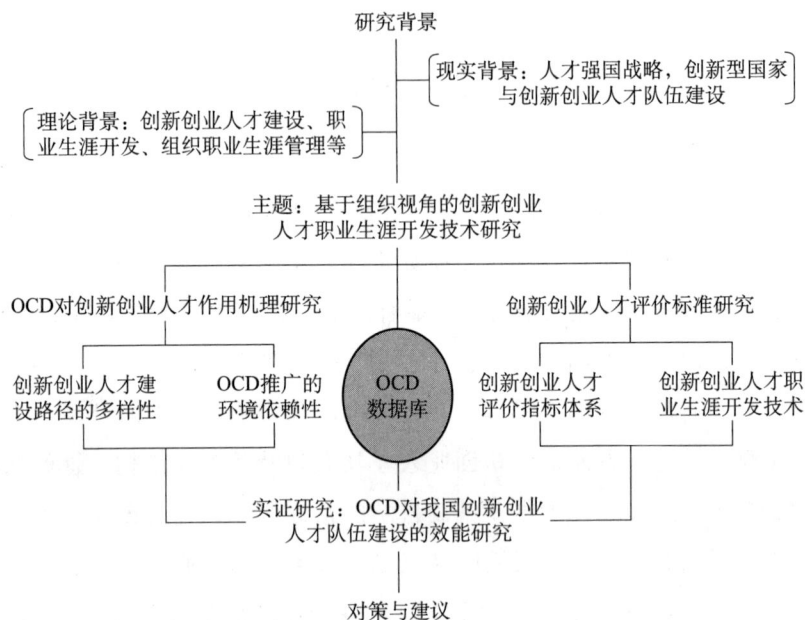

图1-2　本书研究的基本思路或技术路线

资料来源：本书课题组绘制。

四是基于OCD的创新创业人才职业生涯开发技术研究，主要通过融合有组织职业生涯管理与个体职业生涯管理，寻求组织和个人"双赢"的创新创业人才培养模式与最佳实践，包括实施流程、活动工具，以及系统的知识、手段和方法。

五是OCD对中国创新创业人才队伍建设的实际效应或实际效能研究，即采用实证研究的方法系统考察OCD理论与技术对解决"创新创业人才培养的低效性、创新创业人才评价的模糊性和创新创业人才职业的安全性"等核心问题的效能，并提出我国创新创业人才队伍建设的具体对策与建议。

因此，为了很好地反映本书研究的内容，拟从五个方面进行分析：一是问题与实践：背景分析；二是基础与依据：理论分析；三是调研与数据：现状分析；四是机理与机制：实证分析；五是结论与方案：对策分析。

第四节 研究方法

本书研究方法拟遵循"三结合"的原则：文献研究与实地考察相结合；理论研究与实践探索相结合；定性研究、定量研究与多重分析相结合，全面系统地考察中国创新创业人才有组织的职业生涯开发。其中，文献研究的功能主要是收集、整理国内外相关研究文献和数据资料，全面探索本书的研究环境，确立研究主题，细分并提炼主题的内涵；在此基础上，采用 ASTD 问卷量表，进行问卷调研和个案研究，以获取完备的基本数据和第一手资料，建立创新创业人才 OCD 案例数据库，并利用统计分析软件和可视化软件对相关资料进行统计分析，完成本书的实证研究。特别是可视化分析工具的出现，为大数据挖掘和海量文献资料的分析提供了便利。本书使用较多的可视化分析工具主要有中国知网（CNKI）的计量可视化分析，以及文献题录信息统计分析工具 SATI 3.2 和社会网络分析系统 Ucinet 6.0 可视化分析软件，而文献研究更多地采用文献计量的研究方法。

因此，本书研究的重点是采用 ASTD 问卷量表，对中国创新创业人才 OCD 的实践状况进行专题调研，以期发现在中国究竟出现了多大规模和什么类型的职业生涯开发系统，并确定组织机构如何评估它们所做的职业生涯开发工作的影响以及怎样从整体上看待这项工作。在此基础上，寻找中国创新创业人才 OCD 的最佳实践方式方法和模型系统，构建高效而有组织的中国创新创业人才职业生涯开发系统。研究的难点是 OCD 对中国创新创业人才队伍建设的实际效应或实际效能，它涉及作用机理和评价指标体系等技术工具的开发与构建。

本书的创新之处：一是研究视角的创新，尝试用 OCD 理论与技术来研究中国创新创业人才队伍的建设问题，并确定了相应的研究路径与研究范畴；二是研究方法的创新，主要表现为运用文献计量法和可视化分析工具进行研究；三是进一步拓展了创新创业人才队伍建设研究的视野和范围，并丰富和发展了职业生涯开发研究；四是首次采用 ASTD 问卷量表对中国创新创业人才 OCD 的实践状况进行专题调研，可以系统地发布相关研究成果和调研报告，有助于指导并规划中国创新创业人才队伍的建设。

第二章　问题与实践：背景分析

第一节　实施人才强国战略研究

　　党和政府一直都重视人才工作，强调人才工作的重要性，认为人才是我们事业成败的关键，是党和国家最宝贵的财富。正如 2010 年全国人才工作会议所提出的，人才资源是第一资源，人才问题是关系党和国家事业发展的关键问题，人才工作在党和国家工作全局中具有十分重要的地位。我们党历来高度重视人才工作，在革命、建设、改革各个历史时期，制定和实施了一系列重大方针政策，为党和人民事业发展培养和集聚了宏大人才队伍。经过新中国成立 60 多年特别是改革开放 30 多年的努力，我国已经从人才资源相对匮乏的国家发展成为人才资源大国，各类人才在改革开放和社会主义现代化建设中大显身手，同时，当前中国人才发展总体水平与世界先进水平相比还有较大差距，与中国经济社会发展需要相比还有很多不适应的地方，特别是高层次创新型人才匮乏，人才创新创业能力不强，人才资源开发投入不足。根据新形势新任务和人才工作面临的新情况新问题，党中央、国务院颁布了《国家中长期人才发展规划纲要（2010~2020 年）》。贯彻落实好这个纲要，对全面提高人才发展水平、加快建设人才强国，对全面建设小康社会、加快推进社会主义现代化、实现中华民族伟大复兴具有重大而深远的意义。①党的十九届四中全会在系统总结我国国家制度和国家治理体系的显著优

---

　　①　新华社.全国人才工作会议在京举行［N］.人民日报，2010-05-27（01）.

势时，也充分肯定了"坚持德才兼备、选贤任能，聚天下英才而用之，培养造就更多更优秀人才的显著优势"。① 实践证明，中国特色社会主义制度的这一显著优势，极大地调动了各类人才的积极性和创造性，不断把各方面优秀人才团结集聚到党和国家事业中，汇聚起社会主义现代化建设的磅礴力量。

我国学术界对人才强国战略的关注与党中央保持高度一致，我们在中国知网（CNKI）中以"人才强国战略"进行"主题"检索，"模糊匹配"的结果有 2575 篇文献（检索时间：2020 年 3 月 6 日），我们采用文献题录信息统计分析工具 SATI3.2 对这 2575 篇人才强国战略研究文献进行了统计分析，结果发现频次在 50 次以上的"关键词"共有 17 个，详见表 2 - 1。这充分说明，我国人才强国战略研究的主题集中在四个方面：一是人才强国战略的内涵研究，主要关键词有：人才强国战略、人才强国、人才战略等；二是教育改革与人才培养研究，主要关键词有：科教兴国战略、人才资源开发、高等教育、人才培养、人才队伍建设等；三是人才管理研究，主要关键词有：人才管理、党管人才原则、党管人才等；四是人才思想研究，主要关键词有：第一资源等。

表 2 - 1　　　　　　　人才强国战略研究文献高频关键词

关键词	频次
人才强国战略	792
科教兴国战略	150
人才强国	126
人才	91
第一资源	85
人才队伍建设	77
创新	77
人力资源	71
人才管理	68

① 中共中央关于坚持和完善中国特色社会主义制度　推进国家治理体系和治理能力现代化若干重大问题的决定［N］. 人民日报，2019 - 11 - 06（01）.

续表

关键词	频次
科学人才观	68
人才资源开发	67
人才资源	66
党管人才原则	62
人才培养	61
党管人才	58
教育事业	54
人才战略	50

资料来源：本书课题组统计整理。

第二节　建设创新型国家研究

半个多世纪以来，世界上众多国家都在各自不同的起点上，努力寻求实现工业化和现代化的道路。基本模式有三大类：一是主要依靠自身丰富的自然资源增加国民财富，如中东产油国家；二是主要依附于发达国家的资本、市场和技术，如一些拉丁美洲国家；三是把科技创新作为基本战略，大幅度提高科技创新能力，形成日益强大的竞争优势。其中，国际学术界把第三种类型的国家称之为创新型国家。①

我们在中国知网（CNKI）中以"创新型国家"进行"篇名"检索，"模糊匹配"共获得2230条文献（检索时间：2020年4月7日），其中，外文文献有365条，时间跨度为1975~2020年；中文文献有1865条，时间跨度为2005~2020年；国内最早提出创新型国家概念是在2005年。湖南发明协会创办的《发明与创新》卷首语标题就是"努力建设创新型国家"；②该年度还有10篇"标题"中含有创新型国家的文献，如国家科学

---

① 程津培．走创新型国家发展道路是我国的战略选择［J］．科学咨询（决策管理），2008（5）：100.

② 卷首语．努力建设创新型国家［J］．发明与创新（综合版），2005（6）：1.

技术部尚勇的《增强自主创新能力 建设创新型国家》。① 创新型国家中文文献年度分布趋势如图 2 - 1 所示，说明自 2013 年开始年发表的文献下降到十位数。

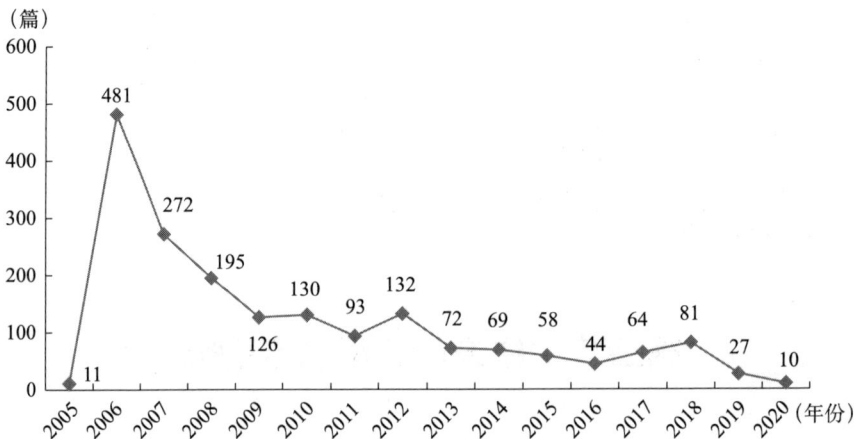

图 2 - 1 创新型国家中文文献年度分布趋势

资料来源：本书课题组统计绘制。

自 2006 年以来，我国党中央、国务院多次强调并表述了建设创新型国家的发展目标，昭示了对力争实现这一目标的高度重视和极大决心：

一是 2006 年 1 月全国科学技术大会首次提出，用 15 年的时间使我国进入创新型国家行列，是一项极其繁重而艰巨的任务，也是一项极其广泛而深刻的社会变革。要加强组织领导，切实把提高自主创新能力作为关系全局的大事抓紧抓好；加强协调配合，加大对自主创新的支持力度；坚持以人为本，让科技发展成果惠及全体人民。②

二是 2006 年 2 月 7 日党中央、国务院发布的《国家中长期科学技术发展规划纲要（2006～2020 年）》中明确提出，到 2020 年，我国科学技

---

① 尚勇. 增强自主创新能力 建设创新型国家 [J]. 中国软科学, 2005 (7)：1 - 3.

② 新华社. 全国科学技术大会在京隆重开幕 胡锦涛发表重要讲话并为国家最高科学技术奖获得者颁奖 [N]. 人民日报, 2006 - 01 - 10 (01).

术发展的总体目标是：自主创新能力显著增强，科技促进经济社会发展和保障国家安全的能力显著增强，为全面建设小康社会提供强有力的支撑；基础科学和前沿技术研究综合实力显著增强，取得一批在世界具有重大影响的科学技术成果，进入创新型国家行列，为在本世纪中叶成为世界科技强国奠定基础。①

三是 2012 年 9 月 23 日党中央、国务院发布的《关于深化科技体制改革、加快国家创新体系建设的意见》中也明确指出："到 2020 年，基本建成适应社会主义市场经济体制、符合科技发展规律的中国特色国家创新体系；原始创新能力明显提高，集成创新、引进消化吸收再创新能力大幅增强，关键领域科学研究实现原创性重大突破，战略性高技术领域技术研发实现跨越式发展，若干领域创新成果进入世界前列；创新环境更加优化，创新效益大幅提高，创新人才竞相涌现，全民科学素质普遍提高，科技支撑引领经济社会发展的能力大幅提升，进入创新型国家行列"。②

四是党的十八大报告明确提出，综观国际国内大势，我国发展仍处于可以大有作为的重要战略机遇期。我们要准确判断重要战略机遇期内涵和条件的变化，全面把握机遇，沉着应对挑战，赢得主动，赢得优势，赢得未来，确保到 2020 年实现全面建成小康社会宏伟目标。科技进步对经济增长的贡献率大幅上升，进入创新型国家行列。工业化基本实现，信息化水平大幅提升，城镇化质量明显提高，农业现代化和社会主义新农村建设成效显著，区域协调发展机制基本形成。对外开放水平进一步提高，国际竞争力明显增强。③

---

① 国务院. 国家中长期科学技术发展规划纲要（2006～2020 年）[N]. 人民日报，2006 - 02 - 10（01）；中共中央国务院关于实施科技规划纲要增强自主创新能力的决定（2006 年 1 月 26 日）[N]. 人民日报，2006 - 02 - 10（01）.

② 中共中央国务院印发意见 深化科技体制改革加快国家创新体系建设 [N]. 人民日报，2012 - 09 - 24（01）.

③ 胡锦涛. 坚定不移沿着中国特色社会主义道路前进 为全面建成小康社会而奋斗——在中国共产党第十八次全国代表大会上的报告（2012 年 11 月 8 日）[J]. 求是，2012（22）：2 - 25.

因此，中国明确了到 2020 年建成创新型国家的发展目标，并确定了四个评价指标，分别是 R&D 经费支出占 GDP 比重 2.5% 以上、科技进步贡献率 60% 以上、对外技术依存度 30% 以下、发明专利年度授权量和国际科学论文被引用数世界前 5 位。①

在分析中国学术界对创新型国家研究的热点问题时，我们采用文献题录信息统计分析工具 SATI3. 2 对这 2230 篇创新型国家研究文献进行了统计分析，发现频次在 10 次以上的关键词，详见表 2 - 2。由此可见，中国创新型国家研究关注的热点问题主要是围绕"创新"进行自主创新、创新型人才、创新文化以及创新型国家建设研究；而创新型人才培养包括高等学校、高校、高等教育等关键词，其关注的重点主要是培养创新人才的创新能力。

表 2 - 2 创新型国家文献高频关键词

关键词	频次	关键词	频次	关键词	频次
创新型国家	877	道路	20	培养	12
建设创新型国家	270	美国	19	高新技术	12
创新	172	科技工作者	19	中国特色	12
自主创新能力	159	国家创新系统	19	高等学校	12
自主创新	156	科学技术	19	创新驱动发展战略	12
创新型国家建设	150	高等教育	18	科技强国	12
企业	98	制度创新	18	企业技术创新	12
企业管理	89	知识产权保护	17	全面建设小康社会	12
中华人民共和国	70	研发投入	17	国家高新区	12
创新型人才	65	创新型	17	启示	11
科技创新	57	科学发展观	17	十七大报告	11
国家创新体系	54	知识产权战略	16	对外技术依存度	11
知识产权	46	学校	16	会议	11
科技体制改革	32	科教兴国战略	15	国家	11

① 刘春雨. 2020 年我国全面迈入创新型国家行列——基于创新型国家评价体系的视角 [J]. 宏观经济管理，2017 (1)：34 - 37.

续表

关键词	频次	关键词	频次	关键词	频次
技术创新	31	创新主体	15	研究型大学	11
经济	15	竞争力	15	创新创业	11
高校	30	北美洲	15	地位	11
创新能力	30	美利坚合众国	15	创新人才培养	10
创新型国家战略	24	领域	14	教育部	10
智力成果权	24	全民科学素质	14	企业家	10
财产权	24	国家创新能力	14	全国科学技术大会	10
建设	24	力量	14	教育行政组织	10
创新文化	22	事业	13	使命	10
创新人才	22	产学研一体化	13	基础研究	10
科技创新能力	22	发展战略	13	专利	10
科学技术体制改革	22	国务院	13	人才	10
创新体系建设	21	产业化	12	科技发展	10
产业	21	创新教育	12	产学研结合	10
科协组织	20	竞争能力	12	北京	10
技术发展规划	20	日本	12	战略	10

资料来源：本书课题组统计整理。

第三节　创新创业人才队伍建设研究

建设创新型国家离不开人才强国战略的支撑，没有人才是难以建成创新型国家的，特别是创新创业人才队伍建设更是建设创新型国家的核心支撑力量。

据考证，最早提出创业者概念的是法国经济学家理查德·坎蒂隆（Richard Cantillon），他在 1730 年前后写成了《商业性质概论》一书，这也是他仅存的经济学著作，在很长一段时间里只是以手稿形式广泛传播，直至 1755 年被正式出版，被认为是历史上第一本对经济学问题进行了完整论述的著作，也是《国富论》之前最伟大的著作，而理查德·坎蒂隆则被认为是亚当·斯密（Adam Smith）之前最卓越的经济学家。他在这本书中提出了企业家是风险承担者的概念，因而被誉为创业管理研究的开山之人。他认为相对于一般按时领取工资的人而言，企业家应该是冒险者。因为未来具有太多的不确定因素，所有的经济活动在本质上都是有风险的。尽管如此，还是要有一些人需要冒险以期望将来获得利润。冒险的企业家对于循环的生产过程的良好运作和经济的繁荣是必不可少的。1989 年 11 月，联合国教科文组织在中国北京市召开的"面向 21 世纪教育国际研讨会"发表了《学会关心：21 世纪的教育——圆桌会议报告》，经济合作和发展组织专家柯林·博尔（Kelin Boer）在报告中提出了关于第三本"护照"，即事业心和开拓技能"护照"的观点，明确提出要把事业心和开拓技能教育提高到和传统的学术性、职业性通行证所享有的同等地位，后来将事业心和开拓技能教育译作"创业教育"。① 他这样描述具有创业素质的人："对于变化持积极的、灵活的态度，视变化为正常、为机会，而不视其为问题。一个如此对待变化的、具有事业心和开拓能力的人，具有一种来自自信的安全感，处理冒险、危险、难题和未知，从容自如。这样的人具有提出创造性思想、发展这些思想，并坚定不移地付诸实施的能力；这样的人有能力并勇于负责，善于交流、谈判、施加影响、规划和组织。他是积极的而不是消极的，有信心而不是朝三暮四的，有主意而不总是依赖他人的"。② 因此，无论是创业者还是创业人才或创业型人才，是指组建和管理一个企业并承担其风险的人。③它有两方面的基本含义：一是企业家，即在现有企业中负责运营的领导者，更进一步阐述是指，那些具有创业能力并积极付出实际行动的人；二是创始人，即通常解释为正在准备创办企业或者是刚刚创办新企业的

① 联合国教科文组织. 王一兵译. 学会关心：21 世纪的教育——圆桌会议报告 [J]. 教育研究，1990（7）：73 - 77.

② 刘芳，李院平. 新时期独立学院学生创业能力培育探析 [J]. 山西师大学报（社会科学版），2012（S3）：131 - 132.

③ 李州. 天津市滨海新区创新创业人才开发研究 [D]. 秦皇岛：燕山大学，2014：9.

人，日语中的"起業家"是对创业者、企业家或创始人的形象称呼。

至于创新的概念，国内外学术界公认的观点是来源于美籍奥地利经济学家约瑟夫·阿洛伊斯·熊彼特（Joseph Alois Schumpeter）的创新理论，其国际社会认同的特指英文是"innovation"，有别于创造（creation）和发明（invention）。当前，国际社会对于"创新（innovation）"的定义比较权威的有两个：一是 2000 年经合组织（OECD）"在学习型经济中的城市与区域发展"报告中提出的"创新的含义比发明创造更为深刻，它必须考虑在经济上的运用，实现其潜在的经济价值。只有当发明创造引入经济领域，它才成为创新"。二是 2004 年美国国家竞争力委员会向政府提交的"创新美国"计划中提出的"创新是把感悟和技术转化为能够创造新的市值、驱动经济增长和提高生活标准的新的产品、新的过程与方法和新的服务"。① 这就确认了创新在社会经济发展中极其重要的地位和作用，甚至可以说人类进步的历史就是一部创新史，因为人类社会每前进一步都伴随着标志性的创新成果。但在相关外文文献中却没有与创新人才或创新型人才对等的概念，更多的是创新者如"creative mind" "creative man" "critical thinking" 等提法，并散见于人力资本、技术创新、成功学等相关研究。② 我国早期称之为"创造型人才"，强调"所谓创造型人才，是指富于独创性，具有创造能力，能够提出问题、解决问题，开创事业新局面，对社会物质文明和精神文明建设做出创造性贡献的人才"。③ 这种人才一般是基础理论坚实，科学知识丰富，治学方法严谨，对未知领域勇于探索，同时，具有为真理献身的精神和良好的科学道德。他们是人类优秀文化遗产的继承者，最新科学成果的创造者和传播者，未来科学新人的培育者。所有这些，是创造型人才的特征，但其

---

① 葛霆. 要准确理解"创新"的概念及其本质 [J]. 中国科学院院刊, 2005 (6)：515 - 516.

② 张项民. 创新人才研究的理论综述与展望（上篇）[J]. 中国人才, 2010 (11)：63 - 64.

③ 吴贻谷, 刘花元. 论创造型人才的培养 [J]. 湖南师大学报（哲学社会科学版）, 1985 (3)：11 - 16.

中最根本的特征是独创性。因此，创新人才或创新型人才是指，具有开拓精神和创新能力的优秀人才，它是相对于不思创造、缺乏创造能力的比较保守的人而言的。

也有人将这两类人才称之为创造性人才，认为创造性人才大致可以分成两类：一类是创新人才，以学术为取向，向纵深方向发展，以新颖、独创为特征，以科学发现、技术发明为旨趣，表现为在某一方面具有他人所不具备的知识或能力等特点。另一类是创业人才，以实践为取向，向横向发展，以技术综合运用，并将其产品化、产业化为目的，表现为具有一定开拓精神的实业家的特点。① 两类人才均是当今社会急需的人才。因此，创新创业人才就是既能创新又能创业的人才，它需要同时具备创新与创业两个特质。但由于时空条件的不同，会导致不同时间段和不同范围内的创新创业人才在数量、质量及结构上出现差异，因而为有效达成创新创业人才队伍建设的精准累积效应，有必要引入时间维度与空间维度，将创新创业人才界定为一定时间点和一定范围内同时具备创新与创业两个特质并在社会经济发展中作出积极贡献的杰出人才。其中，创新特质通常表现出灵活、开放、好奇的个性，具有精力充沛、坚持不懈、注意力集中、想象力丰富以及富于冒险精神等特征；创业特质则表现为对于变化持积极的、灵活的态度，敢于处理冒险、危险、难题和未知事项，具有事业心和开拓能力，勇于承担风险，有信心，有主见，善于交流、谈判、施加影响、规划和组织等特征。

根据我们在中国知网（CNKI）检索发现"创新创业人才"概念的提出与使用是在 1999 年，如李炳英使用的是创新、创业的人才，② 路甬祥与黄伯云使用的都是创新创业人才，并且强调创新创业人才的培养；③

---

① 吴荷平. 浅谈创业人才的培养 [J]. 江苏石油化工学院学报，2001（2）：59 – 61 + 43.

② 李炳英. 试论企业家与创新环境的构建 [J]. 科学管理研究，1999，17（6）：20 – 21.

③ 路甬祥. 科技百年的回眸与新世纪的展望 [J]. 科学新闻周刊，1999（33）：4 – 7；黄伯云. 落实全国技术创新大会精神 加速高技术新材料产业化 [J]. 材料导报，1999，13（6）：3 – 4.

1999 年 8 月 20 日，《中共中央、国务院关于加强技术创新，发展高科技，实现产业化的决定》使用了"创新创业"的概念，① 1999 年 11 月 10 日，《中共安徽省委 安徽省人民政府关于贯彻〈中共中央、国务院关于加强技术创新，发展高科技，实现产业化的决定〉的意见》则直接使用了"创新创业人才"的概念，② 意味着创新创业人才开始出现在政府文件与学术论文中。2000 年，陈畴镛与方巍在《知识经济时代理工科大学生经济管理素质的培养》中明确提出："经济管理素质是知识经济时代创新创业人才的必备条件"。③

至于"创新创业人才队伍建设"，最早出自 2001 年时任吉林省科技厅厅长曲逸绪的《为跨越式发展提供强大动力》，即"通过每两年评定一次的全省科技进步特别贡献奖，稳定我省科技创新的顶级人才，以推动科技创新创业人才队伍的建设"。④ 2005 年，沈伟在《大力培育创新创业的领军人才团队》中指出："加强创新创业人才队伍建设，是提高自主创新能力的关键。我们要转变思想观念和思维方式，对人才工作的重要性进行再认识、再定位，把培育创新创业型人才队伍作为'十一五'规划的一个重点来抓""要大力引进和培育创新创业的领军人物，打造创新创业的领军人才团队""要进一步提高科技创业园建设水平，充分发挥创业园在吸引、培育创新创业型人才特别是领军人才、孵化高科技企业方面的重要作用。要建立健全创新创业型人才评价体系，加强对创新创业人才政策的扶持力度，从物质和精神两方面建立、健全创新创业激励机制，推动他们把事业做成、做强、做大。要进一步加强公共服务平台建设，为各类人才创新创业提供优良的条件。要强化对创新人才的服务工作，

① 中共中央、国务院关于加强技术创新，发展高科技，实现产业化的决定（1999 年 8 月 20 日）［J］. 安徽科技，1999（11）：11 − 14.

② 中共安徽省委 安徽省人民政府关于贯彻《中共中央、国务院关于加强技术创新，发展高科技，实现产业化的决定》的意见［J］. 安徽科技，1999（11）：4 + 6 + 9.

③ 陈畴镛，方巍. 知识经济时代理工科大学生经济管理素质的培养［J］. 杭州电子工业学院学报，2000，20（2）：46 − 48.

④ 曲逸绪. 为跨越式发展提供强大动力［N］. 吉林日报，2001 − 05 − 27（A02）.

想方设法为他们解决后顾之忧。要做好'以才引才'工作，发挥领军人才的带动效应和集聚效应"。①

因此，创新创业人才队伍建设涉及三个层次：一是创新创业人才；二是创新创业人才队伍；三是创新创业人才队伍建设。我们据此在中国知网（CNKI）中分别进行"主题"检索，依次获得"创新创业人才"文献3984篇（检索时间：2019年4月6日），"创新创业人才队伍"文献100篇，"创新创业人才队伍建设"文献74篇，其年度分布情况详见表2-3。这里采用文献题录信息统计分析工具SATI 3.2主要对74篇创新创业人才队伍建设研究文献进行了统计分析，结果发现频次在2次以上的"关键词"有33个，详见表2-4。由此可见，创新创业人才队伍建设研究的主题主要是创新创业人才培养问题，涉及的关键词主要有创新创业、创新创业人才、创新创业教育、人才培养及其培养模式等。

表2-3　　　　　　　创新创业人才队伍建设文献年度分布

年份	创新创业人才	创新创业人才队伍	创新创业人才队伍建设	年份	创新创业人才	创新创业人才队伍	创新创业人才队伍建设
	文献数（篇）	文献数（篇）	文献数（篇）		文献数（篇）	文献数（篇）	文献数（篇）
2000	7			2010	241	3	3
2001	15			2011	289	11	9
2002	10		1	2012	311	15	10
2003	18			2013	265	13	11
2004	9			2014	280	8	7
2005	6	1		2015	474	10	8
2006	35	4	2	2016	736	9	8
2007	38	3	3	2017	954	18	9
2008	92	1	1	2018	204	4	2

资料来源：本书课题组统计整理。

---

① 沈伟. 大力培育创新创业的领军人才团队 [N]. 新华日报, 2005 - 10 - 24 (A01).

表 2 - 4　　　　　　　　创新创业人才队伍建设文献高频关键词

关键词	频次	关键词	频次	关键词	频次
创新创业	14	创新人才	3	第一资源	2
创新创业人才	8	科技创新创业人才	3	中部地区	2
创业人才	7	人才成长	2	人才优先	2
创新	6	泉州市	2	高层次创新创业人才	2
人才队伍	6	大学生	2	人才培养模式	2
人才培养	5	人才政策	2	高层次	2
队伍建设	5	专业技术人才	2	人才	2
创业教育	4	高层次人才	2	湖北省	2
科技人才	3	人才工程	2	创新创业教育	2
人才队伍建设	3	对策建议	2	人才开发	2
创业	3	高职院校	2	师资队伍建设	2

资料来源：本书课题组统计整理。

第三章 基础与依据：理论分析

本书是基于组织视角的创新创业人才职业生涯开发技术研究，其理论基础或理论依据主要涉及三个方面，分为三节：第一节，人才学理论；第二节，创新创业理论；第三节，职业生涯开发理论。

第一节 人才学理论

人才学理论非常丰富，已发展成为人才学学科。但真正意义上的人才学，是我国改革开放后的产物。

（一）人才学发展简史

人才学是以人和人才问题为研究对象的一门新兴学科。它主要研究人才开发、人才培训、人才管理、人才使用和人才成长的规律及其在人才发展实践中的应用。其研究目的是，通过发现人才成长规律来更好地发现人才、培养人才、推荐人才和使用人才。

1978 年底，贵州省科技情报研究所的雷祯孝和蒲克创办了一份油印小报《人才学报》。[①] 1979 年 5 月 29 日，《光明日报》发表了《人才学报》上的一篇文章《人才·规律·制度》的缩写稿；1979 年第 7 期《人民教育》发表了雷祯孝和蒲克根据《人才学报》上的《人才学诞生之缘

---

① 范韦. 新中国人才学诞生小记 [J]. 人才开发, 1999 (9)：15.

由》改写的《应当建立一门"人才学"》。① 韩静华和葛民在《"人才学"研究资料目录》中认为，《人才学诞生之缘由》是国内第一篇正式提出建立"人才学"的论文。② 该书收集了 1980 年底以前发表在报刊上的人才学相关论文和资料，同时，按人才学概述、人才成长的因素、人才的开发和培养、人才的选用、人才与制度等五个专题（附有通讯报道）汇编成资料目录。该书选用全国各地报纸 46 种，期刊 154 种，收录条目 1486条，部分条目附有内容介绍。从该书中可以看到人才学的创立是 1978～1980 年，可以说是我国改革开放后的产物。

因此，从《人才学报》的印刷至今已有 40 余年，人才学这门学科的成长也已经 40 余年。其理论体系不断完善，不仅在理论界赢得一席之地，而且得到国家的认可。1988 年，国家教委科技管理中心编写的"高等学校科技基金项目成果评审学科目录表"将人才学列为二级学科，列在社会科学和其他新学科之中，代码为 280701。1992 年颁布的《学科分类与代码》（中华人民共和国国家标准 GB/T13745—1992）将人才学列为三级学科，代码为 630.5520。在 2009 年新版《学科分类与代码》（GB/T13745—2009）中，将人才学作为三级学科列在二级学科人力资源开发与管理（代码 63055）之下。

叶忠海在《中国人才学发展的历程、成就和展望》一文中将人才学的演变划分为三个阶段：第一阶段（1979～1991 年）是人才学的提出和创建阶段，分创建初期（1979～1985 年）与创建后期（1986～1991 年）；第二阶段（1992～2001 年）是人才学的发展阶段；第三阶段（2002 年至今）是人才学的拓展深化阶段。③ 2009 年，陈文义和张盟山回顾了我国军事人才学的发展历程，具体分为三个阶段：一是军事人才学的萌芽创立阶段，代表作是 1985 年 7 月发表在《解放日报》上的《应该创立自己的军事

---

① 雷祯孝，蒲克.应当建立一门"人才学"［J］.人民教育，1979（7）：21－26.
② 韩静华，葛民."人才学"研究资料目录［M］.南京：江苏省图书馆学会，1981：6.
③ 叶忠海.中国人才学发展的历程、成就和展望［J］.中国人才，2013（1）：30－33.

人才学》和 1985 年 12 月出版的《军事人才学》专著。二是军事人才学的探索完善阶段，代表性事件是 1988 年 6 月全军在北京召开的首次军事人才学学术讨论会及其论文集《人才——建军之本》以及一系列军事人才学著作。三是军事人才学的成熟发展阶段，代表性事件是 1996 年全军招收首批军队政治工作学博士研究生并开设了军事人才培养与管理研究方向。[①] 2017年，李达回顾了中国人才学的发展历程，具体细分为三个主要发展阶段：一是人才学的提出与草创阶段（1979～1991 年），代表性著作有王通讯的《人才学通论》、钟祖荣的《现代人才学》、叶忠海的《普通人才学》等。二是人才学的艰难发展阶段（1992～2001 年），代表性著作有王元瑞的《领导人才学概论》、刘翠兰的《人才哲学》以及张衔的《人才解放论》等。三是人才学的成熟和综合研究阶段（2002 年至今），代表性成果有2010 年 6 月中共中央、国务院联合下发的《国家中长期人才发展规划纲要（2010～2020）》，中国社会科学院连续 6 年发布的《中国人才发展报告》以及中央人才工作协调小组办公室的《国家人才发展战略专题研究报告（2011）》等。[②] 总而言之，中国人才学与其他许多学科的发展一样，都经历了草创起步阶段、艰难发展阶段与完善成熟阶段的发展历程。

（二）人才学基本理论

1. 什么是人才

对人才的科学定义，是研究人才发展的重要前提。据考证，人才一词源于《诗经·小雅·菁菁者莪·序》：君子能长育人才，则天下喜乐之矣![③] 此诗是用生长茂盛的植物来比喻人才的茁壮成长，希望人才能够

---

① 陈文义，张盟山．军事人才学发展的历程、经验及展望 [J]．西安政治学院学报，2009（3）：47－50．

② 李达．人才学发展：历程、成就与展望 [J]．河北科技师范学院学报（社会科学版），2017，16（1）：118－123．

③ 《十三经注疏》整理委员会（李学勤主编）．十三经注疏·毛诗正义（上中下）[M]．北京：北京大学出版社，1999：628．

成为天下人们喜爱的有华彩的人中精华。墨子的《尚贤》是我国历史上最早以人才问题为内容的人才专论。遗憾的是，几千年过去了，人们对人才至今还没有一个公认的定义。1980 年 11 月 30 日至 12 月 7 日在合肥同时召开的全国第二次科学学学术讨论会和中国人才学全国首届学术讨论会以及中国未来学全国首届学术讨论会上对"什么是人才"提出了许多看法，归纳起来大概有十种：（1）谁能解决问题，谁就是人才；（2）人才是指有潜在能力的人；（3）人才是指出类拔萃的人；（4）人才是指有超群才能的人；（5）人才是人中优秀者；（6）人才是指对四化建设做出贡献的人；（7）人才是指有特殊才能的人；（8）人才是指智能较高可能对人类做出贡献的人；（9）人才是指智能较高有义务感等素质的人；（10）人才是指智能较高、创造力较强、对社会做出较大贡献的人。① 可以说，这是人才学创立初期人们对人才定义的最初探讨。

　　我们收集了 63 种人才定义，起止时间为 1980～2018 年，并试图运用统计分析方法来揭示"人才的本质"这一关乎人才存在的根本性问题。人才"定义"的入选标准：一是自认为是新的有所完善的定义；二是要有完整的表述，即意思表达全面；三是尽量是原文献情境中的表述而不是转述；四是定义时间为中文文献发表的时间。在这 63 个定义中，最长的定义有 227 个字，即"所谓人才，简单地讲，就是'人'与'才'的有机合成。'人'为人才之'帅'，发挥定性作用；'才'为人才之'资'，展现人才真实价值内涵。所谓'人'，既非生物意义之人，也非政治形态之人，而是人作为社会'类'存在所赋予的公共品质，即人格亦称健康人格。所谓'才'既非学历高下，也非知识多寡，而是内赋予人本质力量中的高创新力和高技能。由此，我们则可将人才明确表述为：人才 = 健康人格 + 高创新力和高技能。其中，健康人格是

———————————

　　①　张世高．关于人才学问题的传达提纲［J］．科技管理研究，1981（1）：10 - 15.

人才的灵魂，高创新能力和高技能是人才得以飞翔的翅膀"。[①] 最短的定义只有 21 个字，认为"人才即是形成并发挥了某种杰出的内在素质的人"[②]；更有人认为，人才的定义可以概括为"德才兼备，贡献较大"八个字。[③] 这些定义的词云分析显示，其中，主要的词语有"社会""贡献"与"创造性"。

在此基础上，我们对每个定义的内容进行了主题分析与词频分析。其中，主题分析的第一步是凝练或提取每一个定义的主题，第二步是对 63 个人才定义的主题进行频次统计，详见表 3 – 1，结果发现共涉及 7 个主题，即贡献（51）、手段（46）、标准（40）、创造性（33）、条件（27）、投入产出（1）与目标（1）。正如我们在表 3 – 1 中所看到的，无论是 20 世纪八九十年代的人才定义，还是 21 世纪的人才定义，几乎都强调贡献的重要性，认为人才必须是有贡献的人。63 个人才定义中有 51 个定义突出贡献主题，占比为 80.95%。其中，20 世纪 80 年代有 17 个定义，突出贡献主题的有 12 个，占比为 70.59%；90 年代有 18 个定义，突出贡献主题的有 17 个，占比为 94.44%；21 世纪的最初十年有 16 个定义，突出贡献主题的有 12 个，占比为 75%；21 世纪 10 年代有 12 个定义，突出贡献主题的有 10 个，占比为 83.33%。其后依次是"手段""标准""创造性"与"条件"等主题。在主题分析的基础上，我们对 63 个人才定义进行了词频统计分析，结果发现，重复词汇中词频在 10 次以上的有 19 个词汇，词频在 10 个以下 2 个以上的有 94 个，其他为非重复词汇。其中，对重复词汇的词频统计，根据词频在 10 次以上的 19 个词汇，可以判断出：人才是指，根据自己所具备的专门知识和能力，在特定条件下，通过创造性劳动，能够对社会发展和人类进步做出较大贡献的人。

---

① 韩丽华. "人才"诠释中的素质教育追求 [J]. 人才资源开发，2010（4）：16 – 17.
② 钟祖荣. 杰出性：人才的本质特征 [J]. 中国人才，1989（4）：8 – 10.
③ 张世高. 关于人才定义 [J]. 党建与人才，1997（2）：32 – 33.

表 3 – 1   63 种人才定义的主题统计分析

1980～1989 年		1990～1996 年		2000～2009 年		2010～2019 年		总体	
主题	频次	主题	频次	主题	频次	主题	频次	主题	频次
贡献	12	贡献	17	贡献	12	贡献	10	贡献	51
标准	12	标准	15	标准	11	标准	2	标准	40
手段	11	手段	11	手段	12	手段	12	手段	46
创造性	8	创造性	9	创造性	9	创造性	7	创造性	33
条件	6	条件	3	条件	8	条件	10	条件	27
		投入产出	1			目标	1		

资料来源：本书课题组统计整理。

总之，人才定义是一个关乎人才本质的根本性问题，是人才学研究与人才管理工作的核心。尽管迄今为止还没有公认的人才定义，但在许多方面还是取得了一定共识。一是强调贡献，认为人才的贡献要大于一般人，这是人才的本质特征。二是确定衡量贡献的标准，大的方面讲是对社会发展和人类进步做出积极贡献，中的方面看是对物质文明、精神文明、政治文明建设做出积极贡献；小的方面讲是在某一领域、某一行业或某一岗位上做出积极贡献。三是做出贡献的手段，主要是运用自己所掌握的专门知识和能力在某一方面进行创造性劳动，并表现出较高的内在素质。四是做出贡献的条件，这是因为任何人、任何人才都只能在社会历史条件所允许的范围内发挥自己的作用，无论是他的成长，他的劳动，还是他的贡献，都离不开一定的社会条件。因此，人才是指在特定条件下运用自己所掌握的专门知识和能力进行创造性劳动并对社会发展或人类进步或特定组织做出较大贡献的人。

2. 人才的类型

人才分类的最大价值是揭示各种类型人才的特点、长处和作用，可以帮助我们明确人才的外延，从而更准确地把握人才的内涵。

我们在查阅文献过程中，发现 1984 年 4 月出版的《人才学浅说》是最早介绍人才分类的著作。在第一章第四节"人才类型之划分"中分两部分：一是古代的划分，如《前汉书·九品量表》将人才分为九类，即上上、上中、上下、中上、中中、中下、下上、下中、下下；宋朝的秦观将人才分为四类，即成才、奇才、散才和不才。二是当代的划分，主要介绍 1980 年在合肥召开的中国人才学首届全国学术讨论会上对人才类型的划分，共有三种方法，即智能划分法（国外分为凡才、能才、异才、天才，国内分为一般人才、杰出人才、伟大人才），纵向划分法（准人才、潜人才、实人才、衰人才）与横向划分法（有创造性研究能力的人才、有继承性研究能力的人才、有特别才能的人才、有一定特长的人才，或分为古典型人才、浪漫型人才、再现型人才、发现型人才、组织型人才、创造型人才）。①

1986 年 5 月，门里牟编写的《人才学基础》除上述分类外，在"（一）古代人才分类"中增加了战国末期荀况《荀子·大略》分类法（口能言之，身能行之，国宝也；口不能言，身能行之，国之器也；口能言之，身不能行，国用也；口言善，身行恶，国妖也。治国者，敬其宝，爱其器，任其用，除其妖）。三国时期刘邵《人物志》分类法（心小志大者，圣贤之伦也；心大志大者，豪杰之隽也；心大志小者，傲荡之类也；心小志小者，拘愦之人也）。诸葛亮《将器》分类法（将之器，其用大小不同。若乃察其奸，伺其祸，为众所服，此十夫之将；夙兴夜寐，言词密察，此百夫之将；直而有虑，勇而能斗，此千夫之将；外貌桓桓，中情烈烈，知人勤劳，悉人饥寒，此万夫之将；进贤进能，日慎一日，诚信宽大，闲于理乱，此十万人之将；仁爱洽于下，信义服邻国，上知天文，中察人事，下识地理，四海之内视如家室，此天下之将）。同时，将 1980 年的分类称之为（二）当代人才的分类，并增加了（三）人才的另一种分类法：一是从学科类型分，有自然科学人才与社会科学人才；二是从能力（水平、层次）分，有特级人才（天才）、高级人才、中级人才、初级人才以及模范英雄级人才；三是从范围分，有单位级人才、行业级人才、地方级人才、国家级人才、世界级人才、历史级人才；四是从年龄分，有少年人才、青年人才、中年人才、老年人才；五是从成败

---

① 张世高. 人才学浅说 [M]. 广州：科学普及出版社广州分社，1984：9 – 11.

分，有成功人才与失败人才；六是从主从关系分，有领导人才与被领导人才；七是从作用分，有正人才与负人才。[①]

王康和王通讯的《人才学基础》也强调社会需要具有不同专长的各种类型的人才，他们在"人才的类型及其特征"一节中介绍了王充、秦观的人才分类，还介绍了郭沫若（直线型人才与球型人才）、F. W. 奥斯特瓦尔德（F. W. Ostwald）（古典派人才与浪漫派人才）、伊万·彼得罗维奇·巴甫洛夫（Ivan Petrovich Pavlov）（艺术型人才、思维型人才、混合型人才）的分类，并重点介绍了我国人才研究者的五大分类法：一是按照人才所从事的领域分，有政治人才、经济人才、军事人才、文学人才、艺术人才、科技人才、教育人才、体育人才等；二是按照人才的贡献大小分，有伟大人才、杰出人才和一般人才；三是按照人才的层次分，有高级人才、中级人才和初级人才；四是按照人才的才能类型分，有组织型人才、探索型人才、创造型人才和再现型人才；五是按照人才的才能表现分，有早熟型人才、多才型人才、多产型人才和晚器型人才。[②]

同期，刘圣恩和马抗美的《人才学简明教程》则将各种不同的人才分类方法概括为两大类：纵向划分法与横向划分法。其中，纵向划分又根据人才主体自身的创造能力大小和水平及其在社会发展中所起的作用不同，可以把人才划分为高级人才、中级人才和初级人才；也有根据成才的年龄段不同或根据现有人才的年龄分布，划分为老年人才、中年人才、青年人才或分为早熟人才、晚成人才；还有根据人才在实现目标过程中所履行的职能，把人才分为决策人才、执行人才、反馈人才或分为领导人才、管理人才（指挥人才）、监督检查人才。横向划分有根据德、智、体三要素划分为道德型人才、科学型人才、艺术型人才；或根据人才掌握知识的方面与领域的不同，划分为不同类型的专业人才，这是人才类型最常用的划分方法；也有根据人才对知识掌握的广度与深度将人

---

① 门里牟. 人才学基础 [M]. 呼和浩特：内蒙古人民出版社，1986：59 – 64.
② 王康，王通讯. 人才学基础 [M]. 哈尔滨：哈尔滨工业大学出版社，1987：22 – 24.

才分为通才型人才与专才型人才或软人才与硬人才；还有根据智力发展的不同侧面，将人才划分为发现型人才和再现型人才。①

在论文方面，较早的文献有章也的《论孔子的人才分类思想》，认为孔子划分人才类型所得出的大类即德行类人才、言语类人才、政事类人才和文学类人才，也是我国历史上有文献可考的最早的人才分类。② 孙剑光在《"X"型人才论》中指出：历史上有关千里马型人才的说法是以人们的能力大小、本领高低为主要标志的一种人才分类方法，目前有关开拓型人才的讨论是以人们对改革的态度、对事业的进取精神和斗争的胆略、魄力为主要标志的人才分类方法。而"X"型人才采用的是现代社会中以人们掌握的科学、技术、专业知识的结构特点为主要标志并以字母或符号的造型来象征其主要特点的人才分类方法。其内涵是系统地掌握两门专业知识，并且其掌握的两门专业知识必须有明显的、主要的交叉点或结合部。③ 王裕群和付一民在《人才类型理论及其在管理科学中的应用》中则介绍了西方学者的人才类型理论，强调在西方管理界、企业界和教育界盛行的人才类型理论形成了一套行之有效的测试方法，即 MBTI 心理问卷，该理论将人才区分为 16 种类型。④ 杨敬东还专门对潜人才进行了分类，即根据潜人才的本质特征区分为遮蔽型潜人才、未果型潜人才和芽苗型潜人才三种基本类型。⑤ 2010 年全国人才工作会议后，伴随国家中长期人才发展规划的出台，人才的分类有了新的变化，强调建设六支人才队伍，包括党政人才、企业经营管理人才、专业技术人才、高技能人才、农村实用人才、社会工作人才。

---

① 刘圣恩，马抗美. 人才学简明教程［M］. 北京：中国政法大学出版社，1987：99 - 111.

② 章也. 论孔子的人才分类思想［J］. 内蒙古社会科学，1982（6）：86 - 90.

③ 孙剑光. "X"型人才论［J］. 经济管理，1986（3）：50 - 52；孙剑光. 人才类型谈［J］. 中国储运，1996（3）：42.

④ 王裕群，付一民. 人才类型理论及其在管理科学中的应用［J］. 人才研究，1988（5）：38 - 43.

⑤ 杨敬东. 略论潜人才的基本类型［J］. 湖南社会科学，1989（6）：61 - 62.

3. 人才的标准

无论是人才的定义还是人才的类型都告诉我们，并不是所有的人都是人才，中国政府特别强调"人人成才"意识的养成，认为每类人才都有自己的事业起点、跑道及终点。换而言之，人才是有标准的。用龚维成与张沁文的话来说，人才使用标准，好像是一只"筛子"，如果合乎科学，就能"筛选"出大批栋梁之材，反之，不仅会埋没人才，而且会使权门得势，僚客丛生，甚至沉渣泛起。为此，他们提出了构建科学人才标准的三大原则：能力原则、实践原则与竞争原则。[①] 温克勤认为，我国历史上的才性之辩，其目的就在于怎样认识才能和道德的关系，以解决评价人才和使用人才的标准问题。[②] 例如，春秋末期的孔子为适应社会变革的要求提出了德才兼备的人才标准，这种标准集中地反映在他对"君子"的德才要求之中，强调道德是人才标准的主要方面，文化知识是人才标准的基本要求。[③] 北宋时期的王安石则是从兴利除弊、变法改革的目的出发，在人才标准上突出强调人才的效能价值，王安石反复指出：作为人才，必须能够"为天下国家之用"或"致用于天下"。因此，作为衡量人才的标准，必须看他能否为国家谋利益。王安石说，人之有才能者，其形何以异于人哉？唯其遇事而事治，划策而利害得，治国而国安利，此其所以异于人者也。即人才和一般人的区别，并不在于外表的举止言行，而在于从事实际工作的能力。这就是王安石对人才标准的具体描述。[④]

何谓标准？标准是指，在同一系统或子系统中衡量客观事物和物质运动状态的不同性质、不同层次的规范化准则。也就是说，衡量同一系列事物的质和量的尺度与规格，叫作这类事物的标准。[⑤] 由此可见，衡量

---

① 龚维成，张沁文. 试论识别人才的几项原则［J］. 科学学与科学技术管理，1981（2）：8-9.

② 温克勤. 我国历史上的才性之辩［J］. 天津社会科学，1982（4）：72-79.

③ 翟宛华. 试论孔子的人才标准［J］. 兰州学刊，1984（3）：63-67.

④ 俞启定. 论王安石的人才观及人才标准［J］. 齐鲁学刊，1983（2）：31-34.

⑤ 冀润成. 人才考核的标准与方法［J］. 河北大学学报（哲学社会科学版），1985（4）：180-186.

人才的准则、尺度、规格就是考核人才的标准。需要指出的是，人才标准在古今中外都表现出鲜明的阶级性和时代性，就是说不同的阶级有着不同的人才标准，不同时代对人才也有不同的要求。但是无论哪个时代，哪个阶级，都缺少不了"德和才"这两个基本条件，即"以德帅才、德才兼备"①。其中，德是指人才的政治标准和道德标准，才是指人才的业务标准。吴永才还专门研究了人才表现的德、才同一性及其机理问题。②特别强调即使是在新形势下，也应继续坚持德才兼备以德为首的选人用人标准。③因此，人才标准就是人们识才、选才、用才的规格和尺度，即德才兼备标准。我们常说的"革命化、年轻化、知识化、专业化"的要求，是对德才兼备人才标准的发展和具体化。④此外，还有人提出了"德、才、体"三位一体的人才标准，德是人才的灵魂，才是立身强国之本，体是成就事业的依托和保证。⑤或者是对新时期德和才的基本含义及二者的关系进行了重新阐释，强调新时期人才之"德"主要包括政治品德、职业道德、社会公德和个人私德，人才的"才"从广义上讲包括识、学、才三方面，二者的内涵十分丰富，是构成人才素质的两翼。⑥

随着改革开放的不断深入，有人提出了社会主义市场经济条件下的人才标准问题，强调市场经济对人才提出了三大要求，即思维的多向性、行为的复合性与政绩的效益性；⑦特别是进入 21 世纪后开展了关于什么

---

① 李太明. 以德帅才、德才兼备 [J]. 驻马店师专学报（社会科学版），1990（1）：81 - 83.

② 吴永才. 论人才表现的德、才同一性及其机理 [J]. 中国人才，1990（10）：18 - 19.

③ 朱云胜. 在新形势下应继续坚持德才兼备以"德"为首的选人用人标准 [J]. 彭城大学学报，1995（3）：23 - 26.

④ 王钧，牟致瑞. 生产力标准与人才标准刍议 [J]. 渤海学刊，1989（3）：15 - 17 + 91；景雾. 选拔人才的生产力标准和德才兼备标准问题刍议 [J]. 烟台大学学报（哲学社会科学版），1989（1）：86 - 88.

⑤ 朱宪玲. 关于人才标准理论与实践的历史考察 [J]. 韶关学院学报（社会科学版），2005（5）：58 - 61.

⑥ 边婧. 新时期德才问题研究 [D]. 南京：东南大学，2005.

⑦ 先哲. 社会主义市场经济条件下领导人才选用的标准 [J]. 理论导刊，1994（9）：33 - 34；李述海. 试论市场经济条件下的党政干部人才标准 [J]. 理论与改革，1994（9）：9 - 10.

是衡量人才的标准的大讨论，提出什么是 21 世纪的人才标准？指出只有那些拥有创新意识、具备创新能力、能实现创新成果价值的人才是 21 世纪的人才。[①] 具体来说，人才标准主要有三种导向：一是人才效果导向标准，即业绩主导原则，就是说对人才评价采取了"以用为本"的方式，看人才能否很好地发挥其专长，人才发挥专长后能否产生业绩，这种业绩能否得到社会和市场的认可。效果主导原则评价的是人才的产出效能，可通过相当于绩效考核的方式来评定人才。二是人才资格导向标准，即对人才的评价采取了资格考试确定的方式，考取相应资格即可称为人才，未考取相应资格则不能确定为该类别的人才，因而资格主导评价的是人的能力、水平，衡量的标准为是否通过了相应的资格考试。三是人才的岗位导向标准，即表示该人是否在组织中担任了某些职务或是特定身份，主要看在组织中所处的岗位和职位，如医院中的医生可以称为专业技术人才，医院中的模具技师可以称为技能人才，这种分类导向与人才所处的岗位密切相关。[②]

总之，人才标准是对于什么是人才，怎样衡量、使用和评价人才等一系列问题的基本认识，是评价人才特性和质量的基本依据。人才标准的要素构成及其关系形成不同的人才层级标准，影响人才标准操作的取向和重心。例如，以学历职称为本的人才观下的人才标准，实际上承认学历、职称这些外显因素构成了人才标准的基本评价要素；以创造贡献为本的人才观下的人才标准，强调人的创造性和贡献性，最典型的观点是"五要素说"，即德、识、才、学、体"五大要素"构成人才的内在素质，并突出了人才"德"的要素和创新能力；以能绩为衡的人才观下的人才标准，则是由品德、能力、知识、业绩"四要素"构成。[③] 因此，关

---

① 董克用. 什么是 21 世纪的人才标准？[J]. 中国大学生就业，2000（7）：6-7；和学新，张利钧. 关于创新及创新人才标准的探讨 [J]. 上海教育科研，2007（11）：12-14.

② 王震. 人才队伍分类研究——创新人才队伍分类方式在国有企业人才分类中的应用 [D]. 北京：中央民族大学，2012.

③ 裴宏森. 人才标准要素构成评析 [J]. 人才资源开发，2010（9）：35-36.

于人才标准可用下面的公式进行描述：

$$人才 = 丰富的知识技能 + 强烈的创造意识 + 显著的工作业绩$$
$$+ 优良的思想品德$$

由此可见，我国人才评价标准经历了从传统的德才兼备，到计划经济下的唯学历、唯职称，再到市场经济下的重能力、重业绩，以及面向未来的重心态、重品行的发展历程，呈现出从单一走向多元的特点。

4. 人才的规律

早在 1979 年就有人明确提出人才的成长是否有规律可循的问题。[①] 结论是肯定的，这就是我国首创的以研究人才成长规律与人才管理制度为使命的人才学的诞生。[②] 例如，马峤在《漫谈人才学》中总结了四个时期与三条曲线的规律，即人才的发展经历胎儿时期、知识继承时期、创造时期和获得社会承认时期，其中重点是创造时期。创造时期包括确定目标阶段、完成目标阶段和被公认阶段；而考察人类文明史可以发现人才的涌现有三种状态：第一种是人才辈出，群星灿烂，出现人才波峰；第二种是大量人才被压抑、埋没，出现人才波谷；第三种是人才不多也不少，景况平平，出现人才的"微波荡漾"；其中，重点要研究的是人才波峰时期，从中发现人才辈出的社会因素是什么？都有哪些规律性？以利于制定政策，实行改革。[③] 调查还发现，青年时期是创造性最丰富的时期，中年时期则是人才成功的最佳年龄期，因而中青年人才队伍值得重视；应注意培养基础理论方面的研究人才；人才的大批出现与高等教育的质量关系密切；同时，对人才应建立合理的工资、奖金及补贴制度。[④]

1981 年，一系列研究人才规律的论文相继发表，如《试论人才成长

① 人才成长有规律可循吗？[N] 新华日报，1979 - 12 - 13；报刊文章转载. 人才的成长是否有规律可循 [J]. 社会科学动态，1980 (1)：14 - 15.

② 齐建昌. "人才学"与戏曲事业 [J]. 戏曲艺术，1980 (3)：69 - 74.

③ 马峤. 漫谈人才学 [J]. 江苏教育，1980 (6)：18 - 21.

④ 周菲，黄芩. 为开发人才资源贡献力量——关于我国近年来新出人才的调查 [J]. 山西师院学报（社会科学版），1980 (4)：43 - 46；周菲，黄芩. 对我国近年成名的四百名科技人才的调查报告 [J]. 科学学与科学技术管理，1981 (2)：33 - 35.

的几个规律》《论科技人才成长的规律》《科学人才成长的规律与教育》《人才成功的规律》《运用人才发展规律来改革教育》等。其中，王通讯的《试论人才成长的几个规律》被《新华文摘》转载，具体介绍了六个规律，即才能萌发规律、才能增长规律、才能择佳规律、聚焦成才规律、协调成才规律、创造成才规律。① 1983 年我国第一部人才学著作——《人才学概论》出版，在第三章第二节讨论了人才成长和发展规律的研究以及第三节讨论了社会主义社会人才的特点和成才规律；② 钟祖荣的《现代人才学》第五章的标题是"人才成长与出现的规律"，分别从概念方面与分类方面进行了介绍，强调"人才成长与出现的规律就是人才成长和出现的过程中诸多现象中的共同的、普遍的、稳定的东西，是人才成长和出现过程中各种因素的本质联系，是人才成长、发展、出现的必然趋势"；人才成才与出现的规律，从人才运动发展的角度可分为单个人才成长和发展的规律与人才辈出的规律，即整个社会的人才出现（包括人才出现的频率、规模、水平、特点等），从层次上分为一般规律和特殊规律，从类别上分为普遍的规律与统计的规律。③

（三）人才学研究的热点问题

有关人才问题的研究文献非常丰富。例如，我们在中国知网（CNKI）中以"人才"进行"主题"检索，共获得 1007391 条文献，以"人才"进行"篇名"检索，也获得 377515 条文献；以"人才学"进行"主题"检索，共获得 1141 条文献，以"人才学"进行"篇名"检索，获得 460 条文献（检索时间为：2018 年 5 月 3 日）。比较分析后发现，以"人才"检索与以"人才学"检索的文献，其关注重点是不同的，前者关注人才培养，后者关注学科建设。但有一点是显而易见的，即我国对人

---

① 王通讯. 试论人才成长的几个规律 [J]. 新华文摘, 1982 (1)：210 – 212.

② 叶忠海, 陈子良, 缪克成, 杨永清. 人才学概论 [M]. 长沙：湖南人民出版社, 1983：69 – 88.

③ 钟祖荣. 现代人才学 [M]. 杭州：浙江教育出版社, 1986：98 – 99.

才问题的研究主要是改革开放以后的事，甚至可以说我国改革开放 40 余年也是对人才问题进行研究和关注的 40 余年。这里采用文献题录信息统计分析工具 SATI 3.2 对以"人才学"进行"主题"检索的 1141 篇研究文献进行了统计分析，据此探索人才学研究的热点问题。结果发现，频次在 10 次以上的"关键词"，详见表 3－2。

表 3－2　　　　　　　　人才学研究文献高频关键词

关键词	频次	关键词	频次	关键词	频次
人才学	453	《人才开发》	18	人才心理学	12
中国人才研究会	56	潜人才	18	人才群体	12
王通讯	47	思维形式	17	课堂教学	11
学科	40	社会科学	17	人力资源管理	11
中华人民共和国	39	学术讨论会	17	企业	11
成才之路	37	会议	16	人才特点	11
人才成长	34	数据规范	16	人才队伍建设	11
人才管理	29	定义	16	第一资源	11
人才培养	29	教育理论与实践	15	人事	11
人才	29	办刊水平	15	精品期刊	10
育才学校	29	社会主义	15	理论与实践	10
思想体系	23	《人物志》	15	人才开发	10
人才资源开发	20	学术期刊	15	事业	10
专家	20	人才思想	14	对象	10
中国人才学	20	其他规定	14	原创文章	10
人才学思想	19	出版方	14	企业管理	10
出版	19	参照执行	13	出版社	10
人才成长规律	19	军事人才学	13	广告征集	10
杂志	18	叶忠海	13	杂志发行	10
人事科学	18	编辑人员	12	主编	10
概念	18	比较人才学	12	人才经济学	10

资料来源：本书课题组统计整理。

第二节　创新创业理论

诚如我们在第一章所讨论的，创新创业理论包括三个层面的内容：

一是创新理论；二是创业理论；三是创新创业理论。这里分别加以介绍。

（一）创新理论

学术界几乎一致认可创新源于美籍奥地利经济学家约瑟夫·阿洛伊斯·熊彼特（Joseph Alois Schumpeter）。其标志就是他在 1912 年出版的《经济发展理论》（Theory of Economic Development）一书中提出了创新理论（innovation theory）。熊彼特在该书中明确提出，我们所说的发展，可以定义为执行新的组合。[①] 他在这里所说的发展或新的组合就是创新，具体包括五种情况。一是采用一种新的产品——也就是消费者还不熟悉的产品，或一种产品的新的特性。二是采用一种新的生产方法，也就是在有关制造部门中尚未通过经验检验的方法，这种新的方法并不需要建立在科学上新发现的基础之上；并且，也可以存在于商业上处理一种产品的新的方式之中。三是开辟一个新的市场，即有关国家的某一制造部门以前不曾进入的市场，无论市场以前是否存在。四是掠取或控制原材料或半制成品的一种新的供应来源，也不问这种来源是已经存在的，还是第一次被创造出来的。五是实现任何一种工业的新的组织，比如，形成一种垄断地位（如通过"托拉斯化"），或打破一种垄断地位。[②] 这是熊彼特创新理论最完整的论述，但在我国学术思想界引用最多的不是这段原话，而是张培刚在该书中译本序言中的概括：按照熊彼特的观点，所谓创新，就是建立一种新的函数，也就是说，把一种从来没有过的关于生产要素和生产条件的新组合引入生产体系。在熊彼特看来，企业家的职能就是实现创新，引进新组合。熊彼特认为，所谓经济发展也就是指，整个资本主义社会不断地实现这种新组合。熊彼特所说的创新、新组合或经济发展，包括以下五种情况：（1）引进新产品；（2）引用新技术，即新的生产方法；（3）开辟新市场；（4）控制原材料的新供应来源；（5）实现企

---

①② ［美］约瑟夫·熊彼特. 经济发展理论——对于利润、资本、信贷、利息和经济周期的考察［M］. 何畏，易家详，等译. 北京：商务印书馆，1990：73；73-74.

业的新组织。按照熊彼特的看法，创新是一个内在的因素，经济发展也是来自内部自身创造性的关于经济生活的一种变动。①

有人在纪念熊彼特《经济发展理论》首版 100 周年之际，撰文指出：熊彼特的创新理论不仅反映在他的《经济发展理论》一书中，也不同程度地融汇于他后来的一系列成果中。熊彼特同样堪称经典的经济周期（business cycle）理论、创造性破坏（creative destruction）理论、精英民主（elite democracy）理论，无一不是他创新理论的发展、演绎、运用和深化。② 熊彼特的创新理论有着丰富的内容，这里概括为如下五个方面。

一是基本假设。从熊彼特早期的作品中，可以总结出其创新理论的以下基本假设：（1）将不确定性嵌入所有的创新计划中，经济主体（个人或组织）是有局限性的；（2）先行者或比他人行动得更快，才可以获得潜在的经济利润。熊彼特认为，靠支配着经济学的完全信息而做出最优选择的假设是行不通的，因此，企业家需要独特、超前的视野和领导能力；（3）在所有社会层次中存在阻碍新方法流行和威胁摧毁新事物的惯性，使企业家不得不为创新的成功而付出代价；（4）知识是公司范围内的扩散现象，并以一种惯例的形式存在。这与新增长理论把知识当作公共品，可免费使用的假设不同。熊彼特的上述基本假设，既区别于新增长理论的创新，也与主流经济学中效率优先、一般均衡等假设有异，可谓独树一帜。

二是创新和企业家。古典经济学认为，创新是经济系统以外的因素，对经济产生重大影响却又不属于经济的一部分。1912 年，熊彼特引入创新（innovation）并与发明（invention）做出区分，这在当时是一件很不简单的事。熊彼特为了阐释创新，提出了五种创新模式，包括新产品、新生产方式、新市场、新材料及其来源和新组织形式。熊彼特在《经济周期》（business）一书中把创新定义为在经济生活的范围内以不一样的

---

① ［美］约瑟夫·熊彼特. 经济发展理论——对于利润、资本、信贷、利息和经济周期的考察［M］. 何畏，易家详，等译. 北京：商务印书馆，1990：Ⅲ - Ⅳ.

② 代明，殷仪金，戴谢尔. 创新理论：1912～2012——纪念熊彼特《经济发展理论》首版 100 周年［J］. 经济学动态，2012（4）：143 - 150.

方式做事。创新活动是由特定的人群——企业家所执行的。与发明不同，创新是一个商业化的概念，大部分产生于企业中。为把发明转化为创新，企业通常需要组合几种不同类型的知识、能力、技能和资源。企业家要实现创新，必须展现出对创新的实现力，与其是否为发现者或发明家关系不大。重要的是，企业家必须克服心理和社会的阻力，坚持运用新方法产生新的组合。简而言之，他们必须有领导的才能，是一群具有特定性格特征的社会人群。如同亚里士多德定义灵魂是人类最核心的本质一样，创新是企业家的特殊功能，是企业家的"灵魂"所在。

三是利润、扩散、竞争和经济周期。熊彼特认为，利润作为"成功创新的额外奖励"，不存在于静态的循环流中。在现实经济中，若有企业家引入创新并打开利润之门，同行业者发现了更高水平的利润便会尝试复制创新，因此，前者的利润只能短暂存在。模仿与竞争引起价格下降，熊彼特称为竞价下跌，最终导致整个经济受益及所有利益的积累。鉴于创新者和模仿者之间的相互作用影响经济增长，熊彼特进一步假设这一过程并非是线性的，而是非均匀地分布在时间轴上。当创新完全被吸收和扩散，经济才能重新恢复均衡。基于这些假设，"群集"的模仿者跟随着重大创新的成功引入，影响着部门和产业的增长，在较长时间内这种集聚的程度是很高的；而起源式的重大创新，在相同领域或相关领域内还会促进其他创新。因此，在系统内部，创新趋向于集中在一个特定的部门或者相关产业，集聚使得这段时间的增长快于整个经济。或早或晚，这种集聚的增长将会慢下来，形成循环趋势，从而增加商业周期变化的长度。而熊彼特在《经济周期》中，对长波进行了更为复杂的讨论。

四是资本主义社会的发展规律。熊彼特在后期作品中，认为企业会通过进一步创新，运用专利权使得商业过程秘密化，以直接攻击现存或潜在的竞争对手等方式来维持自身的高利润。而创新金融和管理的新人及新厂商的崛起造就了兼并狂潮下的大公司时代，熊彼特相信大公司拥有巨大的优势——新的单位控制、新的管理原则、新的产业研究、新型的规划和装备并选择最优的方式将新技术商业化。这在熊彼特（1942）

中被阐释为创造性破坏，对今天以知识经济为基础的全球经济一体化特别适用。在大公司的世界里，相互之间的技术竞争继续驱动着资本主义的演化，技术研究变得越来越机械化和组织化了，并以一种平滑的路径进行创新。当创新变成一种常态或惯例后，创新仿佛就不存在了。"没有创新，就没有企业家；没有企业家的成就，就没有资本家的回报和资本主义的推动力。产业变革的环境和'过程'，是唯一可以让资本主义生存的条件"。

五是两种创新模式。熊彼特早期主要研究单个企业家的作用，后期转向合作型的企业家以及大公司组织的创新活动，并将其区分为竞争式的资本主义和托拉斯式的资本主义。尼尔森和温特（Nelson and Winter, 1982）曾论及这两种创新活动模式：熊彼特模式 I 由《经济发展理论》所描述。企业家把新企业引入市场，有远见的银行家通过信用系统，对前者的商业行为进行投资，创新降低了进入门槛，小规模的新企业得以在这种环境中扮演重要的角色，这是创新的广度模式。熊彼特模式 II 由熊彼特（1942）提出。书中讨论了行业 R&D 试验室与技术创新的相关性，以及大公司在创新中扮演的关键角色。大公司利用创造积累建立进入壁垒，以阻止新的创新者。这种创新的集聚程度较熊彼特模式 I 更高，创新者拥有更大的经济规模，是创新的深度模式。

因此，熊彼特的创新理论经过百年发展，创新成为东西方众多学科领域和学者研究的高频主题，区域性研究机构与研究中心遍布全球，培养了大批经济学和相关领域的创新学家，研究的新体系、新视角、新领域层出不穷，形成了一门特色鲜明、轨迹清晰的新兴理论学科。在创新成为时代底色的今天，创新不仅是经济学研究的重要内容，而且，它广泛地应用于管理学、科学学、决策学、社会学、农学、医学、生物学等所有人文社会科学领域与自然科学领域，成为现代科技发展、学科理论研究与人类社会实践的主线，在推动跨学科研究上起到了不可或缺的独特作用，并已经演变为一门新兴交叉学科。

（二）创业理论

有人从词源考古到现代释义的角度对创业进行了解读，认为创业的汉语词源学分析有两种情形：一种是"创"与"业"分开，"创"的本义有两大类，一为作名词时，意为用砭刀割除脓疮，转义为伤口；二为作与创业有关的动词时，意为始造之意。① "业"既可作名词，又可作动词和副词，现今"业"较常作为名词使用。其本义经历了从一开始的古代书册之版，逐渐延伸为学业，进一步发展为事业、功业、职业的过程。其中，事业之义表明"业"在我国古代就已经发展成具有现今经济管理领域中"业"的含义。另一种是由"创"与"业"二字组成创业，其中"创"作动词、"业"作名词。从现有研究及考证中，创业一词在我国文献中最早出现于东汉诸葛亮的《出师表》："先帝创业未半而中道崩殂"。但这里的创业非现今创业本义，是指创立帝业。创业的英语词源学分析认为 entrepreneurship（创业）一词是由 entrepreneur（创业者）一词延伸而来，而 entrepreneur 源于法文 entreprendre，意思是敢于承担一切风险和责任而开创并领导一项事业的人。② 此外，也有人以 enterprise 与 entrepreneurship 语义分析、语用分析为中心，对国际创业教育研究中的核心概念进行了辨析。③ 目前，学术界普遍认为 entrepreneurship 一词是由爱尔兰经济学家理查德·坎蒂隆（Richard Cantillon）在 18 世纪提出的，特指风险承担功能。创业者就是担当风险并可能合法地拥有其收益的人，其风险体现在以固定价格买入商品并以不确定的价格卖出，收益就是卖出价与买入价之差。

但何谓创业？至今在学术界仍没有一个公认的确切定义，创业理论

---

① 赵鹤. 再论创业的定义与内涵：从词源考古到现代释义 ［J］. 教育教学论坛，2015 (1)：84－86.

② 目前，国内对 entrepreneurship 的翻译包括：企业家精神、创业学、创业精神等，具体定义可分为两大类：一类是将 entrepreneurship 作为一个学术领域看待，即作为关于一种社会现象的尽可能多的知识；另一类是将 entrepreneurship 作为一种社会现象来看待，描述其社会功能。

③ 王占仁，常飒飒. 国际创业教育研究中的核心概念辨析——以"Enterprise"与"Entrepreneurship"语义、语用分析为中心 ［J］. 外国教育研究，2015 (6)：78－88.

研究边界尚未明确，缺乏一个得到公认的理论框架，一些基础性问题仍然没有解决，创业研究作为一个学术领域仍处于形成阶段。因此，作为一个有效的社会科学领域，创业必须有一个有别于其他领域的概念框架，能够用来解释和预测一系列的实证现象。特别是当前的创业理论是由学者们各自积累的学术碎片所组成，表现为多学科的交叉锯齿状态，而这样一种碎片阻碍了知识的全面进步，因为它只是形成了没有整体的部分和没有核心的学科。曹之然罗列了一些创业定义，并从中得出五点共识：一是成功的创业者具有较强的创业意愿和创业能力；二是创业过程具有复杂性和动态性特征；三是机会是创业过程的核心；四是创新是创业（者）的本质；五是创业与外部环境相互影响。①

因此，创业研究作为一个新兴的研究领域，呈现出多元研究视角的特征，概括起来有如下十种。

一是资源视角的创业研究，认为创业的过程就是资源的配置过程。特别是就新创企业而言，资源的获得与配置对于企业的发展尤为关键。巴尼（Barney）认为，当资源具有价值、稀缺、难以模仿和难以被替代这四大特征时，该资源就成为企业获取与保持竞争优势的源泉。② 换句话说，资源的异质性是企业竞争优势的基本条件，企业的长期竞争优势来源于企业所拥有或可控制的、难以模仿和交易的特殊资源。因此，能够为新创企业带来战略价值的资源主要包括以下五项：机会识别力；创业者的决策力；隐性知识和人才；创业团队的学习能力、创新能力；以个人社会关系为主的企业网络。③ 如果依创业资源的重要性可概括为三大类：其一是人力资源和技术资源，包括创业者及其团队的能力、经验、社会关系及其掌握的关键技术等；其二是财务资源，即以货币形式存在

① 曹之然. 创业理论研究：共识、冲突、重构与观察 [J]. 现代经济探讨, 2008 (9)：39 - 43.

② 罗友花, 李明生. 资源概念与分类研究——兼与罗辉道、项保华先生商榷 [J]. 科研管理, 2000, 31 (1)：26 - 32.

③ Prabalad C. K. , Harnel G. The Cornpetence of the Corporation [J]. Harvard Business Review, 1990, 68 (3)：79 - 93.

的资源；其三是其他生产经营性资源，即在企业新创过程中所需的厂房、设施等。与此同时，新创企业为了摆脱自有资源的局限，也必须考虑最大限度地利用外部资源。

二是文化视角的创业研究，即将创业现象置于一定的社会文化环境之中展开研究。由于文化价值和信仰不同，创业者行为也会存在很大差别——处于一定社会文化环境中的创业者往往具有某些共同的个性特征，并表现出与其文化背景相对应的行为特点。也就是说，特定文化和特定创业者个性特征与创业过程之间存在着某种特定的、内在的、密切的联系。其先驱是马克斯·韦伯（Max Weber）及其代表作《新教伦理与资本主义精神》，认为新教主义的兴起鼓励了勤劳、节俭和为积累物质财富而奋斗的精神，这又反过来促进了资本主义的发展。① 因此，某些特定的文化背景更容易产生创业者，并培育某种特定的创业行为与创业方式。格莱德（Glade）则提出了目前公认的创业情境模型，把创业者视为在一个特定的社会背景和文化背景下经营的决策者。②

三是机会视角的创业研究，认为创业可以被理解为是对机会的识别和利用并将其转化为市场价值的过程。创业研究的机会观点特别强调要从有进取心的个人和有利可图的机会两者相结合的角度去研究创业问题。其代表人物是肖恩和文卡塔拉曼（Shane and Venkataraman），他们提出了以机会为主线的创业研究框架，包括机会的存在、机会的识别、开发机会的决策以及开发模式等，特别是产业结构、专用性体制、机会的性质等因素都会影响人们对机会开发模式的选择。③ 因此，创业机会是如何存在的，创业者又是如何发现这些机会，何时以何种方式去利用这些机会，对这些问题的分析便成为创业研究的基本问题。国内学者凌斌与王重鸣

---

① ［德］马克斯·韦伯. 新教伦理与资本主义精神［M］. 黄晓京，彭强译. 成都：四川人民出版社，1986.

② Glade W. P. Approaches to a theory of entrepreneurial formation［J］. Explorations in Entrepreneurial history，1967，4（3）：59－245.

③ Shane S.，Venkataraman S. The promise of entrepreneurship as a field of research［J］. Academy of Management Review，2000，25（1）：217－226.

构建了创业机会的识别、选择和开发过程模型，认为创业个体的先验知识与创业环境等起到非常关键的作用，每个阶段的机会都来自个体基于知识（认知风格、创业经验、技术、专利、信息、管理等）、情境（市场需求、政策环境、公司能力等）以及社会过程的建构：一方面，个体从创业环境中建构并发展了机会识别、选择以及开发策略的释义，从而使得创业专业人才的机会识别过程成为关键的环节；另一方面，机会识别、选择和开发等过程交互影响，共同建构了创业专业人才的开发模型。①

　　四是网络视角的创业研究，认为社会网络结构及关系性资源能对创业活动产生重要的影响。弗朗西斯和桑德伯格（Francis and Sandberg）认为，对大多数创业者来说其最重要的资源是错综复杂的个人网络，创业者拥有可利用的强联系社会资本越丰富，创业的可能性以及取得成功的可能性也就越大，企业就越有可能摆脱困境。② 大量创业实践也表明，结构性社会资本和关系性社会资本都是创业者借以识别和利用创业机会的重要资源。这些资源的拥有状况及其联系的紧密程度，直接或间接地对创业初期的决策及企业成长有极其重要的影响。有人在系统梳理相关研究文献的基础上，阐述了国际创业关系网络构建、国际创业关系网络影响国际创业的作用机理以及国际创业关系网络与国际创业的协同演进等三大热点问题，构建了一个包含前置变量、自变量、中介变量、因变量和调节变量的国际创业研究整合框架。③ 也有人提出了以网络结构为核心的创业环境研究理论分析框架，即分别从网络机制、网络结构和网络特性三个方面来研究创业环境的网络体系。④ 还有人构建了基于网络视角的

① 凌斌，王重鸣. 创业专业人才的机会识别与开发策略模型：基于建构主义视角［J］. 心理科学进展，2013（4）：701 - 710.

② Francis D. H, Sandberg W. R. Friendship within entrepreneurial teams and its association with team and venture performance［J］. Entrepreneurship Theory and Practice，2000，25（2）：27 - 37.

③ 周劲波，黄胜. 关系网络视角下的国际创业研究述评［J］. 外国经济与管理，2013（2）：22 - 23.

④ 蔡莉，崔启国，刘静. 基于网络视角的创业环境：概念、体系构成和分析框架［J］. 管理现代化，2007（3）：26 - 28.

创业概念框架，认为组织成长和网络成长都是创业活动的发展线索。在这两条线索的共同作用之下，与网络相关的管理活动也成为创业活动的重要构成，并且与其他管理活动相互促进，共同协调发展。①

五是战略视角的创业研究，认为创业活动的核心实际上就是创业者有意识的战略选择过程，反映了他们在一定环境下的较优战略选择。M. A. 赫梯等（M. A. Hitt et al.）提出了战略性创业概念，强调创业者在创造新价值、新财富过程中要有意识地、自觉地将创业行为（即寻求机会的行为）与战略管理行为（即寻求竞争优势的行为）整合在一起，具体表现在六个方面：创新、外部网络、国际化、组织学习、高层管理团队与治理资源、成长。② 麦格拉斯和麦克米伦（McGrath and MacMillan）研究认为，企业家必须在战略家的思维下去识别机会、动员资源采取行动以利用机会，特别在高度不确定条件下更应如此。③ 因此，创业者要想取得创业成功，必须找准机会即市场上的空白，并清楚如何创新才能够填补这一空白。这就需要创业者除了拥有必要的专业技术知识外，还须具有一定的包括战略管理在内的管理知识与管理技能，以使新办企业更好地认准方向、明确使命和捕捉机会，并不断为自己的产品培育和保持竞争优势。特别是对一个新创企业而言，创业行为与战略管理可以在四个领域得到最有效的配合，即产业选择（选择有吸引力的产业）、网络发展（建立战略伙伴关系）、资源和能力培育（构建企业竞争优势）、创新（造就企业活力之源）。④

六是认知视角的创业研究，认为创业过程是一个蕴含大量不确定性因素和高度风险的复杂决策过程，存在一个同样的机会，不同的人会有

---

① 林嵩. 基于网络视角的创业概念拓展研究 [J]. 科技进步与对策，2011（16）：72 - 75.

② M. A. Hitt, R. D. Ireland, S. M. Camp and D. L. Sexton. Strategic entrepreneurship: entrepreneurial strategies for wealth creation [J]. Strategic Management Journal, 2001, 22（6 - 7）：479 - 491.

③ Rita Gunther McGrath, Ian MacMillan. The Entrepreneurial Mindset: Strategies for Continuously Creating Opportunity in an Age of Uncertainty [M]. Harvard Business School Press, 2000.

④ 袁界平，吴忠. 创业新概念：战略视角下的创业行为 [J]. 经济体制改革，2006（6）：60 - 63.

不同的认知，甚至有些人根本就无法感知机会的存在。例如，经济学家柯兹纳（Kirzner）早在 1979 年出版的《知觉、机会和利润：创业理论研究》一书中就明确提出，创业是一个机会发现过程，创业者往往对机会保持高度警觉性，知识和决策在这一过程中发挥了重要作用。① R. K. 米歇尔等（R. K. Mitchell et al.）将创业认知定义为人们在机会评估、企业形成和企业成长过程中做出评价、判断或决策的知识结构。② 创业研究领域主流期刊《企业创业》（*Journal of Business Venturing*）和《创业：理论与实践》（*Entrepreneurship: Theory and Practice*）分别在 2002 年、2004 年、2007 年围绕创业认知研究进行了专门讨论。目前，基于认知观的创业研究主要内容包括，创业者认知研究、社会认知理论与创业研究。创业者认知研究，如创业者认知结构与认知过程、创业者创业意向、认知偏差和直觉、信念→态度→意向→行为等；社会认知理论与创业研究，如三元交互决定论，即从环境、人的认知及其行为的互动关系中来考虑，以及创业情境下个体的自我效能等。③

七是系统视角的创业研究，认为创业是一个动态性、复杂的问题，创业概念随着时代、环境的变迁而不断演化，这就需要运用系统思考的方式来进行分析和思考。因此，如果把创业看作一个系统，那么各个学科所关注的创业问题便成为这个系统的元素，这些相互关联的元素的集合就构成了创业，其中，最有影响的观点是创业生态系统。国内外有关创业生态系统的研究，都起源于邓恩（Dunn）在 2005 年以麻省理工学院（MIT）为中心构建的创业生态系统及对其进行的简单描述，④ 刘林青等

---

① Israel M. Kirzner. Perception, opportunity and profit: Studies in the theory of entrepreneurship [M]. Chicago: Chicago University Press, 1979.

② Mitchell R. K., Busenitz L., Lant T. et al. Toward a theory of entrepreneurial cognition: Rethinking the people side of entrepreneurship research [J]. Entrepreneurship: Theory and Practice, 2002, 27 (2): 93 – 104.

③ 丁明磊，刘秉镰. 创业研究：从特质观到认知观的理论溯源与研究方向 [J]. 现代管理科学，2009 (8): 20 – 22.

④ Dunn K. The entrepreneurship ecosystems [J]. MIT Technology Review, 2005 (9): 23 – 35.

在 2009 年专门介绍了以 MIT 为例的高校创业生态系统，寻求该生态系统的构成要素及推动该创业生态系统形成的原因，发现创业活动、学生团体和创业教育这三股力量交互作用，成为推动该生态系统不断演化的主要动力，① 标志着我国学者从此开始关注从系统视角出发的创业研究。

八是互动视角的创业研究，认为创业企业所处的创业情境促使创业者选择与利益相关者进行互动活动，而创业者和利益相关者的互动过程是基于利益相关者需求、创业者认同和信息处理能力共同作用的结果。因此，将客户、供应商、员工等利益相关者纳入创业机会生成的研究中，可以更为深入细致地探讨创业机会生成过程中的关键因素，同时，可以在一定程度上解释为什么持有不同初始想法的创业者会着力实践一个特殊的创业想法以促进创业机会的最终生成。一方面，由于创业企业处于不确定的环境中，它们需要利益相关者扮演合法性的仲裁者来验证其初始想法是否具有潜力和价值性，能否成为在不同想法中脱颖而出的潜在创业机会；② 另一方面，由于创业企业受到资源的约束，它们需要利益相关者提供其开创企业所需的关键资源，以保证创业企业对于潜在创业机会的探索和开发，有利于创业企业突破所处环境和自身缺陷的制约，提升创业成功的可能性。③ 研究还发现，不同互动模式下的创业效率也有较大差异：能够提供多元互动的创业空间更有利于灵活弹性的创业迁徙行为，但基于信息互动的创业软件环境的构建相比于物质空间来说更加重要。④

---

① 刘林青，夏清华，周潞. 创业型大学的创业生态系统初探——以麻省理工学院为例 [J]. 高等教育研究，2009 (3)：19-26；刘林青，施冠群，陈晓霞. 麻省理工学院的创业生态系统探析 [J]. 比较教育研究，2009 (7)：20-24；卢胜，施冠群，刘林青. 创业型大学及创业生态系统初探 [J]. 当代经济，2009 (3)：118-120；凯瑟琳·杜恩. MIT 创业生态系统 [J]. 科技创业，2009 (9)：22-26；殷朝晖. 构建大学创业生态系统 [N]. 中国教育报·高等教育周刊，2009-10-12 (006).

② Cummings J. L., Doh J. Identifying who matters：Mapping key players in multiple environments [J]. California Management Review，2000，42 (2)：83-104.

③ Frooman J. Stakeholder influence strategies [J]. Academy of Management Review，1999，24 (2)：191-205.

④ 祁娴，于涛，吴励智，曹政，唐希. 互动性视角下的城市创业孵化器建设比较研究——以苏州为例 [C]. 中国城市规划学会会议论文集，2017：1564-1574.

　　九是过程视角的创业研究，认为创业过程是指，针对有市场价值的商业机会从最初的构思到创建企业以及管理新企业的过程。相关研究文献不多，我们在中国知网（CNKI）中检索"主题"为"过程视角的创业研究"，获得 23 篇文献。其中，期刊学术论文 15 篇、硕士学位论文 4 篇、博士学位论文 3 篇、国内会议论文 1 篇。根据中国知网（CNKI）提供的计量可视化分析结果，基础研究为 15 篇，占比为 65.22%；行业指导为 4 篇，占比为 17.39%；政策研究为 3 篇，占比为 13.04%；高级科普为 1 篇，占比为 4.35%。其中，有超过一半的文献（12 篇）接受过基金资助，具体包括国家自然科学基金资助为 9 篇，全国教育科学规划基金资助为 1 篇，中国博士后科学基金资助为 1 篇，辽宁省教育厅高校科研基金资助为 1 篇。研究主题主要涉及创业过程、创业机会、创业能力、机会识别与技术创业等。

　　十是环境视角的创业研究，认为创业环境是影响创业最关键的因素，创业实质上是创业者与创业环境动态均衡的结果，并且由于创业环境的差异，导致创业活动的地区发展很不平衡。例如，郑炳章等认为，创业环境是指，影响创业活动的一切因素的总和，既包括内部环境，又包括外部环境；创业者与创业环境的动态均衡是通过创业机会实现的，创业者是创业的主观因素，创业环境是创业的客观因素，因而创业也是一个主观因素与客观因素动态均衡的结果；创业的起点和终点都是创业环境，创业者重点发挥了主观能动性的作用。① 马昆姝等则以文化环境为研究视角，按照创业活动表现的不同层面构建了创业研究总体框架，强调无论是整体层面的创业活动指标，如国家/地区、区域的创业总体水平、创业比例、创新率等，还是具体到公司的创业活动。如战略更新、进入模式等企业行为，以及细化到个人层面的创业特质、创业认知等个人行为表征，都是无法脱离文化这一氛围的。而且，这些创业活动都会或多或少

---

　　① 郑炳章，李占乔，朱燕空. 基于环境视角的创业研究框架构建 [J]. 技术经济与管理研究，2009（6）：34－36.

地受到文化这一外生因素的影响，特别是由于外生的文化背景不同，必然导致创业活动的表现形式随着文化环境的不同而发生改变。①

（三）创新创业研究的主题

前面分别讨论了创新理论与创业理论，创新创业即"双创"研究主要是中国学者的研究范式。我们在中国知网（CNKI）中检索"主题"为"创新创业"的文献共获得 80970 条（模糊匹配），其中：期刊学术论文43944 篇、报纸文章 33518 篇、硕士学位论文 2221 篇、博士学位论文 367篇、国内会议论文 663 篇、国际会议论文 143 篇、学术辑刊 114 篇。"篇名"检索"创新创业"也获得 36338 篇文献（模糊匹配），其中：期刊论文 17921 篇、报纸文章 17631 篇、硕士学位论文 277 篇、博士学位论文 29篇、国内会议论文 364 篇、国际会议 69 篇、学术辑刊 47 篇。并且，这些研究文献关注的"主题"保持高度一致，都强调大学生的创新创业，关注创新创业教育，探寻创新创业人才培养模式，培养高校学生的创新创业能力。这里重点分析我们在中国知网（CNKI）中检索到的"篇名"含有"创新创业"（精确匹配）的 12929 篇期刊学术论文（检索时间：2018年 7 月 9 日），其年度分布情况（详见表 3 - 3）具体来源类别包括：核心期刊 1376 篇，CSSCI 期刊 724 篇，EI 来源期刊 2 篇，SCI 来源期刊 0 篇，合计 2102 篇，占比为 16.26%，年度平均占比为 24.57%，关注的主题仍然是大学生的创新创业教育，关注人才培养及其模式的构建，重点培养大学生的创新创业能力。

表 3 - 3　　　　　　篇名含创新创业的期刊文献的年度分布

年份	全部期刊	核心期刊ⓐ	CSSCIⓑ	EI 来源ⓒ	ⓐ+ⓑ+ⓒ	年度占比（%）	总体占比（%）
1997	1	1	0	0	1	100.0000	0.0077
1998	0	0	0	0	0	0.0000	0.0000

---

① 马昆姝，覃蓉芳，胡培. 文化环境视角下的创业研究框架探讨［J］. 软科学，2009(5)：27 - 30，51.

续表

年份	全部期刊	核心期刊ⓐ	CSSCIⓑ	EI 来源ⓒ	ⓐ+ⓑ+ⓒ	年度占比（%）	总体占比（%）
1999	3	0	0	0	0	0.0000	0.0000
2000	4	1	0	0	1	25.0000	0.0077
2001	17	3	1	0	4	23.5294	0.0309
2002	16	3	1	0	4	25.0000	0.0309
2003	23	3	0	0	3	13.0435	0.0232
2004	37	5	2	0	7	18.9190	0.0541
2005	29	5	3	0	8	27.5862	0.0619
2006	44	7	3	0	10	22.7273	0.0774
2007	73	7	3	0	10	13.6986	0.0774
2008	96	17	8	0	25	26.0417	0.1934
2009	134	31	12	0	43	32.0896	0.3326
2010	214	43	24	0	67	31.3084	0.5182
2011	263	52	29	0	81	30.7985	0.6265
2012	389	62	23	0	85	21.8509	0.6574
2013	444	73	34	0	107	24.0991	0.8276
2014	616	75	39	0	114	18.5065	0.8817
2015	1363	162	109	1	272	19.9560	2.1038
2016	2939	316	171	1	488	16.6043	3.7745
2017	4182	325	179	0	504	12.0517	3.9060
2018	2042	185	83	0	268	13.1244	2.0729
合计	12929	1376	724	2	2102	24.5683[①]	16.2580

注：①年度平均占比＝各年度占比之和÷总年份数。

资料来源：本书课题组统计整理。

第三节　职业生涯开发理论

职业生涯开发在西方是一个比较成熟的研究领域，具体包括两个方面，即分别从个人发展角度与组织发展角度研究职业生涯及其开发问题。我国职业生涯开发研究基本上源于国外，还处在研究的初级阶段。

（一）职业生涯开发的基本概念

顾名思义，职业生涯开发涉及的基本概念有职业、职业生涯、职业生涯开发、职业发展、职业管理等。

1. 职业

职业是社会分工的产物，在社会分工产生之前只有劳动或工作。一定社会分工或社会角色的持续实现，就形成了职业。其中，工作的本义是劳动，它是人们得以谋生的手段。特别是在社会分工产生之前，劳动或工作直接决定着人类的生死存亡。即使在今天，职业仍然包括作为谋生手段的基本内涵。但从社会分工的角度来看，职业是劳动者获得的一种社会角色，意味着劳动者为社会承担一定的义务和责任并由此获得相应的报酬。我们甚至可以说，不同的职业意味着不同发展机会和发展空间，决定着你未来的生活方式、社会地位以及经济收益。从人力资源管理的角度来看，职业则是指不同性质、不同场所、不同内容、不同形式、不同要求、不同操作的专门劳动岗位，意味着人们从事的工作在目标、内容、形式和场所上有很大的区别。据此，可以将职业定义为人们基于特定的社会分工和生产内部的劳动分工而长期从事的具有专门业务和特定的职责，并以此作为主要生活来源的社会活动。

职业具有五大特征：一是目的性，即职业以获得现金或实物等报酬为目的；二是社会性，即职业是从业人员在特定社会生活环境中所从事的一种与其他社会成员相互关联、相互服务的社会活动；三是稳定性，即职业在一定的历史时期内形成，并具有较长生命周期；四是规范性，即职业必须符合国家法律和社会道德规范；五是群体性，即职业必须具有一定的从业人数。

可见，社会分工是对职业进行分类的依据。在分工体系的每一个环节上，劳动对象、劳动工具以及劳动的支出形式都各有特殊性，这种特殊性决定了各种职业之间的区别。世界各国国情不同，其划分职业的标准也有所区别。国际劳工组织的国际标准职业分类（ISCO）把职业由粗到细分为四个层次，即 8 个大类、83 个小类、284 个细类、1506 个职业项目，总共列出 1881 个职业。[①] 其中，八个大类分别是：（1）专家、技术人员及有关工作者；（2）政府官员和企业经理；（3）事务工作者和有关工作者；（4）销售工作者；（5）服务工作者；（6）农业、牧业和林业工作者、渔民和猎人；（7）生产和有关工作者、运输设备操作者和劳动者；（8）不能按职业分类的劳动者。《中华人民共和国职业分类大典》2015 年修订版则把我国职业划分为由大到小、由粗到细的四个层次，即大类（八个），中类（75 个），小类（434 个），细类（1481 个）。细类为最小类别，亦即职业。[②] 其中，八个大类分别是：第一大类，党的机关、国家机关、群众团体和社会组织、企事业单位负责人；第二大类，专业技术人员；第三大类，办事人员和有关人员；第四大类，生产服务人员和生活服务人员；第五大类，农、林、牧、渔业生产及辅助人员；第六大类，生产制造及有关人员；第七大类，军人；第八大类：不便分类的其他从业人员。

2. 职业生涯

从字面上来理解，生即活着，说明生涯与一个人的生命紧密联系在一起；涯即边界，说明生涯即指，人生经历、生活道路和职业、专业以及事业等。简而言之，生涯原指，生命有边际、限度；后指生命、人生。职业生涯即指，个体职业发展的历程，具体表现为连续性的，分阶段、分等级的职业经历。在人的一生中，存在不同的生命周期，有生物社会生命周期、生物生命周期、家庭生命周期和职业生涯周期，其中，最重要的、起决定性作用的是职业生涯周期，它是人生存和发展的前提条件。

---

① ILO. International Standard Classification of Occupations 2008（ISCO-08）[EB/OL]. [2018 – 07 – 10] http://www.ilo.org/public/english/bureau/stat/isco/isco08/index.htm.

② 国家职业分类大典修订工作委员会. 中华人民共和国职业分类大典（2015 年版）[M]. 北京：中国人力资源和社会保障出版集团有限公司、中国劳动社会保障出版社、中国人事出版社，2015.

因为职业生涯周期从任职前的职业教育培训，到寻求职业，到就业从业，职业转换、逐步晋升，直至退出职业工作，占据了人生大部分时间。① 换句话说，人的职业生活是人生全部生活的主体，在其生涯中占据核心与关键的位置。

职业生涯包括内职业生涯和外职业生涯。内职业生涯是指，从事一项职业时所具备的知识、观念、心理素质、内心感受等因素的组合及其变化过程，它是别人无法替代和窃取的人生财富，也是一个人生涯发展的原动力。外职业生涯是指，从事职业时的工作单位、工作时间、工作地点、工作内容、工作职务与职称、工作环境、工资待遇等因素的组合及其变化过程，着重强调外部环境和外部条件，其构成因素通常会随着外在条件的变化而变化。内职业生涯与外职业生涯的关系可概括为：内职业生涯发展是外职业生涯发展的前提，内职业生涯带动外职业生涯的发展；外职业生涯的因素通常由别人决定、给予，也容易被别人否定、剥夺；内职业生涯的因素由自己探索、获得，并且不随外职业生涯因素的改变而丧失；外职业生涯略超前时有动力，超前较多时有压力，超前太大时有毁灭力；内职业生涯略超前时舒心，超前较多时烦心，超前太大时要变心。

因此，美国学者威廉·J. 罗斯韦尔和亨利·J. 斯雷德（Willian J. Rothwell and Henry J. Sredl）将职业生涯界定为人的一生中与工作相关的活动、行为、态度、价值观、愿望的有机整体。② 其基本内涵：一是职业生涯作为个体概念，是指个体的行为经历而非群体或组织的行为经历；二是职业生涯作为职业概念，实质是指一个人一生之中的职业经历或历程；三是职业生涯作为时间概念，意指职业生涯期，它始于最初工作之前的专门的职业学习和职业训练，终止于完全结束或退出职业工作。四

---

① 马力. 职业发展研究——构筑个人和组织双赢模式［D］. 厦门：厦门大学，2004：6.

② Willian J. Rothwell，Henry J. Sredl. The ASTD Reference Guide to Workplace and Performance：Volume 2：Present and Future Roles and Competencies［M］. Paperback：Human Resource Development Press，2014.

是职业生涯作为发展和动态的概念，寓意着个人具体职业内容和职位的发展和变化，职业生涯不仅表示职业工作时间的长短，而且内含着职业变更与发展的经历和过程，包括从事何种职业，职业发展的阶段，职业的转换、晋升等具体内容。

3. 职业生涯规划

职业生涯规划有多个表述，有人称之为职业规划或生涯规划，也有人称之为人生规划或职业生涯设计，其实表达的都是同样的内容，就是对职业生涯乃至人生进行持续的、系统的计划的过程，其核心思想是规划或设计。从字面上看，规者，有法度也；划者，戈也，分开之意。规划是指，有计划地去完成某一任务而作出比较全面的长远打算，意思就是个人或组织制定的比较全面、长远的发展计划，是对未来整体性、长期性、基本性问题的思考和考量，设计未来整套行动的方案。

因此，职业生涯规划是指，组织或者个人把个人发展与组织发展相结合，对决定个人职业生涯的个人因素、组织因素和社会因素等进行分析，制定有关对个人一生中在事业发展上的战略设想与计划安排。按照职业生涯规划的期限，一般划分为短期规划、中期规划和长期规划：短期规划为 3 年以内的规划，主要是确定目标，规划完成的任务；中期目标一般为 3~5 年，在近期目标的基础上设计中期目标；长期目标规划时间是 5~10 年，主要设定长远目标。从职业生涯规划的主体来看，则可以分为基于个体的职业生涯规划与基于组织的职业生涯规划。

职业生涯规划最早起源于 1908 年的美国，其标志是弗兰克·帕森斯（Frank Parsons）在波士顿成立了世界上第一个职业咨询机构——波士顿地方就业局，主要针对大量年轻人失业的情况进行职业指导。由于当时职业的形态比较稳定，工作机会与选择范围比较狭窄，个人对职业的观念大多倾向于谋生的手段，职业生活主要以工作为核心，因而职业指导工作的重点是"人职匹配"，其意义即在于协助个人作职业的选择。

随着人本主义心理学家 C. R. 罗杰斯（C. R. Rogers）非指导性理论的

提出，职业指导理念实现了向职业辅导的转变，即帮助的方式由"指导式"向"非指导式"的咨询发展，向人性化的方向转变。1951 年，唐纳德·E. 舒伯（Donald E. Super）以自我心理学的观点重新定义职业辅导，认为职业辅导即协助个人发展并接受完整而适当的自我形象，同时发展合适的职业角色形象，使个人在现实世界中经受考验，并转化为实际的职业行为，以满足个人的需要，同时造福社会。这样，不仅由职业指导概念向职业辅导概念转变，另一个重要的演变就是职业指导由静态的、一次性完成向发展的、多次完成的职业选择转变，"生涯"意识逐渐被引入职业辅导领域中，意味着从个体发展和整体生活的高度来考察个人与职业、个人与社会的关系，而不只是局部的人职匹配关系，把树立个人自我形象与职业角色形象作为职业指导的目标，为现代职业指导指出了新方向。

进入 20 世纪 60 年代，完成了从"职业指导"到"职业辅导"再到"生涯辅导"的转变，主要包括培养学生生涯规划及决策能力，培养个体正确认识自我及职业价值观，培养学生做出合理选择的能力等，强调职业选择实际上是一个持续不断的探索过程。在这一过程中，每个人都在根据自己的天资、能力、动机、需要、态度和价值观等慢慢形成较为明晰的与职业有关的自我概念。汉森（Hansen）列出了生涯辅导与职业辅导的差异：生涯辅导聚焦于生活形态而非工作本身；生涯辅导协助个人觉察自身的生涯社会化历程；生涯辅导协助个人为其生活风格的选择做准备，而非仅将个人与工作相配对；生涯辅导关注较大的个人生活领域及职业和个人间的互动关系，而非单纯的职业选择；生涯辅导协助个人在快速变迁的社会中达成角色的统整；生涯辅导协助个人跨越性别角色刻板化的障碍，从而扩充可供选择的职业选项。[1]

无论是职业指导，还是职业辅导，抑或是职业生涯规划，它有一个

---

① 程灵. 从职业指导到生涯辅导：欧美高校的就业指导及启示［J］. 江西科技师范学院学报，2008（1）：11 – 15.

最基本的理念就是人职匹配，而做到人职匹配的前提就是要了解职业或职位对人的需要。

4. 职业发展

从个体层面来看，职业发展就是在自己选定的领域内，在自身能力所及的范围内，成为最好的专家。专家是指，在某一领域有深入和广泛的经验，对该领域有深刻而独到知识的人。从组织层面来说，职业发展有两层意思：一是指，组织用来帮助员工获取目前及将来工作所需技能、知识的一种方法，即职业发展是组织对企业人力资源进行的知识、能力和技术的发展性培训、教育等活动。二是通过整合组织内部各个岗位，设置多条职业发展系列并搭建职业发展阶梯，然后，通过岗位能级反映并揭示岗位间的关联，为员工提供广阔的职业发展平台，如行政序列、技术序列、销售序列、管理发展序列等。每一个具有高度责任感的组织都有义务为其员工指明职业发展方向，设计职业发展通道，使员工看见个人发展的希望，实现人才的长期稳定性。

在通常情况下，职业初期是从事有挑战性的工作、为员工树立职业初期的目标或职业抱负；职业中期由于晋升机会减少、意识到身体变化、明确了自身职业目标的实现程度，由此寻找新的生活目标，家庭关系可能会发生变化，不想再换单位，工作中感觉落伍，寻求安全；职业后期会形成偏见，如生产效率、培训成本、高缺勤率、高事故率等。

因此，组织必须向员工阐明各工作岗位的关系、职位的层级关系，即职业阶梯以及相应的资格条件；提供员工必要的培训或长期教育项目以及其他人力资源开发项目，用以帮助员工从一种工作岗位或层级跳到另一种工作岗位或层级；建立职业咨询体系（制度、人员等）；确保管理层的支持与相应人员技能的提高；实施继任计划（即接班制度）及管理；建立指导制度；关注员工的晋升、调动、降职等职务变动发展以及工作扩大与工作轮换等非职务变动发展。特别需要指出的是，职业发展中的"斜杠青年"现象值得关注，"斜杠青年"是一种符号化标注，表征同时拥有多重职业、追求无边界职业生涯的青年群体，它是产业结构升级、组织结构权变性调整以及青年思维方式变革等主客观因素共同作用的结果。但是，"斜杠青年"的发展具有双重效应，既有对职业尊严感和劳动创造性的不断找寻，又存在变得全面而平庸、自由时间被挤占的风险。①

5. 职业管理

一般认为，职业管理是以组织为中心的活动，而职业设计是以个人为中心的活动。② 事实上，在职业管理中追求的终极目标是工作、职业和生活的平衡，既要考虑员工的需求，也要实现组织的利益。伍忠祥指出，职业管理应该帮助组织与员工共同发展，因为组织与员工是相互依存的，二者都是为了求得良好的发展，企业与员工在利益追求上是一致的，这种"利益共同体"正是职业管理的有机结合点，然后通过员工与企业的优化匹配，寻找工作适宜性，达到组织对员工的关心，同时员工对组织奉献的目的。因此，职业管理是指，组织提供的用于帮助组织内正在从事某类职业的员工的管理过程，加强组织中员工的职业管理，实际上与组织的目标是一致的，是实现组织目标的有效管理手段。③ 准确地说，职业管理是为了实现组织目标和个人发展的有机结合，从组织角度对员工所从事的职业进行计划、引导和控制的过程。组织通过招聘、培训、迁调（轮岗）等管理活动来恰当地配备人员，并给予控制和管理。这些活动伴随组织存续的始终。能否吸引合适的人才，提高组织工作效率，促进组织不断顺利发展是衡量组织职业管理成功与否的标准。④

职业管理的主要任务：一是帮助员工开展职业生涯规划与开发工作。组织为员工提供工作分析资料、工作描述，宣传经营理念、人力资源开发的策略等，员工据此设定自我发展目标与开发计划，使个人的目标与

---

① 杜敏. 职业发展中的"斜杠青年"现象论析 [J]. 当代青年研究，2017（5）：78 - 83 + 114.

② 吴林源. 职业设计与职业管理研究 [J]. 现代财经，2001，21（9）：41 - 44 + 47.

③ 伍忠祥. 职业管理：助企业与员工共发展 [J]. 经贸导刊，2001（8）：58 - 59.

④ 马力. 职业发展研究——构筑个人和组织双赢模式 [D]. 厦门：厦门大学，2004：8.

企业目标相配合。二是确定组织发展目标与职业需求规划。根据组织的现状、发展趋势，明确组织的发展目标，并据此确定不同时期组织的职业发展规划与职位需求。三是开展与职业生涯管理相结合的绩效评估工作。如工作业绩与表现的评估，工作士气的调查，提供相关回馈资料给组织或员工，配合组织的发展目标与方向，晋升优秀员工，提供职业生涯发展路径，及早确认有潜力者，确定甄选升迁标准，使员工公平竞争等等。四是职业生涯发展评估。组织应协助员工确定职业生涯目标，并进行科学评估，找出员工的优缺点，分析员工职业生涯发展的可行性。五是工作与职业生涯的调适。根据绩效和职业生涯发展的评估结果，对员工的工作或职业生涯目标作适当的调整，使员工的工作、生活与目标密切融合。六是职业生涯发展。它包括各种教育与训练、工作范围的扩大与丰富、责任加重、激励措施等。这六项任务联系密切、互有影响，在实际工作中，应彼此兼顾，才能获得最佳效果。它在促进员工自我发展的同时，确保了企业的持续发展。员工和组织在职业管理中的职责分解，如表3-4所示。

表3-4　　　　　　　　　　员工和组织在职业管理中的职责分解

阶段	员工	组织
职业准备	进行职前教育与职前培训	进行职务分析和人才规划
进入组织	参加组织的入职培训	招聘、选拔、培训，设计职业生涯通道
进入岗位	自我学习、提高、定位	绩效考核、调整岗位
早期发展	达成职业适应、建立和发展职业锚	帮助和引导员工建立职业锚，实施激励措施
中期发展	追求发展与晋升，克服中期危机带来的不利影响	帮助员工解决发展中存在的问题，开发新的职业通道和激励措施
后期发展	继续贡献才能和智慧，争做良师益友	鼓励员工继续发挥作用，适时做好人员更替和继任管理

资料来源：崔佳颖. 员工职业生涯规划［M］. 北京：机械工业出版社，2008：5-6。

（二）基于个体的职业生涯开发理论

关于个体职业生涯开发理论，主要从个人的角度进行职业选择、教育和咨询的研究。有代表性的理论观点，介绍如下。

1. 关于职业与个人匹配理论的研究

职业与个人匹配理论的基本思想是：个体之间的差异是普遍存在的，每一个个体都有自己的个性特征，而每一种职业由于其工作性质、环境、条件、方式的不同，对工作者的能力、知识、技能、性格、心理素质等有不同的要求。进行职业决策（如选拔、安置、职业指导）时，就要根据一个人的个性特征来选择与之相对应的职业种类，即进行人职匹配。

职业与个人匹配理论的最早提出者是美国波士顿大学弗兰克·帕森斯（Frank Parsons），他在 1909 年出版的《选择职业》中指出，在职业选择过程中的三个主体应具备的条件：一是应客观认知个体的态度、能力、兴趣与局限等；二是应明确掌握各种职业选择成功所需的具体要求，例如，个体在不同的工作领域所具备的优势、劣势、机会与威胁等；三是实现上述两要素的平衡。① 因此，职业与个人匹配理论的内涵就是在个体科学认知所具备的特质与具体工作要求的前提下，将主客观条件与自己有能力去从事的工作领域做对照，然后进行匹配，最后选择上述两者匹配度较高的职业。② 职业与个人的匹配可分为两种类型：一是因素匹配；二是特性匹配。这一理论仅仅是通过深入了解个体特质来机械地选择适合的职业，而不是为个人设计合适的职业生涯，因此，它属于个体的职业生涯开发理论。该理论重视对个体因素的研究，从而实现职业的最佳匹配。这种特性——因素匹配理论直接建立在帕森斯关于职业指导三要素思想之上，由美国职业心理学家 E. G. 威廉森（E. G. Willianson）发展而形成。它强调个人所具有的特性与职业所需要的素质与技能（因素）之间的协调和匹配。这就要求对个体的特性进行深入、详细的了解与掌

① Yamanaka, Yoshiko. A Historical Study on the Developmental Process of the Idea "Vocational Guidance": Deciphering Frank Parsons' Choosing a Vocation (1909) [J]. Journal of Science Education in Japan, 2010, 34 (2): 189 - 198.

② Frank Parsons. A Prophecy: With the First Known Use of the Term "Vocational Guidance" [J]. Journal of Counseling & Development, 1926, 4 (4): 152.

握，因而该理论十分重视人才测评的作用，奠定了人才测评的理论基础，推动了人才测评在职业选拔与指导中的运用和发展。[①]

2. 关于职业锚理论的研究

职业锚理论产生于在职业生涯规划领域具有奠基地位的美国麻省理工大学斯隆管理学院、美国著名的职业指导专家——埃德加·H. 施恩（Edgar H. Schein）教授领导的专门研究小组，是在对该学院毕业生的职业生涯研究中演绎成的。斯隆管理学院的 44 名 MBA 毕业生，自愿形成一个小组接受施恩教授长达 12 年的职业生涯研究，包括面谈、跟踪调查、公司调查、人才测评、问卷等多种形式，最终分析总结出了职业锚（又称职业定位）理论。[②]

职业锚理论将职业生涯发展视为个体对自身各项特质的持续探索过程。在这一过程中，个体会根据自身的天赋、能力、动机、需求、态度与价值观等逐渐形成较为明确的职业概念。职业锚是指，当个体必须作职业选择时无论如何都不会放弃的职业中的那种至关重要的东西或价值观，实际上就是人们选择和发展自身的职业时所围绕的中心即职业系留点。具体来说，理解职业锚概念时要注意三个方面：其一，职业锚不是依据各种测试显示的能力、动机与价值观所作的预测，而是新员工在工作中依据自身已证明的能力、动机、需要与价值观的实际选择以及准确的职业定位。其二，职业锚是员工自我实现的能力、动机、需求与价值观在相互作用过程中逐步整合的结果。其三，员工及其职业的匹配不是始终固定的。因此，职业锚强调个人能力、动机和价值观三方面的相互作用与相互整合。职业锚是个人和工作环境互动作用的产物，在实际工作中是不断调整的。虽然职业锚是个体在职场中的稳定成长区与职业绩效区，但这并不代表个体将停止改变与发展。员工将其职业视为稳定源，

---

① E. G. Williamson. The Meaning of Communication in Counseling [J]. The Personnel and Guidance Journal, 1959, 38 (1)：6 – 14.

② ［美］埃德加·H. 施恩（Edgar H. Schein）. 职业的有效管理 [M]. 仇海清译. 北京：三联书店, 1992.

可在该职业领域获得更好的发展。

1978 年，施恩（Schein）提出的职业锚理论包括五种类型：自主型职业锚、创业型职业锚、管理能力型职业锚、技术职能型职业锚、安全型职业锚。随着越来越多的人加入该研究领域，在 20 世纪 90 年代又发现三种类型的职业锚：安全稳定型职业锚，生活型职业锚，服务型职业锚。施恩将职业锚增加到八种类型，即技术—职能型职业锚，追求在技术—职能领域的成长和技能的不断提高，以及应用这种技术—职能的机会；管理型职业锚，追求并致力于工作晋升，倾心于全面管理，可以跨部门整合他人的努力成果，并将组织的成功与否看成自己的工作；自主—独立型职业锚，他们意愿放弃提升机会或工作扩展机会，也不愿意放弃自由与独立，追求能施展个人能力的工作环境，最大限度地摆脱组织的限制和制约，随心所欲地安排自己的工作方式、工作习惯和生活方式；安全—稳定型职业锚，他们追求工作中的安全感与稳定感，并不关心具体的职位和具体的工作内容；创业型职业锚，希望用自己的能力创建属于自己的公司或创建完全属于自己的产品或服务，而且愿意去冒风险并克服面临的障碍；服务型（service dedication to a cause）职业锚，追求他们认可的核心价值，即使变换公司，他们也不会接受不允许实现这种价值的工作变换或工作提升；挑战型职业锚，喜欢解决看上去无法解决的问题，战胜强硬的对手，克服无法克服的困难障碍，新奇、变化和困难是他们的终极目标；生活型（life-style）职业锚，他们希望将生活的各个主要方面整合为一个整体，追求允许他们平衡并结合个人需要、家庭需要和职业需要的工作环境。在此基础上，施恩（Schein）推出了职业锚测试量表。[①] 经过 40 多年的发展，职业锚已成为许多个人职业生涯规划的必选工具和公司人力资源管理的重要工具。

---

① ［美］埃德加·H. 施恩（Edgar H. Schein），约翰·万·曼伦（John Van Maanen）. 职业锚：变革时代的职业定位与发展（第 4 版）［M］. 陈德金，冯展译. 北京：电子工业出版社，2016.

3. 关于职业兴趣理论的研究

职业兴趣理论的研究可以追溯到 20 世纪初的兴趣测验，爱德华·李·桑代克（Edward Lee Thorndike，1912）对兴趣和能力的关系进行了探讨。1915 年，詹穆士·米纳（James Miner）发展了一个关于兴趣的问卷，标志着兴趣测验系统研究的开始。1927 年，E. K. 斯特朗（E. K. Strong）编制了斯特朗职业兴趣调查表（strong vocational interest blank，SVIB），是最早的职业兴趣测验。G. F. 库德（G. F. Kuder）也在 1939 年发表了库德爱好调查表（Kuder preference record）。1953 年，美国约翰·霍普金斯大学职业心理学家约翰·霍兰德（John Holland）编制了职业偏好量表（vocational preference inventory，VPI），在此基础上于 1969 年发展了自我指导探索问卷（self-directed search，SDS），并于 1970 年提出了"人格特质与工作环境相匹配"的理论，其影响渐渐增大，与 E. K. 斯特朗、G. F. 库德形成了鼎足之势。① 可以说，在霍兰德职业兴趣类型理论提出之前，有关职业兴趣的个体差异的测量以及对职业和职业环境的研究这两方面工作是相对独立的，而霍兰德理论的提出使这两者建立了密切联系。

事实上，自 1965 年后，各个职业兴趣测量出现相互吸收、相互融合的现象：一是库德（Kuder，1966）在其职业兴趣调查表（KOIS）中引入了斯特朗（Strong）的一些思想；二是坎贝尔（Campbell，1968）把 KOIS 中的同质性量表引入了 SVIB 中；三是经验模式和理论模式的融合，即将霍兰德（Holland）的理论作为斯特朗（Strong）等职业兴趣量表的理论基础。1969 年，罗伊（Roe，1969）提出了职业兴趣和职业选择结构的八分仪模型。在这个模型中，八种职业类型根据彼此之间相似性的大小被分配在一个圆中。后来，有人把霍兰德（Holland）和罗伊（Roe）的理论整合起来。加蒂（Gati，1991）针对霍兰德的正六边形模型中有关相邻

---

① Harsha N. Perera, Peter McIlveen. Vocational interest profiles: Profile replicability and relations with the STEM major choice and the Big-Five [J]. Journal of Vocational Behavior, 2018, 106 (6): 84 - 100.

各类职业群之间距离相等这一假设的局限性，提出了自己的三层次模型。普雷迪格尔（Prediger, 1993）在霍兰德六边形模型的基础上加上了两个维度——人和物维度、数据和观念维度，形成了维度模型，从而职业的类型和职业的性质得以有机地结合起来。美国大学考试中心（ACT）将普雷迪格尔的研究进一步推向深入。他们在兴趣的两维基础上，将职业群体的具体位置标定在坐标图上，从而得到工作世界图。工作世界图共分 12 个区域，共有 23 个职业群被标定在图中。如果受试者知道了自己的兴趣类型，就可以通过计算和查表确定自己的职业兴趣在该图中的位置，通过与不同职业群的远近位置的比较可以进一步扩展职业兴趣的搜寻范围。

　　职业兴趣理论认为，人的人格类型、兴趣与职业密切相关，兴趣是人们活动的巨大动力，凡是具有职业兴趣的职业，都可以提高人们的积极性，促使人们积极地、愉快地从事该职业，并且职业兴趣与人格之间存在很高的相关性。霍兰德以职业兴趣理论为基础，先后编制了职业偏好量表和自我导向搜寻量表两种职业兴趣量表，作为职业兴趣的测量工具，力求为每种职业兴趣找出两种相匹配的职业能力。[①] 特别是在 1982年编撰完成的霍兰德职业代码字典（the dictionary of hollandoccupational codes）对《美国职业大典》中的每一个职业都给出了职业兴趣代码，为各类人员按照自己的职业兴趣类型搜寻合适的职业提供了广泛的应用前景。在霍兰德看来，兴趣是个体和职业匹配过程中最重要的因素，迄今为止，霍兰德职业兴趣理论是最具影响力的职业发展理论和职业分类体系。霍兰德基于职业兴趣理论划分的六种人格性向和职业类型，即现实型（realistic）、研究型（investigative）、社会型（social）、常规型（conventional）、企业型（enterprising）和艺术型（artistic）六种。只有找到可以与个体的人格类型保持一致的职业环境，才可能最大限度地发挥个体积极性，进而让个体贡献自己的才能。

---

　　① Holland J. L. A theory of vocational choice [J]. Journal of Counseling Psychology, 1959, 6 (1): 35–45.

4. 关于职业发展阶段理论的研究

关于职业生涯发展阶段的最早论述来自孔子的《论语·从政第二》，即"子曰：吾十有五而志于学，三十而立，四十而不惑，五十而知天命，六十而耳顺，七十而从心所欲，不逾矩"。国内外学者对职业生涯发展阶段也提出了许多与此相似的观点，其核心思想就是将一个人的生涯特别是职业生涯划分为若干阶段，并重点分析每个阶段的成长主题或职业特征，只有了解不同阶段的特征、知识水平要求和各种职业偏好，才能更好地促进个人的职业生涯发展。

这里着重介绍美国著名职业生涯规划大师唐纳德·E. 舒伯（Donald E. Super）的终身职业生涯发展理论，又称之为生涯彩虹图（life-career rainbow），形象地展现了生涯发展的时空关系，如图 3 - 1 所示。其中，横向层面代表的是横跨一生的生活广度，彩虹的外层显示人生主要的发展阶段和大致估算的年龄：一是成长阶段（0 ~ 14 岁，约相当于儿童期）；二是探索阶段（15 ~ 24 岁，约相当于青春期）；三是建立阶段（25 ~ 44 岁，约相当于成人前期）；四是维持阶段（45 ~ 64 岁，约相当于中年期）；五是衰退阶段（65 岁以上，约相当于老年期）。在这五个主要的人生发展阶段内，各个阶段内还有更小的阶段，唐纳德·E. 舒伯特别强调各个时期的年龄划分有相当大的弹性，应依据个体的不同情况而定。纵向层面代表的是纵贯上下的生活空间，由一组职位和角色所组成。唐纳德·E. 舒伯认为，人一生中必须扮演九种主要的角色，依次是：儿童、学生、休闲者、公民、工作者、夫妻、家长、父母和退休者。各种角色之间是相互作用的，一个角色的成功，特别是早期的角色如果发展得比较好，将会为其他角色提供良好的关系基础。但是，在一个角色上投入过多精力，而没有平衡协调各角色的关系，则会导致其他角色的失败。[①]

---

① Super D. E. A life-span, life-space approach to career development [J]. Journal of Vocational Behavior, 1980 (16): 282 - 298; Super D. E. A theory of vocational development [J]. American Psychologist, 1953, 8 (5): 185 - 190; Super D. E. Vocational Adjustment: Implementing a self-concept [J]. Journal of Counseling & Development, 1951, 30 (2): 88 - 92.

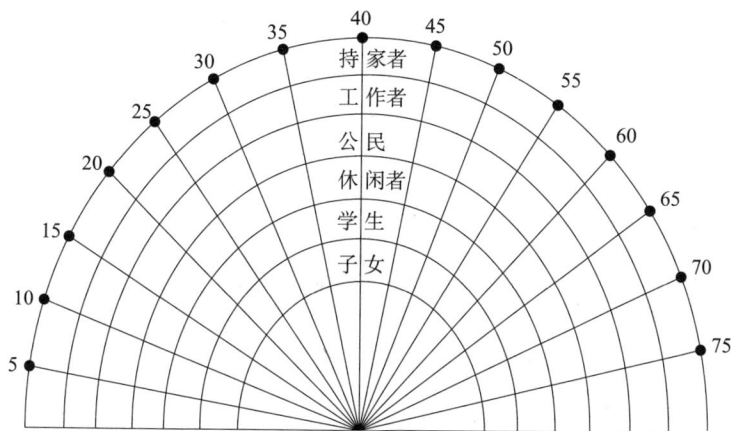

图 3 - 1 生涯彩虹（示例）

资料来源：本书课题组绘制。

厦门大学廖泉文提出了职业生涯发展的"三三三"理论，意指人生的三个"三阶段"。其中，第一个"三阶段"，是将人生划分为输入阶段、输出阶段和淡出阶段；第二个"三阶段"，是将输出阶段划分为适应阶段、创新阶段和再适应阶段；第三个"三阶段"，是将再适应阶段划分为顺利晋升、原地踏步和下降到波谷。[①] 这一划分方式不同于美国的唐纳德·E. 舒伯、E. 金斯伯格（E. Ginzberg）、J. H. 格林豪斯（J. H. Greenhaus）等将职业生涯阶段硬性地按年龄进行划分。也不同于施恩的九阶段理论在按年龄划分基础上增加了重叠的部分，且并没有提出重叠的原因、背景、特点和处理对策，而人生三大阶段是一个弹性边界，弹性产生的原因主要受教育程度、工作行业、职位高度、身体状况和个人特质、成就欲望等因素影响。相比较美国几位著名学者的职业生涯阶段划分方法而言，这种弹性的划分方法更具有个性化（因人不同）、弹性化（因教育背景不同）、开放化（因工作性质不同）等特点，更适合当前迅速发展的人性特质对职业生涯发展影响的现实。其中，每个阶段的主要任务，详见

---

① 廖泉文. 职业生涯发展的三、三、三理论［J］. 中国人力资源开发，2004（9）：21 - 23.

表 3 - 5。

表 3 - 5 　　　　　　　　　　　　人生发展的三段论

阶段	输入阶段	输出阶段	淡出阶段
	从出生到从业前	从就业到退休前	退休以后
主要任务	输入信息、知识、经验、技能，为从业做重要准备；认识环境和社会，锻造自己的各种能力	输出自己的智慧、知识、服务、才干；进行知识的再输入、经验的再积累、能力的再锻造	精力渐衰，但阅历渐丰、经验渐多，逐步退出职业，适应角色的转换。该阶段是夕阳无限好阶段，有更加广阔的时空以实现以往的宿愿

资料来源：廖泉文. 职业生涯发展的三、三、三理论［J］. 中国人力资源开发，2004 (9)：21 - 23.

5. 关于职业决策理论的研究

职业决策最早源于英国经济学家凯恩斯的经济学理论，后来又引入心理学领域，强调个人在选择职业目标时，将以最大收益及最低损失为标准，即争取获得最大收益，将损失降到最低。有人认为，帕金森（Parsons）的人与环境匹配理论实际上是职业决策的第一个正式模型。后来，学者们又相继提出了各种职业生涯决策理论，他们大致沿着两条道路来探索这一人类最为复杂而又至关重要的决策——人与环境匹配研究范式和经济决策研究范式。人与环境匹配研究范式，如霍兰德（Holland）的职业选择理论、克朗伯兹（Krumboltz）的社会认知职业理论（social cognitive career theory，SCCT）和班杜拉（Bandura）的一般社会认知理论，主要从人与环境相匹配的角度把职业生涯决策视为个体了解自身与职业的特点；经济决策研究范式，如标准化职业决策理论、描述性职业决策理论和规范化职业决策理论，认为决策者能够获得并加工所有的相关信息，做出完全理性的选择，使用补偿性策略，从而做出最优化的职业决策。①

首次使用职业决策这一概念的是杰普森（Jepsen，1974），他认为职业决策是一个复杂的认知过程，通过此过程，决策者组织有关自我和职

---

① 王欣. 职业决策研究综述［J］. 科技信息，2012 (9)：166，127.

业环境的信息，仔细考虑各种可供选择职业的前景，作出职业行为的公开承诺。① 具体来说，影响职业决策过程的三要素包括决策者、情境、备择方案；职业决策的两类模型范式是指，指导性模型和描述性模型；决策者选择职业的标准，应分为基本条件因素、负面特征、正面特征、中性特征四类。在判断过程中，先从备择方案中剔除不满足基本条件因素的方案（如薪酬水平），然后对比方案中的"正面—负面—中性"特征，最后就方案内的"正面—负面—中性"特征加以比较。② 1986 年，特维斯基和卡恩曼（Tversky and Kahneman）对该模型进行了修改，认为应将方案依重要性程度逐步淘汰。先应该确定最重要特征（如安全系数），将不能达到最低要求的方案淘汰；然后，根据次重要特征进行筛选，直到满意方案显现。③

彭永新和龙立荣介绍了国外职业决策理论模式的研究进展：

一是蒂德曼（Tiedearnn）模式，认为职业发展与人的心理发展是同时进行的，并特别强调自我同一性发展与职业决策发展的一致性，提出了以分化与整合贯穿职业决策过程的模式。即在决策过程中，分化指对可考虑的事件进行分析，而整合则是将分化的部分再予以统合，以符合个体的需求。后来，安娜·米勒－蒂德曼（Anna Miller-Tiedeman）在先前模式的基础上，对决策结果的合理性标准、决策过程进行了深入研究，提出了个人主义论的职业决策模式。④

二是盖拉特（Gelatt）模式，将职业决策过程分为五个步骤：个体意识到作决策的需要，并制订决策的目的或目标；搜集与目标或目的有关的信息，同时调查所有可能的方案；对搜集到的信息进行预测，估计可能的选择结果以及结果出现的概率；根据价值系统评价结果是否满足需

① Jepson D. A. Vocational decision-making strategy-types：An exploratory study ［J］. Vocational Guidance Quarterly，1974，23（1）：17 – 23.

② 黄彬. 职业决策研究综述［J］. 科教导刊（中旬刊），2011（4）：145 – 146.

③ Tversky A.，kahneman D. Rantional choice and the farming of decisions［J］. Journal of Business，1986，59（4）：251 – 278.

④ Anna Miller-Tiedeman. Career decision making and its evaluation［J］. Journal of Career Development，1979，5（4）：250 – 261.

要；决策的估价和选择，即根据可能的结果及结果的价值，按照一定的标准作出决策。[①] 该决策有两种，即终极性决策或调查性决策，终极性决策是指，与目的或目标一致或相关的决策，调查性决策是指，还需进一步考察的决策，调查性决策最后将导致终极性决策。[②]

三是卡茨（Katz）模式，包括决策者使用的三种系统：信息系统、价值系统、预测系统，特别强调考察决策者的职业价值观，认为职业价值观是职业选择中知觉、需要及目标的综合。[③] 好的决策应该是选择具有最大期望值的对象。价值是追求满意的目标和需求的状态，决策者应列出自己主导价值的清单，并依据其相对价值的大小进行量化。对每一种选择，决策者要估计其回报强度（sterigrth-of-erutm）系数，即每种选择满足主观上各种价值需求的可能性。这样，每种职业决策都会有一个与各种价值相关联的回报强度系数。用回报强度系数与每一种选择的价值大小相乘，其总和即可显示每一选择的回报价值。显然，那些最大限度满足最重要价值的选择对象，将会有最大的总和。回报价值与客观可能性的乘积等于期望价值。决策策略便是挑选具有最大期望价值的选择对象。后来，卡茨（Katz）在原有期望价值论的基础上，借助电脑辅助职业决策，最新的决策分析是（system of interactive guidance and information, SI-GI）PLUS 版本（1993）。[④]

[①]　Itamar Gati, Naomi Fassa and Yaron Mayer. An Aspect-Based Approach to Person-Environment Fit: A Comparison between the Aspect Structure Derived from Characteristics of Occupations and That Derived from Counselees' Preferences [J]. Journal of Vocational Behavior, 1998, 53 (1): 28 – 43; Itamar Gati, Tony Gutentag. The stability of aspect-based career preferences and of the recommended list of occupations derived from them [J]. Journal of Vocational Behavior, 2015, 87 (4): 11 – 21.

[②]　Itamar Gati. Pitfalls of Congruence Research: A Comment on Tinsley's "The Congruence Myth" [J]. Journal of Vocational Behavior, 2000, 56 (2): 184 – 189; Itamar Gati. Using Career-Related Aspects to Elicit Preferences and Characterize Occupations for a Better Person-Environment Fit [J]. Journal of Vocational Behavior, 1998, 27 (3): 343 – 356.

[③]　Martin R. Katz. Theoretical Foundations of Guidance [J]. Review of Educational Research, 1969, 39 (2): 127 – 140.

[④]　Martin R. Katz. Computerized guidance and the structure of occupational information [J]. PROSPECTS, 1988, 18 (4): 515 – 525; Lila Norris, Laurence Shatkin, Martin R. Katz. SIGI PLUS and project Learn: A retrospective [J]. Journal of Career Development, 1991, 18 (1): 61 – 72.

　　四是克朗伯兹（Krumboltz）模式，主要吸取经典决策理论和班杜拉的社会学习理论的精华，提出了职业决策的社会学习论模式，认为影响职业决策的因素是：遗传天赋和特殊能力，环境条件与事件，学习的经验，任务完成技能。修正后的模式包括七个步骤：界定问题，描述必须完成的决策，估计完成所需时间并设定确切的时间表；拟定行动计划，描述决策所需采取的行动并估计所需时间及完成期限；澄清价值，描述个人将采取哪些标准作为评价各种可能选择的依据；描述可能进行的选择，确认选择方案；依据所定的选择标准和评分标准逐一评价各种可能的选择，找出可能的结果；比较各种可能选择符合价值标准的情况，从中选取最能符合决策者理想的选择；描述将采取何种行动以达成选定的目标。后来，克朗伯兹（Krumboltz）又开始注意决策的个人规则及相应的困难。[①]

　　由此可见，有关职业决策理论的研究聚焦在五个方面。一是强调结果的个人—职业匹配理论，关注个人利益最大、效价最高、最适合个人自我价值实现，重点关注什么是理想的职业选择。二是注重过程的职业决策研究，由早期受标准化决策理论影响较大的理性决策模型，逐渐发展到强调有限理性思想的理论模型演变，重点关注如何达到理想的状态，因而所有过程理论共同的特点就是围绕个体认知决策的微观机制展开。三是关注职业决策困难（职业未决）的研究，其研究思路和主题是职业决策困难及其影响因素，集中体现在以下几个有代表性的职业决策困难检测工具和检测量表的开发使用，以及围绕这些量表结构和应用的研究：职业决策量表（career decision scale，CDS）、职业因素量表（career factors inventory，CFI）、职业决策困难问卷（career decision difficulties questionnaire，CDDQ）。四是国内有关大学生职业价值观的研究，关注职业决策的依据和目标，重点围绕大学生职业价值观、职业兴趣领域的研究展

---

① 转引自彭永新，龙立荣. 国外职业决策理论模式的研究进展［J］. 教育研究与实验，2000（5）：45 – 49.

开。五是对职业决策个体差异的研究，主要分为两个方面，即职业决策的风格与策略研究以及职业决策困难的成因研究。①

（三）基于有组织的职业生涯开发理论

有组织的职业生涯管理是在实践基础上对某些管理措施进行总结及制度化并加以适当创新之后形成的。1979 年，沃克和古特里奇（Walker and Gutteridger）在研究中提出组织职业生涯管理的十项实践活动，其中一些与人力资源管理活动非常接近。② 古特里奇和奥特（Gutteridge and Otte）对企业的职业生涯管理活动进行调查，但他们的调查范围较窄，仅局限于十项职业生涯管理实践，并对其中三项的效果进行了评估；③ 1993 年，古特里奇，莱博维茨和肖尔（Gutteridge，Leibowitz and Shore）对美国大型企业的职业生涯管理活动展开调查，得到了一份内容较为全面的职业生涯管理实践清单，共包括 6 类 32 项实践活动。④ 随着有组织的职业生涯管理实践的日益成熟，研究也逐渐深入和系统，代表性理论成果主要表现在如下几个方面。

1. 有组织的职业生涯管理实践的分类理论

2000 年，巴鲁克和佩珀尔（Baruch and Peiperl）从管理实践的复杂性和组织参与程度两个角度将职业生涯管理实践分为五种类型。一是基础型，包括内部岗位空缺公示、作为职业生涯发展的一部分的正式培训、退休预备计划和横向流动这四项实践活动。可以把这些活动看作是有组织的职业生涯管理的基本实践活动，因为多数有人力资源管理体系的组织均须运用这些活动，具有广泛性。二是主动规划型，包括作为职业生

① 刘亚，龙立荣. 职业决策理论的线索与趋势 [J]. 教育研究与实验，2009（2）：78 - 81；沈雪萍，顾雪英. 国外职业决策研究述评 [J]. 人类工效学，2010（3）：75 - 78.

② Walker J. W. , Gutteridge T. G. Career planning practices [M]. AMA COM，1979.

③ Gutteridge，Thomas G. and Otte Fred L. Organizational career development：What's going on out there? [J]. Training and Development Journal，1983，37（2）：22 - 26.

④ Gutteridge T. G. , Leibowitz Z. B. and Shore J. E. Organizational career development [M]. San Francisco：Jossey-Bass Pub，1993.

涯规划基础的绩效评价、直接主管担任的职业生涯咨询、人力资源部人员担任的职业生涯咨询和继任计划这四项活动。采用这一组合中的各项活动，表明该公司的人力资源管理体系是有远见的，能够采取主动。三是主动管理型，包括评价中心、正式的专门辅导工作室和职业生涯工作室。这些都与信息有关，它们或为组织收集信息或将信息用于个人的发展。信息传递的双向性，是组织适当利用这些信息的特征。四是正式型，包括个人书面职业生涯规划（由组织与个人共同制定）、双轨制（专业人员上升路径）、常规职业生涯路径和有关职业生涯事项的书籍或小册子这四项。它们代表职业生涯管理的一些要素，组织通过这些要素为雇员提供信息传递的正式渠道，为雇员展示未来的发展机会。五是多向型，包括平级同事的评价和下属对上级自下而上的评价这两项活动，其特点是增加信息反馈的来源，通过这些渠道给雇员提供信息反馈，以便雇员更好地在组织内得到发展。从某种程度上来说，这两项活动超越了传统的垂直链的组织结构（它们表现了官僚组织模式的特色），未来许多公司会采用这些活动。①

2. 有组织的职业生涯系统分类模型

1988 年，索南菲尔德和佩珀尔（Sonnenfeld and Peiperl）从供给流程和升迁流程两个维度对有组织的职业生涯系统进行分类。供给流程是指，组织通过何种劳动力市场获得员工，如通过内部劳动力市场或外部劳动力市场；升迁流程是指，员工在组织内部的发展和晋升的依据是什么，如基于团队绩效还是个人绩效。根据这两个维度，有组织的职业生涯系统可以分为四类：一是棒球队型，特别依赖外部人才市场，任何职业阶段都要进行外部招聘，很少给员工培训和发展的机会，所以这种组织的员工大多通过在组织间跳槽实现职业发展。二是俱乐部型，趋向于招聘刚刚开始职业生涯的人，组织立足自己培养人才，员工可以按部就班地

---

① Baruch Y., Peiperl M. Career management practices: An empirical survey and implications [J]. Human Resource Management, 2000, 39 (4): 347 – 366.

向上发展，组织很少辞退员工。三是学院型，挑选新员工很严格，注意新员工的发展潜力，提供设计好的职业阶梯和培训机会，对不合格员工给予淘汰。四是堡垒型，主要招聘专家和廉价临时劳动力，并且组织的人力资源政策倾向于专家。因此，该模型关注的是，组织在员工关系建立和维护过程中的系列问题，诸如进入、发展和退出等。在进入阶段，主要涉及人力资源规划、招聘和遴选等；在发展阶段，主要涉及组织社会化、培训、职业生涯规划、继任计划和晋升等；在退出阶段，主要涉及退休、裁员、辞职和解雇等。这意味着，有组织的职业生涯管理研究的内容，从职业生涯管理的实践内容提升到职业生涯系统层面。职业生涯系统是组织对员工进入组织、留在组织和退出组织过程中所采取的一组政策和实践的集合。通常组织的探索型战略与棒球队型职业生涯系统匹配、防御型战略与俱乐部型职业生涯系统匹配、分析型战略与学院型职业生涯系统匹配、反应型战略和堡垒型职业生涯系统匹配。[①]

3. 有组织的职业生涯管理的方法

古特里奇（Gutteridge）比较系统地介绍了有组织的职业生涯管理的方法，其操作思路体现在以下四个方面。

第一，组织对个人的职业生涯管理，包括给个人提供自我评估工具和自我评估机会。具体方法是职业规划讨论会、提供职业规划手册与退休前讨论会；除此之外，如果员工还有一些解决不了的问题，组织可以提供个人咨询。其实施人员有三种：一是通过人事部职员与员工讨论个人职业规划；二是通过直接上司帮助员工确定个人职业发展；三是通过专业咨询员予以帮助。有些组织有正式的咨询员，少数组织在外面聘请咨询员。

第二，组织水平的职业生涯管理，为了使员工能够不断地满足组织的要求，组织的工作主要是提供组织的职业需求信息及职业提升路线或职业提升策略，了解自己的资源储备，并有针对性地开发组织内部的人

---

① Sonnenfeld J. A., Peiperl M. A. Staffing policy as a strategic response: A typology of career system [J]. Academy of Management Review, 1988, 13 (4): 588–600.

力资源。具体措施：一是提供内部劳动力市场信息，诸如公布工作空缺信息，介绍职业阶梯或职业通路，包括垂直方向或水平方向发展的阶梯，建立职业资源中心（兼作资料和信息发布中心）。二是成立潜能评价中心，用于专业人员、管理者、技术人员提升的可能性评价，采用的方法有评价中心、心理测验、替换规划或继任规划等。三是实施发展项目，包括工作轮换，使员工在不同岗位积累经验，为提升或工作丰富化打基础，利用公司内、外人力资源发展项目对员工进行培训，参加有关学术研讨会或非学术研讨会以及专门对管理者培训或实行双重职业计划（管理方面和专业方向）。

第三，职业生涯管理有效性标准，主要有四个标准：一是达到个人目标或组织目标。个人目标包括高度的自我抉择，高度的自我意识，获得必要的组织职业信息，加强个人成长和个人发展，改善目标设置能力；组织目标包括改善管理者与员工的交流，改善个人与组织的职业匹配，加强组织形象，确定管理人才库。二是考察项目所完成的活动，包括员工使用职业工具（参与职业讨论会，参加培训课程），进行职业讨论，员工实施职业计划，组织采取职业行动（提升、跨职能部门流动）以及组织确定继承人。三是绩效指数变化，包括离职率降低，旷工率降低，员工士气改善，员工绩效评价改善，填补空缺的时间缩短，增加内部提升。四是态度或知觉到的心理变化，包括职业工具和实践评价（诸如参加者对职业讨论会的反映，管理者对工作布告系统的评价），职业系统可觉察到的益处，员工表达的职业感受（对职业调查的态度），员工职业规划技能的评价以及组织职业信息的充足性。

第四，影响职业生涯管理方法实施的因素及实施注意事项，一要先进行小规模研究，然后推广；二要考虑与之并行的人事过程，如绩效评估、人力资源规划、培训和发展项目；三要在政策、物质条件、经费支持等方面得到组织高层领导的支持；四要鼓励直线经理参与职业发展活动，使人事部门作为变革的代言人；五要确定项目有效性指标，测量和交流结果；六要提高员工自愿参与职业发展项目的人数；七要既重视个人干预，也重视组织干预；八要有耐心，给解决问题以足够的时间。①

4. 有组织的职业生涯管理的九大角色理论

张四龙和雷竞提出了有组织的职业生涯管理的九大角色理论，认为有组织的职业生涯管理需要九大角色共同参与，充分发挥各自的作用。

第一，组织最高领导者，决定如何从整体上表述有组织的职业生涯管理的内在功能，有组织的职业生涯管理的成功与高层领导者的支持密不可分。具体措施是高层经理与人力资源部门经理、职业生涯委员会一起设计并实施能够反映组织目标和组织文化的职业生涯管理体系和管理制度。

第二，组织，负责为员工提供成功的职业生涯规划所必需的资源，包括专门的职业发展项目和职业生涯管理流程。如举办职业生涯研讨会，提供关于职业机会和工作机会的信息，制作职业生涯规划工作手册，提供职业生涯咨询，建立明确的尤其是多种职业生涯发展通道，监督职业生涯规划系统的运行等。

第三，人力资源管理部门，负责整个组织中各类人员的开发与管理，需要针对组织内部不同人员分析其特点，制定相应的雇用政策，确定不同的用工形式和不同期限的雇用合同，并根据工作发展的需要设立特殊岗位，进行特殊培训，设定不同的职业发展通道，以培养能够担任特定职务的开发与管理工作的专家。

第四，职业生涯委员会，是专门为组织职业生涯管理战略的制定和实施设立的机构。一般由企业最高领导者、人力资源管理部门负责人、职业指导顾问、部分高级管理人员以及外部专家组成。

第五，职业生涯指导顾问，是设立于人力资源管理部门或职业生涯委员会中的特殊职务，由具有丰富的人力资源管理知识和经验的专业人员担任，也可由德高望重、已在职业生涯发展方面取得显著成就的资深

① Gutteridge T. G. Organizational career development systems: The state of the practice [M]. In: Hall D. T. ed. Career development in organizations, San Francisco: Jossey-Bass Publishers, 1986: 50 - 95.

管理人员担任。

第六，直接上级，组织中各层次的直接上级都在自觉或不自觉地影响下属的职业发展，因为经理一般会对员工的工作调动或晋升资格进行评估，并提供关于职位空缺、培训课程和其他开发机会等方面的信息，具体承担教练、评估者、顾问和推荐人四种角色。

第七，直接下级，有组织的职业生涯发展的一个重要指标是能培养出优秀的直接下级，而直接下级的成长也为上级员工的职业生涯发展提供了保证。

第八，同级，同级别的员工因为没有上下级关系，可以拘无束、畅所欲言地提出最为平等的评价和建议。由于所处的角度不同，加上在共事过程中对同事的能力、兴趣和行为风格等了解比较全面，同级人员持有的看法和建议往往不同，有助于其他员工的职业发展。

第九，员工，因为员工本人始终是职业发展的主角。为做好自身的职业生涯管理，员工需采取以下行动：（1）努力工作，取得好的工作绩效；（2）主动与经理和同事沟通，获取有关自身优势及不足的信息反馈；（3）明确自身职业生涯发展阶段、未来的职业发展方向和技能开发需求；（4）了解组织职级体系、职业发展通道、职位空缺信息和可能的学习机会；（5）与来自公司内外不同工作群体的员工接触（比如，专业协会、项目小组等），拓宽视野。[1]

5. 个人—有组织的职业生涯管理契合理论

自查特曼（Chatman）提出个人—组织契合的概念后，[2] 国内外学者针对个人—组织契合的研究主要围绕契合的概念、要素、结构模型、契合程度，以及个人—组织契合的前因变量、结果变量及其相互关系等方面展开。已基本达成共识的是个人与组织契合的概念，即个人与组织价

---

[1] Chatman, Jennifer A. Improving interactional organizational research: A model of person-organization fit [J]. The Academy of Management Review, 1989, 14 (3): 333 –349.

[2] 张四龙，雷竞. 组织职业生涯管理的九大角色 [J]. 中国劳动，2016 (23): 54 –57.

值观、组织目标的近似性或一致性，认为这种一致性本身就是组织进行管理的目标，通过这种一致性最终实现个人对组织的贡献。① 但现有的研究更多站在组织的视角，即重视个人—组织契合对组织发展的影响和作用，忽视了站在个人视角研究个人—组织契合对员工职业发展、职业成功的影响和作用。

进入 21 世纪，个体职业生涯呈现出由传统职业生涯向易变性职业生涯和无边界职业生涯转化的趋势，认为职业生涯具有不稳定性或动荡性、无边界性，对不同类型的职业具有开放性，其显著特点是具有无边界思维倾向和跨组织流动性。具有易变性职业态度的人更倾向于用自我价值观来指导自己的职业行为，更倾向于独立自主地管理自己的职业行为，属于价值驱动和自我导向。研究表明，当组织和个人共同管理员工的职业生涯、承担共同的责任时，员工的业绩会更好，这是员工在组织中获得职业成功的前提条件。因此，个人—有组织的职业生涯管理契合试图弥补这种"奇怪的裂缝"，即个人职业生涯研究者很少重视组织特征对职业生涯的影响，而对组织的职业生涯问题有兴趣的学者又很少关注个人职业生涯的成熟问题，很少关注个人和环境的一致性问题。

从员工角度出发，影响个人—有组织的职业生涯管理契合的因素有两方面：一是员工的职业生涯观念或职业价值观；二是员工的职业发展策略（职业生涯规划、职业探索、学习与培训和职业调整）。从组织角度出发，影响个人—有组织的职业生涯管理契合的主要因素也有两方面，即组织社会化与有组织的职业生涯管理策略（诸如制定职业发展的政策和制度、提供职业信息、职业生涯咨询与评估、职业生涯路径设计、职业培训与开发等）。其中，组织社会化是个人—组织契合的基础，其主要目标是向员工推介组织价值观，并确保核心价值观的连续性；组织社会化伴随着员工职业生涯的全过程，在员工不同的职业生涯阶段均存在不

---

① 郭文臣，孙琦. 个人—组织职业生涯管理契合：概念、结构和动态模型 [J]. 管理评论，2014（9）：170－179.

同的组织社会化任务。基于此，可以从个人、组织两个视角，观念、策略两个维度构建个人—组织职业生涯管理契合结构模型。

　　研究表明，由于受到个体职业生涯心态、职业发展目标、职业认同和职业成功标准的差异以及职业生涯发展阶段不同等影响，个人—有组织的职业生涯管理总是处于动态变化之中。员工个体在不同职业发展阶段，职业价值观、职业发展策略不尽相同。加之职业生涯观念的多元化，尤其是易变性职业生涯和无边界职业生涯的出现，组织不得不改变传统的职业生涯管理策略。基于此，还可以从动态角度构建个人—有组织的职业生涯管理动态契合模型，如图 3 - 2 所示。具体来说，将职业生涯划

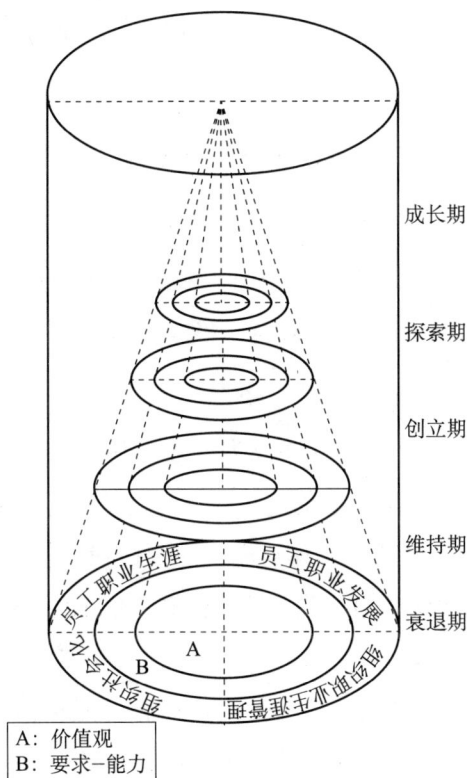

图 3 - 2　个人—有组织的职业生涯管理动态契合模型

资料来源：郭文臣，孙琦. 个人—有组织的职业生涯管理契合：概念、结构和动态模型 [J]. 管理评论，2014（9）：170 - 179.

分为成长期、探索期、创立期、维持期和衰退期。成长期是指，个人职业准备期，还没有与组织进行实质性接触，对于组织而言暂时处于非职业生涯管理阶段；衰退期是指，员工退休后退出组织，对组织而言通常已经完成职业生涯管理的任务，因而个人—有组织的职业生涯管理动态契合主要聚焦于职业探索期、职业创立期和职业维持期。其中，职业探索期影响个人—有组织的职业生涯管理契合的主要因素，是组织社会化、员工的可就业能力、员工的职业生涯规划和组织的职业生涯管理；职业创立期影响个人—有组织的职业生涯管理契合的主要因素是员工的职业生涯心态和职业发展策略；职业维持期影响个人—有组织的职业生涯管理契合的主要因素是员工的职业价值观和组织的价值观。

第四节　小结

本章分析了本书研究的理论基础，其理论依据主要涉及三方面：一是人才学理论；二是创新创业理论；三是职业生涯开发理论。

1. 人才研究

人才理论非常丰富，已发展成为人才学科。它主要研究人才开发、培训、管理、使用和人才成长的规律及其在人才发展实践中的应用。

中国人才学的发展历程具体可分为三个阶段：一是人才学的提出与草创阶段（1979~1991 年），代表性著作有王通讯的《人才学通论》、钟祖荣的《现代人才学》、叶忠海的《普通人才学》等；二是人才学的艰难发展阶段（1992~2001 年），代表性著作有王元瑞的《领导人才学概论》、刘翠兰的《人才哲学》以及张衍的《人才解放论》等；三是人才学的具体化及延伸阶段（2002 年至今），代表性成果有 2010 年 6 月中共中央、国务院联合下发的《国家中长期人才发展规划纲要（2010~2020）》，中国社会科学院连续 6 年发布的《中国人才发展报告》以及中央人才工作协调小组办公室的《国家人才发展战略专题研究报告(2011)》等。

人才学基本理论包括：（1）人才的概念，认为人才是指，根据自己所具备的专门知识和专门能力，在特定条件下，通过创造性劳动，能够对社会发展和人类进步做出较大贡献的人。（2）人才的类型，如按照才能高低分为高层次人才（精英、伟人、天才）、中层次人才（杰出人才、优秀人才）与低层次人才（普通人才与小人物）；或按知识结构分为平式人才、纵式人才与 T 型人才；或按行为方式分为开拓型人才和执行型人才等，其最大价值是揭示各种类型人才的特点、长处和作用。（3）人才的标准，是评价人才特性和质量的基本依据，是对于什么是人才，怎样衡量、使用和评价人才等一系列问题的基本认识，人才标准的要素构成及其关系形成不同的人才层级标准，影响人才标准操作的取向和重心。我国人才评价标准经历了从传统的德才兼备，到计划经济下的唯学历、唯职称，再到市场经济下的重能力、重业绩，以及面向未来的重心态、重品行的发展历程，呈现出从单一走向多元的特点。（4）人才的规律，其研究成果主要体现在各类著作中，核心期刊的文献不多，关注的重点是人才的成长规律和发展规律，非核心期刊文献绝大多数都集中在教育科学领域。具体来说，从层次上可分为一般规律和特殊规律，一般规律是指，各个时代、各个社会、各个地区、各种类型的人才成才和出现的共同、普遍的规律；特殊规律是指，各个时代、各个社会、各个地区、各种类型的人才各自不同的成才与出现的规律以及成才过程中不同环节的规律，它只在特定的时间与空间内适用。

人才学研究的热点问题包括两方面：一是对人才问题的研究主要集中在人才培养上，特别是人才培养模式的构建与校企合作的实践环节教学改革，重点培养应用型人才；二是对人才学的研究，关注的重心是人才学的学科建设。

2. 创新创业研究

创新创业理论包括三个层面的内容：一是创新理论；二是创业理论；

三是创新创业理论。

创新理论源于美籍奥地利经济学家约瑟夫·熊彼特，他在 1912 年出版的《经济发展理论》一书中提出了创新理论（innovation theory）。具体涉及五个方面：一是基本假设；二是创新和企业家；三是利润、扩散、竞争和经济周期；四是资本主义社会的发展规律；五是两种创新模式。

我国对创新理论的研究关注理论创新、技术创新、制度创新和自主创新，注重创新意识、创新思维和创新能力的培养，加强实践环节教学改革，培养创新型人才。

创业理论源自爱尔兰经济学家理查德·坎蒂隆，强调风险承担功能。创业者就是担当风险并可能合法地拥有其收益的人，基本内涵：一是成功的创业者具有较强的创业意愿和创业能力；二是创业过程具有复杂性、动态性特征；三是机会是创业过程的核心；四是创新是创业（者）的本质；五是创业与外部环境相互影响。

我国学者的创业研究呈现出多元研究视角的特征，概括起来有十种：一是资源视角的创业研究；二是文化视角的创业研究；三是机会视角的创业研究；四是网络视角的创业研究；五是战略视角的创业研究；六是认知视角的创业研究；七是系统视角的创业研究；八是互动视角的创业研究；九是过程视角的创业研究；十是环境视角的创业研究。

创新创业即"双创"研究主要是中国学者的研究范式，强调大学生的创新创业，关注创新创业教育，探寻创新创业人才培养模式，培养高校学生的创新创业能力。

3. 职业生涯开发研究

职业生涯开发研究包括两方面：基于个体的职业生涯开发研究与基于有组织的职业生涯开发研究。

个体层面的职业发展主要是指，在自己选定的领域内，在自己能力所及的范围内，成为最好的专家。专家是指，在某一领域有深入和广泛的经验，对该领域有深刻而独到认知的人。其实施步骤：一是分析自己的性格；二是分析自己掌握的知识、技能；三是分析自己掌握的或能够调配的资源；四是确认自己的发展目标；五是坚持不懈地走下去。

组织层面的职业发展：一是指组织用来帮助员工获取目前及将来工作所需的技能、知识的一种方法，即职业发展是组织对企业人力资源进行的知识、能力和技术的发展性培训、教育等活动。二是通过整合组织内部各个岗位，设置多条职业发展系列并搭建职业发展阶梯，为员工提供广阔的职业发展平台。具体实施步骤：一是员工自我评估；二是组织评估；三是职业信息传递；四是职业咨询；五是职业道路引导。

基于个体的职业生涯开发理论，主要介绍了关于职业与个人匹配理论的研究，关于职业锚理论的研究，关于职业兴趣理论的研究，关于职业发展阶段理论的研究以及关于职业决策理论的研究。

基于有组织的职业生涯开发理论，则主要介绍了组织职业生涯管理实践的分类理论、有组织的职业生涯系统分类模型、有组织的职业生涯管理的方法、有组织的职业生涯管理的九大角色理论，以及个人—有组织的职业生涯管理契合理论。

第四章　调研与数据：现状分析

长期以来，职业生涯开发策略被看作帮助就业者个人实现自己理想的适当途径，直到20世纪70年代，职业生涯开发开始发生转变，不再仅仅是帮助个人成长的单一手段，而逐渐成为有远见的组织机构的关键性战略资产，这就是有组织的职业生涯开发。

第一节　有组织的职业生涯开发调研的实施

本书首次采用美国培训与开发学会（ASTD）关于有组织的职业生涯开发问卷量表，在略做修订后对我国创新创业人才有组织的职业生涯开发（OCD）的实践状况进行了专题调研。数据采集的途径主要有两种：一是发放纸质问卷进行填写；二是在问卷星平台发布调查问卷。最后，将纸质问卷的调查内容输入问卷星，通过问卷星生成调查数据。

有关案例来源也有两种途径：一是由团队成员通过采访后根据采访内容编辑的案例；二是由访谈对象根据访谈提纲亲自撰写的案例。但因篇幅限制，本书案例部分从略。在此基础上，形成了国内第一份1.0版本的OCD案例数据库，为进一步扩容和电子化平台建设奠定了基础。

第二节　有组织的职业生涯开发的抽样调查数据

本问卷共有21题，每个题目的调查数据，以表格的方式介绍如下：

1. 贵组织机构最适合归入哪个行业？

第1题样本组织机构的行业分布情况，共有12问，调查结果详见表4-1。

表4-1 样本组织机构的行业分布情况的调查结果 单位:%

问题	调查样本占比情况
(1) 制造业（消费品）	4.76
(2) 制造业（工业产品）	23.81
(3) 批发与零售贸易	4.76
(4) 银行、金融、保险、房地产	14.29
(5) 能源（公用事业、石油、化工）	0.00
(6) 教育和非营利部门	9.52
(7) 政府和军事部门	0.00
(8) 服务业（商业服务、食品和医疗、娱乐、修理）	28.57
(9) 药品/保健	0.00
(10) 多种经营/联合企业	0.00
(11) 高新技术	0.00
(12) 其他	14.29

资料来源：本书课题组统计整理。

2. 贵组织机构的年预算额或年销售额：

第2题样本组织机构的年预算额或年销售额情况，共有6问，调查结果详见表4-2，说明本调查样本组织机构绝大多数是中小型企业。

表4-2 样本组织机构的年预算额或年销售额情况调查结果

问题	调查样本占比情况（%）
(1) 2500万元以下	19.05
(2) 2500万～5000万元	19.05
(3) 5000万～1亿元	4.76
(4) 1亿～5亿元	38.10
(5) 5亿～10亿元	9.52
(6) 10亿元以上	9.52

资料来源：本书课题组统计整理。

3. 贵组织机构有多少员工？

第3题有两部分：一是样本组织机构的员工规模，共有7问；二是样本组织机构领薪水的员工规模，共有 7 问。调查结果详见表 4 - 3。

表 4 - 3　样本组织机构的员工规模、样本组织机构领薪水的员工规模调查结果

问题	调查样本占比情况（%）
（1）少于 500 人	52.38
（2）500 ~ 999 人	9.52
（3）1000 ~ 4999 人	28.57
（4）5000 ~ 9999 人	0.00
（5）10000 ~ 24999 人	0.00
（6）25000 ~ 49999 人	0.00
（7）50000 人及以上	9.52
其中：领薪水的员工规模？	
（1）少于 500 人	47.62
（2）500 ~ 999 人	9.52
（3）1000 ~ 4999 人	28.57
（4）5000 ~ 9999 人	4.76
（5）10000 ~ 24999 人	0.00
（6）25000 ~ 49999 人	0.00
（7）50000 人及以上	9.52

资料来源：本书课题组统计整理。

4. 贵组织机构的总部设在哪里？

第 4 题样本组织机构总部所在地，调查结果详见表 4 - 4。

表 4 - 4　　　　　　　　样本组织机构总部所在地的调查结果

问题	调查样本占比情况（%）
（1）中国境内	95.24
（2）中国境外	4.76

资料来源：本书课题组统计整理。

5. 就经营范围和服务的市场情况而言，贵组织机构应该属于下列哪一类？

第 5 题调查样本组织机构的经营范围和服务的市场情况，共有 4 问，其中，本地是指样本组织机构注册所在地；外地是指样本组织机构注册所在地所属省、自治区、市，调查结果详见表 4 - 5。

表 4-5	样本组织机构的经营范围和服务的市场情况调查结果	单位:%

问题	调查样本占比情况
(1) 本地	28.57
(2) 外地	14.29
(3) 中国境内	38.10
(4) 中国境外	19.05

资料来源：本书课题组统计整理。

6. 当前，贵组织机构是否设立有组织的职业生涯开发系统？（说明：有组织的职业生涯开发系统是指，根据员工个人的职业追求与本组织机构的人力资源需求相联系为原则而设计的一套实践方式和实践程序。职业生涯开发计划和活动的实例包括：讲习班、经理与员工的职业讨论、资源中心、职业规划软件、继任—接替规划等。）

第6题包括三部分：一是样本组织机构是否设立有组织的职业生涯开发系统，有4问；二是样本组织机构如果曾经有或者正在开创有组织的职业生涯开发系统，需要判断有组织的职业生涯开发系统是比较注重员工个人还是强调组织机构；三是如果未曾有过或者曾经有过但已中断了，需要说明原因，并要求把所有原因都考虑在内，有7问，可以多项选择。调查结果详见表4-6，说明本调查样本组织机构绝大多数是中小型企业。

表 4-6	样本组织机构是否设立有组织的职业生涯 开发系统的调查结果	单位:%

问题	调查样本占比情况
(1) 曾经有	19.05
(2) 正在开创	33.33
(3) 未曾有	42.86
(4) 曾经有过但已中断	4.76

比较注重员工个人还是强调组织机构

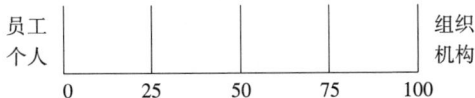

员工个人　　　　　　　　　　　　　　　　　　　　组织机构

0　　25　　50　　75　　100

平均数 = 57.73　抽样数据 = 11　中位数 = 50　众数 = 75

未曾有或者曾经有过但已中断的原因

问题	调查样本占比情况
（1）缺乏预算资金	0.00
（2）缺乏高层管理者的支持	30.00
（3）员工没有兴趣	0.00
（4）经理或主管没有兴趣	20.00
（5）人力资源部门没有能力或兴趣	20.00
（6）样本组织机构的需要与职业生涯开发难以协调	20.00
（7）其他	10.00

资料来源：本书课题组统计整理。

7. 此时，贵组织机构的有组织的职业生涯开发系统已有多长时间？

第7题样本组织机构实施有组织的职业生涯开发系统的时间，共有5问，调查结果详见表4-7。

表4-7　　　　　样本组织机构实施有组织的职业生涯开发
系统的时间的调查结果　　　　　单位：%

问题	调查样本占比情况
（1）不足1年	57.14
（2）1～2年	23.81
（3）3～4年	9.52
（4）5～6年	0.00
（5）6年以上	9.52

资料来源：本书课题组统计整理。

8. 贵组织机构的有组织的职业生涯开发系统的职责归属情况如何？

第8题样本组织机构的有组织的职业生涯开发系统的职责归属情况，共有3问，调查结果详见表4-8。

表4-8　　　　　样本组织机构的有组织的职业生涯开发系统的
职责归属情况的调查结果　　　　　单位：%

问题	调查样本占比情况
（1）集权的	47.62
（2）放权的	4.76
（3）两者兼有	47.62

资料来源：本书课题组统计整理。

9. 贵组织机构有无专门的职能部门负起有组织的职业生涯开发系统的职责？

第9题包括两部分：一是样本组织机构有无专门的职能部门负起有组织的职业生涯开发系统的职责；二是如果有专门的职能部门负责，调查其分工情况，调查结果详见表4-9。

表4-9　　　样本组织机构有无专门的职能部门负起有组织的
　　　　　　职业生涯开发系统的职责的调查结果　　　　单位:%

问题		调查样本占比情况
(1) 没有		61.90
(2) 有		38.10
专门负责有组织的职业生涯开发系统的职能部门分工情况		
A. 将这个职能部门置于何处？	(1) 人力资源部门之内	87.50
	(2) 人力资源部门之外	12.50
B. 主持这项工作的人被冠以什么头衔？		人力资源总监兼任人力资源部部长；人才发展经理；副总裁；人力资源总经理；培训经理
C. 这方面的报告向谁提交？		人力资源总监；人事主管；区域副总裁；董事长；人力资源总经理；人事负责人；培训经理

资料来源：本书课题组统计整理。

10. 你所在的样本组织机构是否设有人力资源部门？

第10题包括两部分：一是样本组织机构是否设有人力资源管理部门；二是人力资源管理部门人员的配置情况，调查结果详见表4-10。

表4-10　　　样本组织机构是否设有人力资源管理部门及其人力
　　　　　　资源管理部门人员的配置情况调查结果　　　　单位:%

问题	调查样本占比情况
(1) 设有	23.81
(2) 未设有	76.19
人力资源管理部门人员的配置情况	
(1) 0人	0.00
(2) 1人	6.25
(3) 2人	18.75
(4) 3~4人	25.00
(5) 5人及以上	50.00

资料来源：本书课题组统计整理。

11. 贵组织机构包括你在内，有无专职负责有组织的职业生涯开发系统的工作？

第11题包括两部分：一是样本组织机构无专职负责有组织的职业生涯开发系统工作的人员；二是如果有专职负责人，其人员配置情况如何？调查结果详见表4-11。

表4-11　　　　样本组织机构有无专职负责有组织的职业生涯开发
系统工作的人员及其人员配置情况的调查结果　　　　单位:%

问题	调查样本占比情况
(1) 无	90.48
(2) 有	9.52
专职负责有组织的职业生涯开发系统工作的人员配置情况	
(1) 0 人	0.00
(2) 1 人	50.00
(3) 2 人	0.00
(4) 3~4 人	50.00
(5) 5 人及以上	0.00

资料来源：本书课题组统计整理。

12. 贵组织机构的有组织的职业生涯开发系统因有关人员（员工、经理、组织机构的决策者）的看法不同而情况各异。请将这三方所负职责影响到贵组织机构有组织的职业生涯开发系统的比例分配一下，使其总和为100%。

第12题样本组织机构影响有组织的职业生涯开发系统的三大因素，即样本组织机构的员工、样本组织机构的经理和样本组织机构的决策者，调查结果详见表4-12。

表4-12　　　　样本组织机构影响有组织的职业生涯开发系统的
三大因素的调查结果

问题	调查结果统计			
(1) 样本组织机构的员工	平均数 =40.15	抽样数据 =21	中位数 =30	众数 =30
(2) 样本组织机构的经理	平均数 =24.83	抽样数据 =21	中位数 =20	众数 =30
(3) 样本组织机构的决策者	平均数 =33.73	抽样数据 =21	中位数 =40	众数 =40

资料来源：本书课题组统计整理。

13. 贵组织机构有组织的职业生涯开发系统涵盖哪些群组？画圈或打钩时，请把所有提示考虑在内。

第 13 题样本组织机构的有组织的职业生涯开发系统涵盖的群组，共有 5 问，可多项选择，调查结果详见表 4-13。

表 4-13 样本组织机构有组织的职业生涯开发系统
涵盖的群组的调查结果 单位:%

问题	调查样本占比情况
（1）年薪员工	42.86
（2）月薪员工	80.95
（3）日薪员工	0.00
（4）钟点工	0.00
（5）其他	14.29

资料来源：本书课题组统计整理。

14. 请指出在哪些支薪员工群组中，贵组织机构的有组织的职业生涯开发系统是针对什么人的？画圈或打钩时，请把所有提示考虑在内。

第 14 题样本组织机构的有组织的职业生涯开发系统服务对象，共有 10 问，属于多项选择，调查结果详见表 4-14。

表 4-14 样本组织机构的有组织的职业生涯开发系统
服务对象的调查结果 单位:%

问题	调查样本占比情况
（1）临近退休人员	4.76
（2）女性员工	14.29
（3）少数民族员工	4.76
（4）受训的管理人员	52.38
（5）将获得快速提升的经理候选人或很有潜力的人	61.90
（6）有身体缺陷的员工	4.76
（7）年长的工人	9.52
（8）状态稳定的员工	38.10
（9）新员工	19.05
（10）其他	19.05

资料来源：本书课题组统计整理。

15. 请从下列各项中挑选出影响贵组织机构有组织的职业生涯开发系统向前发展的三大要素，并在括号内填写你所选项的序号。

最重要的（　　），位居第二的（　　），位居第三的（　　）

第15题调查样本组织机构影响有组织的职业生涯开发系统向前发展的三大要素情况，共有16问，调查结果详见表4－15。

表4－15　　样本组织机构影响有组织的职业生涯开发系统
向前发展的三大要素情况的调查结果　　　　　　单位:%

问题	调查样本占比情况
（1）样本组织机构对职业生涯开发的支持	10.43
（2）缺少可提拔的人才	2.76
（3）出于人员调整的考虑	3.48
（4）平等的就业机会计划予以支持	0.71
（5）出于在样本组织机构业务发展受到限制的情况下激励员工的愿望	3.62
（6）出于从内部得到提升或发展的需要	5.86
（7）出于赶上竞争对手的愿望	0.67
（8）员工对职业规划表示出强烈的兴趣	2.14
（9）调查或评估成果的需要	0.71
（10）改变技能结构或人力资源规划的需要	2.86
（11）样本组织机构战略规划的开发	7.05
（12）希望改善员工的生产率	3.38
（13）鼓励提前退休的需要	0.00
（14）希望有积极的招聘观念	1.33
（15）试图脱离工会影响	0.00
（16）其他	0.00

资料来源：本书课题组统计整理。

16. 贵组织机构在设计实施有组织的职业生涯开发系统时是否采用了特别工作小组、顾问组或咨询委员会等方式？

第16题有两部分：一是样本组织机构在设计实施有组织的职业生

涯开发系统时，是否采用了特别工作小组、顾问组或咨询委员会等方式；二是对采用的这些方式，如何评价其效果，评价标准采用从完全无效到非常有效的 5 等分制，即完全无效 1 ~ 5 非常有效，调查结果详见表4 – 16。

表4 – 16　　样本组织机构在设计实施有组织的职业生涯开发系统时
是否采用了特别工作小组、顾问组或咨询委员会等
方式的调查结果　　　　　　　　　单位：%

问题	调查样本占比情况
(1) 是	14. 29
(2) 否	85. 71
五等分制评价结果	
平均数 = 2. 33　抽样数据 = 3　中位数 = 2　众数 = 2	

资料来源：本书课题组统计整理。

17. 在下列方式中指出贵组织机构有组织的职业生涯开发系统所处的状态。如果有一种是贵组织机构当前正在使用的，请评定其效果。在每一项中选择你认为恰当的答案。

第 17 题样本组织机构的有组织的职业生涯开发系统所处的状态，共有 6 类 32 项，每一项有 4 种状态，即"从未做"表示从未做过这种尝试；"中断"是指以前做过，现已中断；"拟做"代表正打算做这种尝试；"正在做"的意思是，目前正以这种方式在做。如果当前正在以这种方式运作，请采用从完全无效到非常有效的 5 等分制评定其效果，即完全无效 1 ~ 5 非常有效，调查结果详见表4 – 17。

18. 请核对下列人事制度中哪一种是贵组织机构采用的，并指出它们是否与有组织的职业生涯开发系统相联系，请在相应的栏目打钩或画圈。

第 18 题有两部分：一是样本组织机构采用的人事制度；二是判断这些人事制度是否与有组织的职业生涯开发系统相联系，调查结果详见表4 – 18。

表 4-17　　样本组织机构的有组织的职业生涯开发系统所处状态的调查结果

问题	从未做（%）	中断（%）	计划做（%）	正在做（%）	完全无效（%）1	2	3	4	非常有效（%）5
A. 员工自我评估手段									
（1）职业规划讲习班	38.10	0.00	42.86	19.05	0.00	0.00	4.76	9.52	0.00
（2）职业工作手册（独立的）	38.10	4.76	28.57	28.57	0.00	0.00	4.76	9.52	4.76
（3）退休前讲习班	80.95	0.00	19.05	0.00	0.00	0.00	0.00	0.00	0.00
（4）电脑软件	57.14	0.00	28.57	14.29	0.00	0.00	0.00	4.76	0.00
B. 组织潜力评估程序									
（5）晋升前预测	38.10	0.00	52.38	9.52	0.00	0.00	0.00	9.52	0.00
（6）心理测试	52.38	0.00	42.86	4.76	0.00	0.00	9.52	0.00	0.00
（7）评估中心	38.10	0.00	57.14	4.76	0.00	0.00	0.0	4.76	0.00
（8）面谈程序	28.57	0.00	42.86	28.57	4.76	0.00	19.05	0.00	4.76
（9）职务委派	23.81	0.00	57.14	19.05	0.00	0.00	4.76	9.52	4.76
C. 内部劳动力市场信息交流									
（10）职业信息手册	42.86	9.52	38.10	9.52	0.00	0.00	4.76	4.76	0.00
（11）职业阶梯或双职阶梯	47.62	4.76	38.10	9.52	0.00	0.00	9.52	0.00	0.00
（12）职业资源中心	52.38	4.76	38.10	4.76	0.00	0.00	0.00	4.76	0.00
（13）其他职业信息设计或系统	66.67	4.76	23.81	4.76	0.00	0.00	0.00	4.76	0.00
D. 个人咨询或职业讨论									
（14）主管或生产一线经理	28.57	9.52	38.10	23.81	9.52	0.00	9.52	4.76	0.00
（15）资深职业顾问	57.14	0.0	23.81	19.05	4.76	0.00	9.52	4.76	0.00
（16）人事参谋	33.33	14.29	42.86	9.52	4.76	0.00	0.00	4.76	0.00

续表

问题	从未做（%）	中断（%）	计划做（%）	正在做（%）	完全无效（%）1	2	3	4	非常有效（%）5
(17) 专业咨询指导									
a. 内部的	42.86	4.76	38.10	14.29	9.52	0.00	0.00	4.76	0.00
b. 外请的	47.62	9.52	33.33	9.52	0.00	0.00	0.00	4.76	0.00
E. 工作匹配系统									
(18) 非正式征求意见	38.10	0.00	38.10	23.81	0.00	0.00	9.52	14.29	0.00
(19) 岗位需求信息发布	28.57	14.29	33.33	23.81	0.00	0.00	14.29	9.52	0.00
(20) 技能鉴定或技能考核	38.10	4.76	33.33	23.81	0.00	4.76	9.52	9.52	0.00
(21) 接替计划或继任计划	47.62	0.00	38.10	14.28	0.00	0.00	4.76	9.52	0.00
(22) 员工委员会	52.38	4.76	33.33	9.52	0.00	0.00	0.00	9.52	0.00
(23) 内部安置系统	52.38	9.52	28.57	9.52	0.00	0.00	4.76	4.76	0.00
F. 开发计划									
(24) 在岗充实或职务重新设计	33.33	9.52	42.86	14.29	4.76	0.0	4.76	0.00	4.76
(25) 岗位轮换	28.57	9.52	33.33	28.57	0.00	0.0	9.52	14.29	4.76
(26) 内部培训和开发计划	23.81	9.52	33.33	33.33	0.00	0.0	14.29	9.52	4.76
(27) 外部研讨会或讲习班	28.57	9.52	42.86	19.05	0.00	4.76	0.00	14.29	0.00
(28) 学费补偿	38.10	0.00	38.10	23.81	0.00	4.76	4.76	14.29	0.00
(29) 主管职业讨论培训	42.86	4.76	38.10	14.29	0.00	4.76	4.76	0.00	0.00
(30) 双职工夫妇计划	57.14	0.00	33.33	9.52	0.00	4.76	9.52	0.00	0.00
(31) 指导系统	52.38	4.76	38.10	4.76	0.00	0.00	0.00	0.00	4.76
(32) 员工定向计划	38.10	9.52	42.86	9.52	0.00	0.00	0.00	4.76	4.76

资料来源：本书课题组统计整理。

表4-18　　样本组织机构采用的人事制度是否与有组织的职业
生涯开发系统相联系的调查结果　　　　单位:%

问题	采用	有联系
(1) 业绩评估（规划与审核）	80.95	57.14
(2) 招聘方式	80.95	47.62
(3) 晋升方式和调动方式	85.71	52.38
(4) 薪酬管理	76.19	42.86
(5) 岗位描述和岗位评估	52.38	38.10
(6) 人力资源规划	52.38	61.90
(7) 组织的战略规划	47.62	47.62
(8) 员工援助计划	23.81	28.57
(9) 样本组织机构的设计	57.14	33.33
(10) 平等的就业机会或积极行动	38.10	42.86

资料来源：本书课题组统计整理。

19. 在你看来，贵组织机构对有组织的职业生涯开发系统的看法属于下列中的哪一种？情况相符的话，哪一项都可以选择。

第19题样本组织机构对有组织的职业生涯开发系统的看法，有22问，调查结果详见表4-19。

20. 贵组织机构有组织的职业生涯开发系统是如何评估的？不限一种答案。

第20题样本组织机构如何评估其有组织的职业生涯开发系统，共有6问，属于多项选择，调查结果详见表4-20。

21. 总的来看，贵组织机构有组织的职业生涯开发系统效果如何？

第21题样本组织机构实施有组织的职业生涯开发系统的效果，共有5问，调查结果详见表4-21。

表 4-19 样本组织机构对有组织的职业生涯开发系统的看法的调查结果

单位：%

问题	完全同意	同意	不同意	完全不同意
(1) 职业生涯开发计划必须与样本组织机构的战略规划相联系	33.33	42.86	9.52	14.29
(2) 高级管理层认为职业生涯开发是员工的职业前景	23.81	47.62	14.29	14.29
(3) 高级管理层认为职业生涯开发是赶时髦	4.76	23.81	38.10	28.57
(4) 高级管理层认为职业生涯开发是员工开发的一个重要组成部分	14.29	57.14	14.29	14.29
(5) 经理们认为职业生涯开发了无新意	9.52	19.05	52.38	14.29
(6) 经理们认为职业生涯开发并非必须	0.00	33.33	52.38	14.29
(7) 职业生涯开发意味着给主管增加负担	4.76	23.81	47.62	19.05
(8) 很少有主管具备主持员工职业讨论会的资格	4.76	28.57	47.62	19.05
(9) 主管们觉得员工职业生涯开发并非他们的职责	4.76	33.33	42.86	19.05
(10) 人员流失的增加是员工与职业生涯计划的结果	0.00	9.52	57.14	28.57
(11) 只有很少一部分员工真的对职业生涯开发感兴趣	4.76	28.57	52.38	14.29
(12) 职业生涯开发优化了员工的业绩表现	4.76	57.14	23.81	9.52
(13) 职业生涯开发给许多员工增加了个人的顾虑	4.76	9.52	66.67	14.29
(14) 职业生涯开发使得员工的才干得以更好地发挥	4.76	61.90	19.05	14.29
(15) 职业生涯开发加重了诸如岗位需求信息公示、员工培训和学费补偿等其他人力资源系统的负担	0.00	47.62	38.10	14.29
(16) 职业生涯开发使得员工能更有效地利用人事系统	0.00	52.38	23.81	14.29
(17) 职业生涯开发往往扰乱组织机构的秩序	0.00	14.29	61.90	23.81
(18) 职业生涯开发是小型实验基地的最佳前导	4.76	47.62	28.57	14.29
(19) 岗位需求和职业信息无须由职业生涯开发计划提供	0.00	47.62	42.86	9.52
(20) 职业生涯开发计划应该是自愿的	4.76	61.90	19.05	14.29
(21) 员工应该对他们在职业生涯开发活动中的成绩和记录有保密权	9.52	66.67	9.52	14.29
(22) 职业生涯开发帮助员工应付稳定的、低增长的环境	0.00	71.43	19.05	9.52

资料来源：本书课题组统计整理。

表4-20 样本组织机构如何评估其有组织的职业
生涯开发系统的调查结果 单位:%

问题	调查样本占比情况
(1) 未做评估	47.62
(2) 从参与者处得到非正式的口头反馈	23.81
(3) 就态度、学习和行为方式的衡量进行面谈	28.57
(4) 以调查表的形式对态度、学习方式和行为方式做出衡量	28.57
(5) 针对生产率、工作表现、人员流动状态和成本等进行资料分析	19.05
(6) 其他	4.76

资料来源:本书课题组统计整理。

表4-21 样本组织机构实施有组织的职业生涯
开发系统的效果的调查结果 单位:%

问题	调查样本占比情况
(1) 完全无效	23.81
(2) 几乎无效	23.81
(3) 介于两者之间	23.81
(4) 多少有些效果	28.57
(5) 非常有效	0.00

资料来源:本书课题组统计整理。

第三节 有组织的职业生涯开发
调研的数据统计分析

1. 抽样调查样本的基本情况

本次抽样调查的样本组织机构主要涉及6个行业,如图4-1所示,其中,排在前三位的是服务业(商业服务、食品和医疗、娱乐、修理),占比为28.57%;制造业(工业产品),占比为23.81%;银行、金融、保险、房地产,占比为14.29%。

此外,样本组织机构总部设在中国境内的占比为95.24%,其规模从年预算或年销售额来看大多数在1亿~4.99亿元区间(占比为38.1%),4.99亿元以下的合计占比为80.96%,从员工来看,普遍少于500人(占比为52.38%),说明绝大多数样本组织机构属于中小型企业。

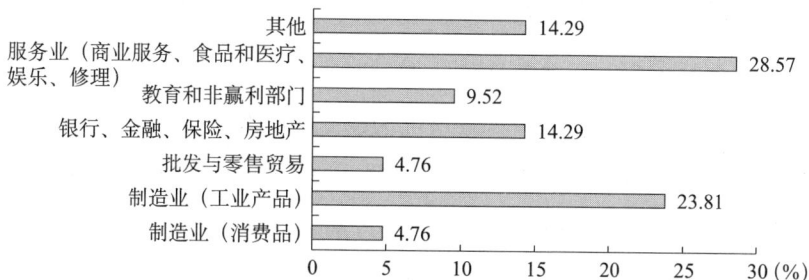

图 4 - 1　样本所属行业

资料来源：本书课题组统计绘制。

2. 有组织的职业生涯开发（OCD）系统的普及程度

调查显示，大多数样本组织机构还没有开展有组织的职业生涯开发活动，占比为 42.86%，如图 4 - 2 所示。

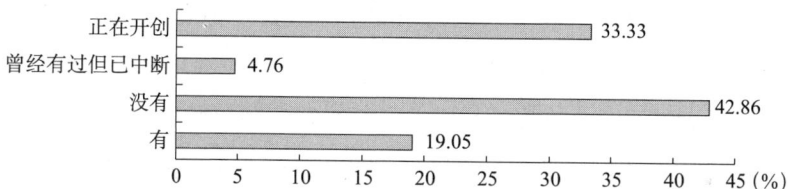

图 4 - 2　职业生涯开发系统的普及程度

资料来源：本书课题组统计绘制。

我们在访谈中也证实了，许多样本组织机构对问卷中提到的情况还没有听说过，即使是已经在开展职业生涯开发实践活动的样本组织机构，也有许多实践形式没有使用过甚至没有听说过，以至于问卷无法填写。调查中还发现，那些声称开展职业生涯开发活动的样本组织机构中有57.14% 开展的时间都不足 1 年，属于起步阶段；有 6 年以上历史的不足一成，占比为 9.52%。因为实施时间不长，所以其实施效果可想而知。

至于为什么没有实施有组织的职业生涯开发系统？其原因主要表现在四个方面：一是缺乏管理高层的支持，占比为 30%；二是经理或主管没有兴趣，占比为 20%；三是人力资源部门没有能力或兴趣，占比为20%；四是人力资源部门没有能力或兴趣，占比为 20%。还有 10% 属于其他原因，如"之前没有提过该方案"等。

3. 有组织的职业生涯开发（OCD）的驱动力

是什么原因驱使这些样本组织机构建立或开始建立有组织的职业生涯开发系统呢？问卷中罗列了 15 个选项，要求调查对象从各选项中挑选出影响职业生涯开发规划的前 3 项主要因素，调查结果如图 4 - 3 所示。

排在前 5 位的因素分别是：（1）样本组织机构对职业生涯开发的支持，占比为 10.43%；（2）样本组织机构战略规划的开发，占比为 7.05%；（3）出于从内部得到提升或发展的需要，占比为 5.86%；（4）出于在样本组织机构业务发展受到限制的情况下激励员工的愿望，占比为 3.62%；（5）出于人员调整的考虑，占比为 3.48%。

4. 对有组织的职业生涯开发（OCD）系统的态度

表 4 - 22 罗列了对待有组织的职业生涯开发所抱有的态度的 22 个系列问题，具体可归纳为四个方面。

一是管理者的总体态度，反对的声音大于同意的呼声，有 54.84% 的人持不同意和完全不同意的态度。具体来说，持同意态度的人认为，职业生涯开发拓展了员工的职业前景（占比为 71.43%），认为职业生涯开发是员工开发的一个重要组成部分（占比为 71.43%）；持反对态度的人认为，职业生涯开发是赶时髦且了无新意，认为职业生涯开发并非必须，认为只有很少一部分员工真的对职业生涯开发感兴趣，占比均高达 66.67%。

二是对监管职责的可感知的效果，有 65.91% 的人选择不同意或完全不同意，认为职业生涯开发意味着给主管增加负担（占比为 66.67%），因为员工的职业生涯开发并非他们的职责（占比为 61.91%），而且很少有主管具备主持员工职业讨论会的资格（占比为 66.67%）。

三是可感知的总体效果，基本上持平，有 52.72% 的人坚持不同意或完全不同意的观点，有 47.28% 的人坚持同意或完全同意的观点。具体来说，持反对意见者认为，职业生涯开发往往扰乱组织机构的秩序（占比为 85.71%），并且导致员工的变动与流失（占比为 85.71%），特别是给

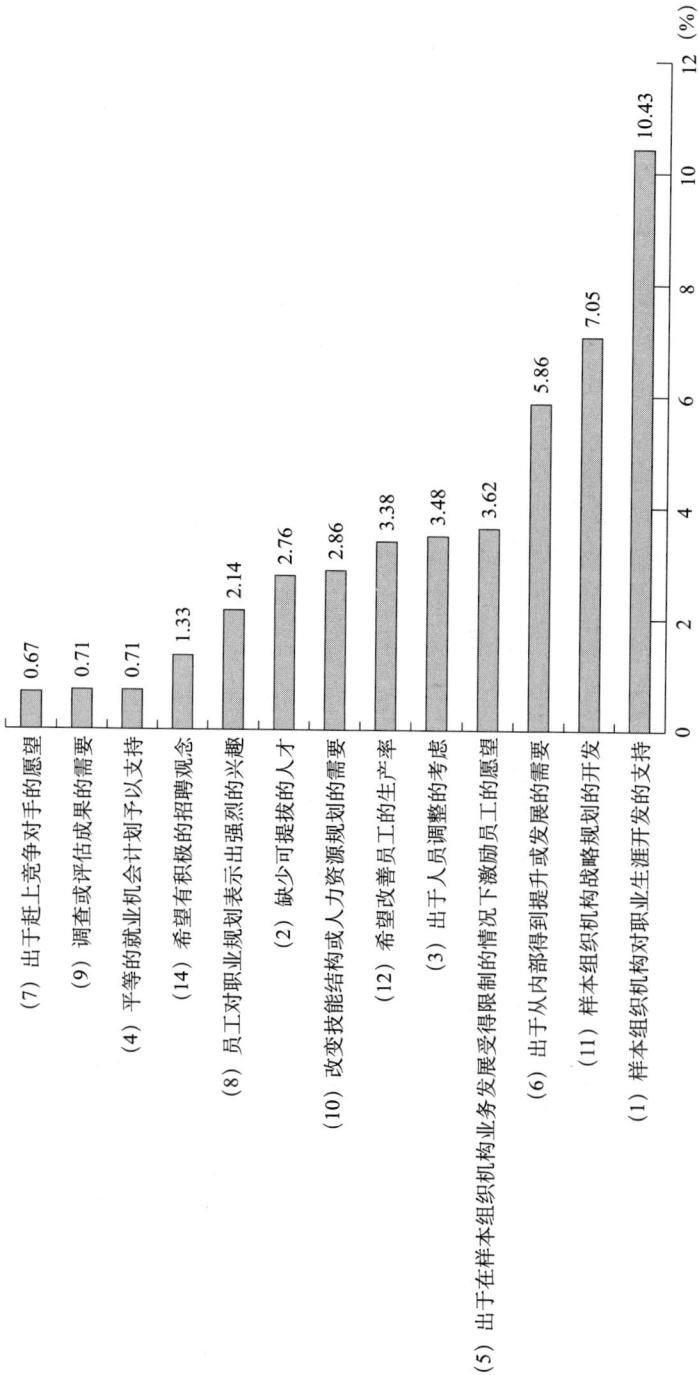

图 4 - 3　职业生涯开发的驱动因素

资料来源：本书课题组统计绘制。

表4-22 对有组织的职业生涯开发所抱有的态度

单位：%

问题	完全同意与同意			不同意与完全不同意		
	完全同意	同意	小计	不同意	完全不同意	小计
管理者的总体态度						
(2) 高级管理层认为职业生涯开发拓展了员工的职业前景	23.81	47.62	71.43	14.29	14.29	28.58
(3) 高级管理层认为职业生涯开发是起时髦	4.76	23.81	28.57	38.10	28.57	66.67
(5) 经理们认为职业生涯开发了无新意	9.52	19.05	28.57	52.38	14.29	66.67
(4) 高级管理层认为职业生涯开发是员工开发的一个重要组成部分	14.29	57.14	71.43	14.29	14.29	28.58
(6) 经理们认为职业生涯开发并非必须	0.00	33.33	33.33	52.38	14.29	66.67
(11) 只有很少一部分员工真的对职业生涯开发感兴趣	4.76	28.57	33.33	52.38	14.29	66.67
小计	57.14	209.52	266.66	223.82	100.02	323.84
占比	9.68	35.48	45.16	37.90	16.94	54.84
监管职责的可感知的效果						
(7) 职业生涯开发意味着给主管增加负担	4.76	23.81	28.57	47.62	19.05	66.67
(8) 很少有主管具备主持员工职业讨论会的资格	4.76	28.57	33.33	47.62	19.05	66.67
(9) 主管们觉得员工职业生涯开发并非他们的职责	4.76	33.33	39.09	42.86	19.05	61.91
小计	14.28	85.71	100.99	138.10	57.15	195.25
占比	4.82	28.93	34.09	46.62	19.29	65.91
可感知的总体效果						
(1) 职业生涯开发计划必须与本组织机构的战略规划相联系	33.33	42.86	76.19	9.52	14.29	23.81

续表

问题	完全同意与同意			不同意与完全不同意		
	完全同意	同意	小计	不同意	完全不同意	小计
（17）职业生涯开发往往扰乱样本组织机构的秩序	0.00	14.29	14.29	61.90	23.81	85.71
（10）人员流失的增加是员工参与职业生涯开发计划的结果	0.00	9.52	9.52	57.14	28.57	85.71
（15）职业生涯开发加重了诸如岗位需求信息公示、员工培训和学费补偿等其他人力资源系统的负担	0.00	47.62	47.62	38.10	14.29	52.39
（13）职业生涯开发给许多员工增加了个人的烦恼	4.76	9.52	14.28	66.67	14.29	80.96
（12）职业生涯开发优化了员工的业绩表现	4.76	57.14	61.90	23.81	9.52	33.33
（16）职业生涯开发使得员工能更有效地利用人事系统	0.00	52.38	52.38	23.81	14.29	38.10
（14）职业生涯开发使得员工的才干得以更好的发挥	4.76	61.90	66.66	19.05	14.29	33.34
（22）职业生涯开发帮助员工应付稳定的、低增长的环境	0.00	71.43	71.43	19.05	9.52	28.57
小计	47.61	366.66	414.27	319.05	142.87	461.92
占比	5.43	41.85	47.28	36.41	16.31	52.72
如何看待职业生涯开发计划的管理						
（18）职业生涯开发是小型实验基地的最佳前导	4.76	47.62	52.38	28.57	14.29	42.86
（19）岗位需求和职业生涯开发计划信息无须由职业生涯开发计划提供	0.0	47.62	47.68	42.86	9.52	52.38
（20）员工参与职业生涯开发计划应该是自愿的	4.76	61.90	66.66	19.05	14.29	33.34
（21）员工应该对他们在职业生涯开发活动中的成绩和记录有保密权	9.52	66.67	76.19	9.52	14.29	23.81
小计	19.04	223.81	242.91	100	52.39	152.39
占比	4.82	56.62	61.45	25.30	13.25	38.55

资料来源：本书课题组统计整理。

许多员工增加了个人的烦恼，占比为 80.96%；持同意态度者认为，有组织的职业生涯开发计划必须与样本组织机构的战略规划相联系，占比为 76.19%，并且，职业生涯开发可以帮助员工应付稳定的、低增长的环境，占比为 71.43%，使得员工的才干更好地发挥，占比为 66.66%，从而优化员工的业绩表现，占比为 61.90%。

四是如何看待职业生涯开发计划的管理？有 61.45% 的人选择同意或完全同意，理由是职业生涯开发是小型实验基地的最佳前导，占比为 52.38%；并且员工参与职业生涯开发计划是自愿的，占比为 66.66%，但员工应该对他们在职业生涯开发活动中的成绩和记录有保密权，占比为 76.19%；持不同看法者认为，岗位需求和职业信息无须由职业生涯开发计划提供，占比为 52.38%。

5. 有组织的职业生涯开发（OCD）系统的结构

有组织的职业生涯开发系统是在其他人力资源系统的背景下发挥作用的，并在不同程度上与那些已有的人力资源系统发生关联，如图 4-4 所示。

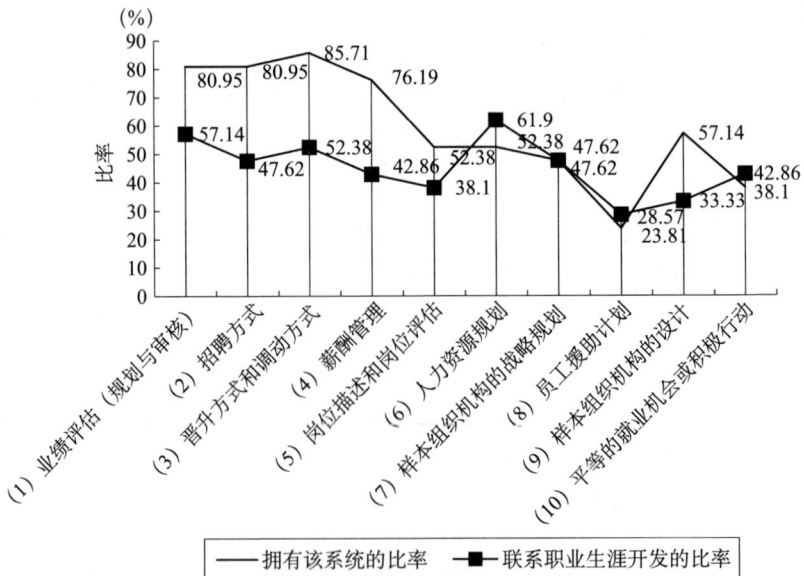

图 4-4　有组织的职业生涯开发系统与人力资源系统的关联

资料来源：本书课题组统计绘制。

由图 4 - 4 可见，在大多数样本组织机构中拥有晋升方式和调动方式，占比为 85.71%；招聘方式，占比为 80.95%；业绩评估（规划与审核），占比为 80.95%；薪酬管理，占比为 76.19%；岗位描述和岗位评估，占比为 52.38%；以及人力资源规划，占比为 52.38%；等人力资源管理系统。它们与职业生涯开发系统紧密相连，也就不是什么奇怪的事了。其中，联系最为紧密的是人力资源规划，占比为 61.9%；其后超过半数的还有业绩评估（规划与审核），占比为 57.14%；与晋升方式和调动方式，占比为 52.38%。

6. 被采用的有组织的职业生涯开发（OCD）实践形式的类型

表 4 - 23 根据调查数据列出了计划开展的有组织的职业生涯开发实践形式与实际开展的有组织的职业生涯开发实践形式，比较客观地反映了我国的样本组织机构有组织的职业生涯开发实践的状况。

表 4 - 23　　　　样本组织机构有组织的职业生涯开发实践状况　　　单位：%

	从未做	中断	计划做	正在做
A. 员工自我评估手段				
（1）职业规划讲习班	38.10	0.00	42.86	19.05
（2）职业工作手册（独立的）	38.10	4.76	28.57	28.57
（3）退休前讲习班	80.95	0.00	19.05	0.00
（4）电脑软件	57.14	0.00	28.57	14.29
B. 组织潜力评估手段				
（5）晋升前预测	38.10	0.00	52.38	9.52
（6）心理测试	52.38	0.00	42.86	4.76
（7）评估中心	38.10	0.00	57.14	4.76
（8）面谈程序	28.57	0.00	42.86	28.57
（9）职务委派	23.81	0.00	57.14	19.05
C. 内部劳动力市场信息交流				
（10）职业信息手册	42.86	9.52	38.10	9.52
（11）职业阶梯或双职阶梯	47.62	4.76	38.10	9.52
（12）职业资源中心	52.38	4.76	38.10	4.76
（13）其他职业信息设计或系统	66.67	4.76	23.81	4.76
D. 个人咨询或职业讨论				
（14）主管经理或生产线经理	28.57	9.52	38.10	23.81

	从未做	中断	计划做	正在做
(15) 资深职业顾问	57.14	0.00	23.81	19.05
(16) 人事参谋	33.33	14.29	42.86	9.52
(17) 专业咨询指导				
a. 内部的	42.86	4.76	38.10	14.29
b. 外请的	47.62	9.52	33.33	9.52
E. 工作匹配系统				
(18) 非正式征求意见	38.10	0.00	38.10	23.81
(19) 岗位需求信息发布	28.57	14.29	33.33	23.81
(20) 技能鉴定或技能考核	38.10	4.76	33.33	23.81
(21) 接替计划或继任计划	47.62	0.00	38.10	14.28
(22) 员工委员会	52.38	4.76	33.33	9.52
(23) 内部安置系统	52.38	9.52	28.57	9.52
F. 开发计划				
(24) 在岗充实或职务重新设计	33.33	9.52	42.86	14.29
(25) 岗位轮换	28.57	9.52	33.33	28.57
(26) 内部培训和开发计划	23.81	9.52	33.33	33.33
(27) 外部研讨会或讲习班	28.57	9.52	42.86	19.05
(28) 学费补偿	38.10	0.00	38.10	23.81
(29) 主管职业讨论培训	42.86	4.76	38.10	14.29
(30) 双职工夫妇计划	57.14	0.00	33.33	9.52
(31) 指导系统	52.38	4.76	38.10	4.76
(32) 员工定向计划	38.10	9.52	42.86	9.52

资料来源：本书课题组统计整理。

正如我们在表4-23中所看到的，问卷中罗列了32种有组织的职业生涯开发实践形式，具体分为六部分。

A是员工自我评估手段。在四种手段中有一半是绝大多数样本组织机构从来没有使用过的，即退休前讲习班，占比为80.95%；电脑软件，占比为57.14%；正在使用的职业生涯开发手段是职业工作手册（独立的），占比为28.57%；职业规划讲习班，占比为19.05%；电脑软件，占比为14.25%，可见，所占比例都不是很高。如果将计划做的比例加在一起，各评估手段依次是职业规划讲习班，占比为61.73%、职业工作手册（独立的），占比为57.14%；电脑软件，占比为42.86%；退休前讲习班，占比为 19.05%。

B 是组织潜力评估手段。虽然五种潜力评估手段目前都已经在使用，但所占比重不大，占比最大的是面谈程序，占比为 28.57%，之后是职务委派，占比为 19.05%。如果将计划做的项目比例加在一起，各评估手段依次是职务委派，占比为 76.19%；面谈程序，占比为 71.43%；评估中心，占比为 61.90%；晋升前预测，占比为 61.90%；心理测试，占比为 47.62%。

C 是内部劳动力市场信息交流。严格说来，内部劳动力市场信息交流还处在起步阶段，即开始在做的项目或计划做的项目依次是职业信息手册（独立的），占比为 47.62%；职业阶梯或双职阶梯，占比为 47.62%；职业资源中心，占比为 42.86%；其他职业信息设计或系统，占比为 28.57%；都没有超过半数的比例。

D 是个人咨询或职业讨论。目前，各样本组织机构已经都在使用，其中，比例最高的是主管经理或生产线经理，占比为 23.81%，然后依次是资深职业顾问，占比为 19.05%；专业咨询指导（内部的），占比为 14.29%。如果将计划做的项目比例加在一起，各评估手段依次是主管经理或生产线经理，占比为 61.91%；专业咨询指导（内部的），占比为 52.39%；人事参谋，占比为 52.38%；资深职业顾问，占比为 42.86%；专业咨询指导（外请的），占比为 42.85%。

E 是工作匹配系统。有接近两成的样本组织机构在使用工作匹配系统，占比为 17.46%；其中，非正式征求意见、岗位需求信息发布与技能鉴定或技能考核，占比均为 23.81%。如果将计划做的项目比例加在一起，依次是非正式征求意见，占比为 61.91%；岗位需求信息公示，占比为 57.14%；技能鉴定或技能考核，占比为 57.14%；接替计划或继任计划，占比为 52.38%；员工委员会，占比为 42.85%；内部安置系统，占比为 38.09%。

F 是开发计划。目前，正在实施的职业生涯开发计划排在前三位的依次是内部培训和开发计划，占比为 33.33%；岗位轮换，占比为 28.57%；

学费补偿，占比为 23.81%。如果将计划做的项目比例加在一起，依次是内部培训和开发计划，占比为 66.66%；学费补偿，占比为 61.91%；外部研讨会或讲习班，占比为 61.91%；岗位轮换，占比为 61.90%；在岗充实或职务重新设计，占比为 57.15%；员工定向计划，占比为 52.38%；主管职业讨论培训，占比为 52.39%；指导系统，占比为 42.86%；双职工夫妇计划，占比为 42.85%。

7. 有组织的职业生涯开发（OCD）实践的效果评估

关于有组织的职业生涯开发实践效果究竟如何？这是所有参与者都非常关注的一个问题。我们从两个方面进行了调查：

一是对有组织的职业生涯开发计划或实践是如何评估的？调查结果显示，有接近一半的样本组织机构从未进行评估，占比为 47.68%。已经开展评估的样本组织机构采取的评估方式是核心组就态度、学习方式和行为方式的衡量进行面谈，占比为 28.57%；以调查表的形式对态度、学习方式和行为方式做出衡量，占比为 28.57%；之后是从参与者处得到非正式的口头反馈，占比为 23.81%，以及针对生产率、工作表现、人员流动状态和成本等进行资料分析，占比为 19.05%，详见图 4 - 5。

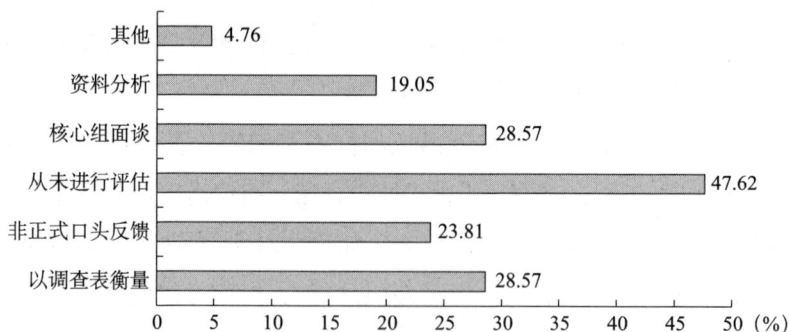

图 4 - 5　职业生涯开发系统是如何被评估的

资料来源：本书课题组统计绘制。

二是有组织的职业生涯开发系统效果如何？调查结果显示，如图 4 - 6 所示，只有 28.57% 的人认为多少有些效果，换句话说，认为有效者或非常有效者不到三成的比例，而认为完全无效或几乎无效者却高达47.62%，接近50%。

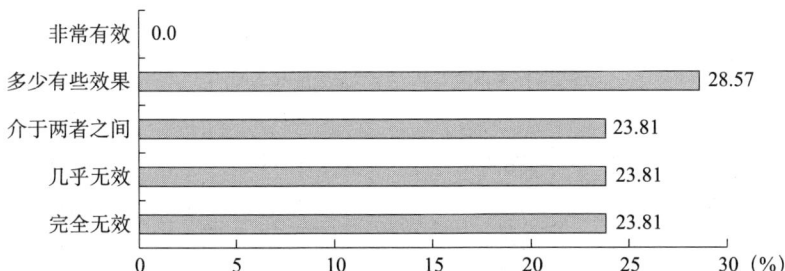

图4-6　有组织的职业生涯开发系统效果的总体评价

资料来源：本书课题组统计绘制。

第四节　中国的样本组织机构、美国的样本组织机构中的有组织的职业生涯开发比较研究

1. 有组织的职业生涯开发（OCD）系统普及程度的比较

本节中所有图表及文字中的数据，未经特别说明的，中国的样本组织机构数据由本书课题组统计整理；美国的样本组织机构的数据均来源于美国的托马斯·G.格特里奇，赞迪·B.莱博维茨和简·E.肖尔的《有组织的职业生涯开发》一书。

调查结果显示（见表4-24），美国的样本组织机构中的有组织的职业生涯开发系统普及程度远高于中国的样本组织机构，其中，美国的的样本组织机构中的公司组织普及度为47.00%，美国的样本组织机构中的政府组织的普及度高达59.30%，而中国的样本组织机构普及度只有19.05%。①

---

①　其中，有关美国的样本组织机构中的公司组织和美国的样本组织机构中的政府组织的调查数据来自美国学者托马斯·G.格特里奇、赞迪·B.莱博维茨和简·E.肖尔.有组织的职业生涯开发［M］.李元明，吕峰译，天津：南开大学出版社，2001.表4-24～表4-34中美国的样本组织机构的数据均来源于《有组织的职业生涯开发》，后文不再注释。

表4-24　　　中国的样本组织机构、美国的样本组织机构中的
有组织的职业生涯开发系统普及程度比较　　　单位:%

比较项目	拥有职业生涯开发系统的比例		
	中国的样本组织机构	美国的样本组织机构	
		美国的样本组织机构中的公司组织	美国的样本组织机构中的政府组织
有	19.05	47.00	59.30
没有	42.86	30.90	29.60
正在开创	33.33	20.05	3.70
曾经有过但已中断	4.76	1.60	7.40

综合上述调查数据，至于没有开展职业生涯开发的原因，而中国的样本组织机构排在前三位的原因分别是缺乏管理高层的支持，占比为30.00%；经理或主管没有兴趣，占比为20.00%；人力资源部门没有能力或兴趣，占比为20.00%；以及样本组织机构的需要与职业生涯开发难以协调，占比为20.00%。美国的样本组织机构排在前三位的原因分别是上级主管部门的支持不够，占比为54.00%；专款来源不足，占比为37.00%；缺乏人力资源开发能力或兴趣，占比为27.00%。

2. 有组织的职业生涯开发（OCD）驱动力比较

表4-25中有调查问卷中罗列的15个问题，中国的样本组织机构、美国的样本组织机构的选择有较大差异。中国的样本组织机构排在前三位的因素分别是样本组织机构对职业生涯开发的支持，占比为10.43%；样本组织机构战略规划的开发，占比为7.05%；出于从内部得到提升或发展的需要，占比为5.86%。而美国的样本组织机构排在前三位的因素分别是出于从内部得到提升或发展的需要，占比为23.00%；缺少可提拔的人才，占比为13.80%；样本组织机构对职业生涯开发的支持，占比为12.60%；美国的样本组织机构中的政府组织的选项则完全不同，排在第一位的是样本组织机构对职业生涯开发的支持，占比为33.30%；之后是员工对职业规划表示出强烈的兴趣，占比为26.70%。

表 4 - 25　　中国的样本组织机构、美国的样本组织机构中的
有组织的职业生涯开发（OCD）驱动力比较　　单位:%

比较项目	驱动要素的比例		
	中国的样本组织机构	美国的样本组织机构	
		美国的样本组织机构中的公司组织	美国的样本组织机构中的政府组织
（1）样本组织机构对职业生涯开发的支持	10.43	12.60	33.30
（2）缺少可提拔的人才	2.76	13.80	0.00
（3）出于人员调整的考虑	3.48	2.30	6.70
（4）平等的就业机会计划予以支持	0.71	2.30	0.00
（5）出于在组织机构业务发展受到限制的情况下激励员工的愿望	3.62	8.00	6.70
（6）出于从内部得到提升或发展的需要	5.86	23.00	0.00
（7）出于赶上竞争对手的愿望	0.67	4.00	6.70
（8）员工对职业规划表示出强烈的兴趣	2.14	6.30	26.70
（9）调查或评估成果的需要	0.71	5.20	0.00
（10）改变技能结构或人力资源规划的需要	2.86	3.40	6.70
（11）样本组织机构战略规划的开发	7.05	12.10	0.00
（12）希望改善员工的生产率	3.38	1.70	0.00
（13）鼓励提前退休的需要	0.00	0.00	0.00
（14）希望有积极的招聘观念	1.33	0.60	0.00
（15）试图避免工会化	0.00	0.00	0.00
（16）其他	0.00	4.60	13.30

3. 对有组织的职业生涯开发（OCD）态度的比较

中国的样本组织机构、美国的样本组织机构对有组织的职业生涯开发（OCD）所抱的态度也有较大的不同，详见表 4 - 26。

一是管理者的总体态度。中国的样本组织机构赞同与反对的比例是 45.16:54.84。美国的样本组织机构中的公司组织赞同与反对的比例是 47.33:52.67；美国的样本组织机构中的政府组织赞同与反对的比例是

表 4－26　中国的样本组织机构、美国的样本组织机构对职业生涯开发系统所抱态度的比较

单位：%

问题	中国的样本组织机构		美国的样本组织机构中的公司组织		美国的样本组织机构中的政府组织	
	同意与完全同意	不同意与完全不同意	同意与完全同意	不同意与完全不同意	同意与完全同意	不同意与完全不同意
管理者的总体态度						
(2) 高级管理层认为职业生涯开发拓展了员工的职业前景	71.43	28.58	79.40	20.50	88.20	11.80
(3) 高级管理层认为职业生涯开发是赶时髦	28.57	66.67	16.20	83.80	11.80	88.20
(4) 高级管理层认为职业生涯开发是员工工作的一个重要组成部分	71.43	28.58	80.00	20.00	73.40	26.70
(5) 经理们认为职业生涯开发了无新意	28.57	66.67	74.40	25.60	87.70	12.50
(6) 经理们认为职业生涯开发并非必须	33.33	66.67	13.90	86.10	6.30	93.80
(11) 只有很少一部分员工真的对职业生涯开发感兴趣	33.33	66.67	20.00	80.00	12.50	87.50
小计	266.66	323.84	283.90	316.00	279.90	320.50
占比	45.16	54.84	47.33	52.67	46.62	53.38
监管职责的可感知的效果						
(7) 职业生涯开发意味着给主管增加负担	28.57	66.67	74.30	25.70	75.10	25.00
(8) 很少有主管具备主持员工职业讨论会的资格	33.33	66.67	84.60	15.50	87.60	12.50
(9) 主管们觉得员工职业生涯开发是并非他们的职责	38.09	61.91	52.20	17.80	57.20	42.80
小计	99.99	195.25	211.10	59.00	219.90	80.30
占比	33.87	66.13	78.16	21.84	85.43	14.57
可感知的总体效果						
(1) 职业生涯开发计划必须与样本组织机构的战略规划相联系	76.19	23.81	80.50	19.50	87.50	12.50
(10) 人员流失的增加是员工参与职业生涯开发计划的结果	9.52	85.71	13.40	86.60	37.50	62.60

续表

问题	中国的样本组织机构		美国的样本组织机构中的公司组织		美国的样本组织机构中的政府组织	
	同意与完全同意	不同意与完全不同意	同意与完全同意	不同意与完全不同意	同意与完全同意	不同意与完全不同意
（12）职业生涯开发优化了员工的业绩表现	61.90	33.33	88.40	11.70	93.80	6.30
（13）职业生涯开发给许多员工增加了个人的烦恼	14.28	80.96	29.80	70.20	50.00	50.00
（14）职业生涯开发使得员工的才干不得以更好的发挥	66.66	33.34	92.20	7.80	94.10	5.90
（15）职业生涯开发加重了诸如岗位需求信息发布、员工培训和学费补偿等其他人力资源系统的负担	47.62	52.39	23.50	76.60	31.30	68.80
（16）职业生涯开发使得员工能更有效地利用人事系统	52.38	38.10	83.60	16.50	82.40	17.60
（17）职业生涯开发在扰乱样本组织机构的秩序	14.29	85.71	12.80	87.20	6.30	93.80
（22）职业生涯开发帮助员工应付稳定的、低增长的环境	71.43	28.57	81.90	18.10	93.80	6.30
小计	414.27	461.92	506.10	394.20	576.70	323.80
占比	47.28	52.72	56.21	43.79	64.04	35.96
如何看待职业生涯开发计划的管理						
（18）职业生涯开发是小型实验基地的最佳前导	52.38	42.36	59.10	40.90	31.30	68.80
（19）岗位需求和职业信息无须由职业生涯开发计划提供	47.62	52.38	17.30	82.70	5.90	94.10
（20）员工参与职业生涯开发计划应该是自愿的	66.66	33.34	83.20	16.80	76.40	23.50
（21）员工应对他们在职业生涯活动中的成绩和记录有保密权	76.19	23.81	78.00	22.00	60.00	40.00
小计	242.85	151.89	237.60	162.40	173.60	251.70
占比	61.52	38.48	59.40	40.60	43.40	56.60

46.62:53.38。因此，总体来说，持反对的声音高于持赞同的呼吁。

二是监管职责的可感知的效果。中国的样本组织机构对监管职责可感知的效果持消极态度，美国的样本组织机构则对监管职责可感知的效果持积极态度。具体来说，中国的样本组织机构赞同与反对的比例是33.87:66.13。而美国的样本组织机构中的公司组织赞同与反对的比例却是78.16:21.84；美国的样本组织机构中的政府组织赞同与反对的比例是85.43:14.57。

三是可感知的总体效果。中国的样本组织机构认同度并不乐观，美国的样本组织机构普遍认可职业生涯开发的总体效果。具体来说，中国的样本组织机构赞同与反对的比例是47.28:52.72；而美国的样本组织机构中的公司组织赞同与反对的比例是56.21:43.79；美国的样本组织机构中的政府组织赞同与反对的比例是64.04:35.96。

四是如何看待职业生涯开发计划的管理。中国的样本组织机构持肯定态度，有61.52%的人选择同意与完全同意，美国的样本组织机构中的公司组织赞同与反对的比例是59.40:40.60，而美国的样本组织机构中的政府组织恰好相反，其赞同与反对的比例是43.40:56.60。

4. 被采用的有组织的职业生涯开发（OCD）实践形式比较

调查问卷将有组织的职业生涯开发（OCD）实践形式归纳为六类，因而这里也从六个方面对中国的样本组织机构、美国的样本组织机构被采用的有组织的职业生涯开发（OCD）实践形式进行比较。

（1）员工自我评估手段比较。

如表4-27所示，中国的样本组织机构关注的是职业规划讲习班，占比为61.91%；职业工作手册（独立的），占比为57.14%。而美国的样本组织机构中的公司组织关注的是退休前讲习班，占比为57.20%；职业规划讲习班，占比为52.30%；美国的样本组织机构中的政府组织关注的是退休前讲习班，占比为100%；职业规划讲习班，占比为62.60%；电脑软件，占比为56.30%。

表 4 - 27　　　　　中国的样本组织机构、美国的样本组织机构中的
　　　　　　　　　　　员工自我评估手段的比较　　　　　　单位:%

比较项目	员工自我评估手段的采用比例								
	中国的样本组织机构			美国的样本组织机构					
				美国的样本组织机构中的公司组织			美国的样本组织机构中的政府组织		
	计划做	正在做	合计	计划做	正在做	合计	计划做	正在做	合计
职业规划讲习班	42.86	19.05	61.91	18.00	34.30	52.30	6.30	56.30	62.60
职业工作手册（独立的）	28.57	28.57	57.14	15.20	18.10	33.30	7.70	38.50	46.20
退休前讲习班	19.05	0.00	19.05	11.00	46.20	57.20	12.50	87.50	100.00
电脑软件	28.57	14.29	42.86	16.90	13.40	30.30	12.50	43.80	56.30

（2）组织潜力评估程序比较。

表 4 - 28 显示，中国的样本组织机构采用的是职务委派，占比为
76.19%；面谈程序，占比为 71.43%；评估中心，占比为 61.90%；晋升
前预测，占比为 61.90%。中国的样本组织机构、美国的样本组织机构在
心理测试方面比较接近，都没有达到一半的比例。美国的样本组织机构
中的公司组织与美国的样本组织机构中的政府组织采用的组织潜力评估
程序主要是职务委派与面谈程序，其所占比例分别是：公司的职务委派
为 79.50%、面谈程序为 75.10%，政府的职务委派为 60.00%、面谈程
序为 50.00%。

表 4 - 28　　　　　中国的样本组织机构、美国的样本组织机构
　　　　　　　　　　组织潜力评估程序的比较　　　　　　单位:%

比较项目	组织潜力评估程序的采用比例								
	中国的样本组织机构			美国的样本组织机构					
				美国的样本组织机构中的公司组织			美国的样本组织机构中的政府组织		
	计划做	正在做	合计	计划做	正在做	合计	计划做	正在做	合计
晋升前预测	52.38	9.52	61.90	13.70	45.70	59.40	0.00	6.30	6.30
心理测试	42.86	4.76	47.62	7.00	33.70	40.70	0.00	6.30	6.30
评估中心	57.14	4.76	61.90	10.50	14.00	24.50	0.00	43.80	43.80
面谈程序	42.86	28.57	71.43	6.90	68.20	75.10	7.10	42.90	50.00
职务委派	57.14	19.05	76.19	14.60	64.90	79.50	13.30	46.70	60.00

（3）内部劳动力市场信息交流比较。

调查结果显示，详见表 4 – 29，中国的样本组织机构的选择是职业阶梯或双职阶梯，占比为 47.62%；职业信息手册，占比为 47.62%；职业资源中心，占比为 42.86%，且与美国公司一样，都没有达到半数的比重。内部劳动力市场信息交流做得最好的是美国的样本组织机构中的政府组织，排在前 3 位的分别是职业阶梯或双职阶梯，占比为 75.10%；职业信息手册，占比为 64.20%；其他职业信息设计或系统，占比为 61.60%，而美国的样本组织机构中的公司组织关注的是职业阶梯或双职阶梯，占比为 48.00%。

表 4 – 29　　　中国的样本组织机构、美国的样本组织机构内部
劳动力市场信息交流的比较　　　　　　单位:%

比较项目	内部劳动力市场信息交流的比例								
	中国的样本组织机构			美国的样本组织机构					
				美国的样本组织机构中的公司组织			美国的样本组织机构中的政府组织		
	计划做	正在做	合计	计划做	正在做	合计	计划做	正在做	合计
职业信息手册	38.10	9.52	47.62	11.40	18.90	30.30	7.10	57.10	64.20
职业阶梯或双职阶梯	38.10	9.52	47.62	13.70	34.30	48.00	6.30	68.80	75.10
职业资源中心	38.10	4.76	42.86	13.20	19.50	32.70	13.30	33.30	46.60
其他职业信息设计或系统	23.81	4.76	28.57	13.60	21.90	35.50	23.10	38.50	61.60

（4）个人咨询或职业讨论比较。

表 4 – 30 显示，中国的样本组织机构关注的重点是主管或生产线经理，占比为 61.91%；专业咨询指导（内部的），占比为 52.39%；人事参谋，占比为 52.38%；其所占比重远低于美国的样本组织机构。美国的样本组织机构比中国的样本组织机构更关注个人咨询或职业讨论。其中，美国的样本组织机构中的公司组织关注的重点是主管或生产线经理，占比为 91.50%；人事参谋，占比为 88.10%，美国的样本组织机构中的政府组织关注的也是人事参谋，占比为 87.60%；主管或生产线经理，占比为 86.70%；以及专业咨询指导（内部的），占比为 64.70%；资深职业顾问，占比为 61.60%。

表 4 – 30　　　　中国的样本组织机构、美国的样本组织机构
个人咨询或职业讨论的比较　　　　单位:%

比较项目	个人咨询或职业讨论的采用比例								
	中国的样本组织机构			美国的样本组织机构					
				美国的样本组织机构中的公司组织			美国的样本组织机构中的政府组织		
	计划做	正在做	合计	计划做	正在做	合计	计划做	正在做	合计
主管或生产线经理	38.10	23.81	61.91	8.50	83.00	91.50	20.00	66.70	86.70
资深职业顾问	23.81	19.05	42.86	7.60	22.10	29.70	23.10	38.50	61.60
人事参谋	42.86	9.52	52.38	5.60	82.50	88.10	6.30	81.30	87.60
专业咨询指导									
a. 内部的	38.10	14.29	52.39	4.20	23.80	28.00	17.60	47.10	64.70
b. 外请的	33.33	9.52	42.85	1.90	17.10	19.00	15.40	38.50	53.90

（5）工作匹配系统比较。

表 4 – 31 显示，中国的样本组织机构关注的重点是非正式征求意见，占比为 61.91%；岗位需求信息发布，占比为 57.14%；技能鉴定或技能考核，占比为 57.14%，且所占比重普遍偏低。美国的样本组织机构比中国的样本组织机构更重视工作匹配系统。其中，美国的样本组织机构中的公司组织关注的是岗位需求信息发布，占比为 88.70%；接替计划或继任计划，占比为 82.30%；内部安置系统，占比为 64.70%，美国的样本组织机构中的政府组织关注的也是岗位需求信息发布，占比为 100%；内部安置系统，占比为 73.30%；接替计划或继任计划，占比为 62.50%。

表 4 – 31　　　　中国的样本组织机构、美国的样本组织机构
工作匹配系统的比较　　　　单位:%

比较项目	工作匹配系统的采用比例								
	中国的样本组织机构			美国的样本组织机构					
				美国的样本组织机构中的公司组织			美国的样本组织机构中的政府组织		
	计划做	正在做	合计	计划做	正在做	合计	计划做	正在做	合计
非正式征求意见	38.10	23.81	61.91	3.50	52.40	55.90	6.70	53.30	60.00
岗位需求信息发布	33.33	23.81	57.14	5.60	83.10	88.70	5.90	94.10	100.00
技能鉴定或技能考核	33.33	23.81	57.14	21.60	36.90	58.50	5.90	41.20	47.10

续表

比较项目	工作匹配系统的采用比例								
	中国的样本组织机构			美国的样本组织机构					
				美国的样本组织机构中的公司组织			美国的样本组织机构中的政府组织		
	计划做	正在做	合计	计划做	正在做	合计	计划做	正在做	合计
接替计划或继任计划	38.10	14.28	47.38	17.00	65.30	82.30	12.50	50.00	62.50
员工委员会	33.33	9.52	42.85	2.30	24.00	26.30	6.30	43.80	50.10
内部安置系统	28.57	9.52	38.09	9.20	55.50	64.70	0.00	73.30	73.30

（6）开发计划比较。

表4-32显示，中国的样本组织机构的关注重点主要是内部培训和开发计划，占比为66.66%；外部研讨会或讲习班，占比为61.91%；学费补偿，占比为61.91%；与岗位轮换，占比为61.90%。美国的样本组织机构比中国的样本组织机构更注重抓职业生涯开发计划。其中，美国的样本组织机构中的公司组织采用比例在90%以上的开发计划，主要有内部培训和开发计划，占比为97.20%；学费补偿，占比为96.10%；外部研讨会或讲习班，占比为93.20%；与员工定向计划，占比为92.80%；美国的样本组织机构中的政府组织的员工定向计划，占比为100%；内部培训和开发计划，占比为100%；学费补偿与外部研讨会或讲习班也都高达94.10%。

表4-32　　　　中国的样本组织机构、美国的样本组织机构
开发计划的比较　　　　　　　　　单位:%

比较项目	开发计划的采用比例								
	中国的样本组织机构			美国的样本组织机构					
				美国的样本组织机构中的公司组织			美国的样本组织机构中的政府组织		
	计划做	正在做	合计	计划做	正在做	合计	计划做	正在做	合计
在岗充实或职务重新设计	42.86	14.29	57.15	14.30	40.60	54.90	20.00	33.30	53.30
岗位轮换	33.33	28.57	61.90	14.80	54.00	68.80	5.90	82.40	88.30
内部培训和开发计划	33.33	33.33	66.66	5.60	91.60	97.20	5.90	94.10	100.00
外部研讨会或讲习班	42.86	19.05	61.91	2.20	91.00	93.20	5.90	88.20	94.10
学费补偿	38.10	23.81	61.91	1.10	95.00	96.10	5.90	88.20	94.10
主管职业讨论培训	38.10	14.29	52.39	22.00	44.10	66.10	18.80	43.80	62.60

续表

比较项目	开发计划的采用比例								
	中国的样本组织机构			美国的样本组织机构					
				美国的样本组织机构中的公司组织			美国的样本组织机构中的政府组织		
	计划做	正在做	合计	计划做	正在做	合计	计划做	正在做	合计
双职工夫妇计划	33.33	9.52	42.85	4.50	8.00	12.50	6.30	0.00	6.30
指导系统	38.10	4.76	42.86	15.80	20.90	36.70	17.60	47.10	64.70
员工定向计划	42.86	9.52	52.38	6.70	86.10	92.80	18.80	81.20	100.00

5. 有组织的职业生涯开发（OCD）实践效果的比较

从采用的评价方式来看，详见表4-33。中国的样本组织机构所占比重普遍偏低，排在前3位的依次是核心组就态度、学习方式和行为方式的衡量进行面谈（占比为28.57%），以调查表的形式对态度、学习方式和行为方式做出衡量（占比为28.57%）以及从参与者处得到非正式的口头反馈（占比为23.81%）。美国的样本组织机构中的公司组织与美国的样本组织机构中的政府组织最喜欢使用的是从参与者处得到非正式的口头反馈，占比分别为63.70%与68.80%，之后是以调查表的形式对态度、学习方式和行为方式做出衡量，分别占比为32.70%与56.30%。尽管中国的样本组织机构、美国的样本组织机构都存在"未做评估"的情况，但中国的样本组织机构的比重远高于美国的样本组织机构，其中，美国的样本组织机构中的政府组织只有12.50%、美国的样本组织机构中的公司组织为24.00%，而中国的样本组织机构则达到47.62%。

表4-33　　　中国的样本组织机构、美国的样本组织机构中的
有组织的职业生涯开发系统评价方式比较　　　　单位:%

比较项目	评价方式的采用比例		
	中国的样本组织机构	美国的样本组织机构	
		美国的样本组织机构中的公司组织	美国的样本组织机构中的政府组织
（1）未做评估	47.62	24.00	12.50
（2）从参与者处得到非正式的口头反馈	23.81	63.70	68.80

续表

比较项目	评价方式的采用比例		
	中国的样本组织机构	美国的样本组织机构	
		美国的样本组织机构中的公司组织	美国的样本组织机构中的政府组织
（3）核心组针对态度、学习方式和行为方式的衡量进行面谈	28.57	21.60	31.30
（4）以调查表的形式对态度、学习方式和行为方式做出衡量	28.57	32.70	56.30
（5）针对生产率、工作表现、人员流动状态和成本等进行资料分析	19.05	11.70	18.80
（6）其他	4.76	7.60	6.30

表4-34则显示，中国的样本组织机构、美国的样本组织机构对有组织的职业生涯开发系统效能进行的总体评价，美国的样本组织机构取得的效果要远高于中国的样本组织机构。其中，中国没有一家组织机构认为"非常有效"，只有28.57%认为多少有些效果（同比美国的样本组织机构中的公司组织与美国的样本组织机构中的政府组织的选择分别为23.20%与35.70%）。美国的样本组织机构中的政府组织与美国的样本组织机构中的公司组织认为，有组织的职业生涯开发系统非常有效的分别为6.40%与14.30%，中国的样本组织机构认为，完全无效的比例为23.81%，而美国的样本组织机构中的公司组织的选择是10.70%，美国的样本组织机构中的政府组织的选择只有7.10%。

表4-34　中国的样本组织机构、美国的样本组织机构对有组织的
职业生涯开发系统效能总体评价比较　　　　单位:%

比较项目	效能总体评价比例		
	中国的样本组织机构	美国的样本组织机构	
		美国的样本组织机构中的公司组织	美国的样本组织机构中的政府组织
（1）完全无效	23.81	10.70	7.10
（2）几乎无效	23.81	17.90	14.30
（3）介于两者之间	23.81	41.70	28.60
（4）多少有些效果	28.57	23.20	35.70
（5）非常有效	0.00	6.40	14.30

第五章　机理与机制：实证分析

创新创业人才队伍建设有助于我国实现"两个一百年"的奋斗目标、实现中华民族伟大复兴的"中国梦"以及加快建设创新型国家。有待于进一步研究和论证的课题是，创新创业人才建设路径的多样性和创新创业人才的评价标准，以及有组织的职业生涯规划（OCD）技术对我国创新创业人才队伍建设的作用机理及其效能研究，这些构成本章的研究主题。

第一节　创新创业人才建设路径的多样性研究

（一）中国创新创业人才研究文献计量分析

我们以中国知网（CNKI）数据库为依据，进行"主题＝创新创业人才或者题名＝创新创业人才"的跨库检索（检索时间：2018 年 6 月 30 日），"模糊匹配"的结果是 3448 篇。其文献来源分布：期刊文献 1834 篇，学术辑刊文献 27 篇，硕士学位论文 45 篇，博士学位论文 8 篇，国内会议论文 46 篇，国际会议论文 8 篇，报纸文章 1480 篇。可见，期刊与报纸是载文的主体，分别占比为 53.19％ 与 42.92％。其中，"题名＝创新创业人才"的跨库检索结果是 1558 篇，占"主题"文献总数的 45.19％。其来源分布如下：期刊文献 1014 篇，学术辑刊文献 6 篇，硕士学位论文 13 篇，国内会议论文 33 篇，国际会议论文 8 篇，报纸 484 篇。考虑到报纸文献的非学术性以及"主题"检索的研究文献中有许多文献研究的重点并非是创新创业人才，最终确定"题名＝创新创业人才"的期刊文献、学术辑刊文献、学位论文和国内外会议论文列入样本文献数据库，这样可以保证文献样本有较大的关联性。在此基础上，再次进行人工筛选，剔除重复性文献和报道性文献，最终确定有效样本文献数为 1049 篇，占"题名"文献总数的 67.33%，具有一定的代表性。

据我们在中国知网（CNKI）中检索发现，中文文献早在 1999 年就提出了"创新创业人才"的概念，并同时出现在政府的相关文件中。如李炳英使用的是"创新、创业的人才"，① 而路甬祥②与黄伯云③使用的都是"创新创业人才"；1999 年 8 月 20 日发布的《中共中央、国务院关于加强技术创新，发展高科技，实现产业化的决定》使用了"创新创业"的概念。而 1999 年 11 月 10 日发布的《中共安徽省委 安徽省人民政府关于贯彻〈中共中央、国务院关于加强技术创新，发展高科技，实现产业化的决定〉的意见》直接使用了"创新创业人才"的概念。但"创新创业人才"是一个中国式的概念或提法，国外很少使用"创新创业人才"这一概念，基本上都是分开来说，并且使用的是"创新者"或"创业者"概念。值得注意的是，有关"创新创业人才"内涵的界定，从我国各级政府文件以及国内学术文献的表述分析，基本达成一致，都认为"创新创业人才"是指，既能创新又能创业的人才。但我国政府与学者在"创新创业人才"概念上的共识，并没有经过充分的学术"争鸣"与"实证"研究，且政策研究类文献占主体。现有研究文献大多基于定性的归纳和评述，缺乏定量分析与实证探究，因此，其结论的有效性严重依赖作者自身的主观经验。如石岩涛的《我国创新创业人才培养研究综述》、④ 董

---

① 李炳英. 试论企业家与创新环境的构建［J］. 科学管理研究, 1999, 17（6）：20 – 21.

② 路甬祥. 科技百年的回眸与新世纪的展望［J］. 科学新闻周刊, 1999, 1（33）：4 – 7.

③ 黄伯云. 落实全国技术创新大会精神 加速高技术新材料产业化［J］. 材料导报, 1999, 13（6）：3 – 4.

④ 石岩涛. 我国创新创业人才培养研究综述［J］. 合作经济与科技, 2017（7）：69 – 71.

原的《基于人才生态学理论的创新创业人才队伍建设》[①] 以及吴瑛等的《创新创业人才培养理论述评》。[②] 由于他们选取的文献样本数量较少，难以全面反映本研究领域的主流观点，因此，对我国"创新创业人才研究"文献进行深度挖掘和系统性分析十分必要。这里拟运用文献计量学的方法和技术，借助于文献题录信息统计分析工具 SATI 3.2 和社会网络分析系统 Ucinet 6.0 可视化分析软件，对该领域文献的各种数量特征采用数学和统计学的方法，以评价和预测研究现状和发展趋势等。

1. 研究样本文献总量的时段分布与整体增长趋势分析

中国创新创业人才研究可划分为三个阶段：（1）2001~2007 年属起步阶段，样本文献发文量一直保持在个位数，合计 13 篇，占比为 1.24%，年均发文量为 1.857 篇。（2）2008~2015 年是发展阶段，样本文献发文量一直保持在十位数，合计 351 篇，占比为 33.46%，年均发文量为 43.875 篇。其中，2008 年的发文量接近起步阶段发文总量（13篇）。（3）2016~2018 年为快速发展阶段，样本文献发文量一直保持在百位数，合计 685 篇，占比为 65.30%，年均发文量为 228.33 篇，年均发文量分别是起步阶段的 122.96 倍、发展阶段的 5.20 倍。除 2001~2007年、2012~2013 年的发文量呈现上下波动外，其他年份的发文量呈现逐年上升趋势。如以 2001 年的发文量为基数 1，则 2009 年的发文指数为 7，2016 年为 101.5，2017 年则高达 168。推动中国创新创业人才研究快速发展的重要原因是中央政府推进"大众创业，万众创新"的主要会议及相关文件，特别是 2015 年中央政府、各部委和各省区市地方政府也发布了相关文件，充分说明创新创业人才研究是落实中央政府部署的具有实际指导意义的重大研究课题。

样本文献的整体增长趋势取决于样本文献的发表状况，根据文献计

---

① 董原. 基于人才生态学理论的创新创业人才队伍建设 [J]. 兰州学刊, 2016 (4)：182 - 190.

② 吴瑛, 刘美玲. 创新创业人才培养理论述评 [J]. 合作经济与科技, 2012 (23)：104 - 106.

量学中的普莱斯定律（Price law）：$F(t) = a \times e^{bt}$，式中：t 表示时间，以年为单位；$F(t)$ 表示 t 年文献累积数量；a 是初始时刻（t = 0）的文献累积数量；b 表示文献持续增长率，即某一年文献的累积增加量与前一年文献累积总数的比值，其值近似等于文献的年增长速度。[①] 表 5 - 1 反映了中国创新创业人才研究样本文献的年发文数 M_t 与文献累积数量 $F(t)$ 及其年增长速度，由此可见，2017 年样本文献的年发文数 M_t 达到最高峰（336 篇），且从 2008 年起年发文数呈指数型增长趋势。

表 5 - 1　　　　　中国创新创业人才研究样本文献的增长情况

年份	年发文数 M_t（篇）	文献累积数量 $F(t)$（篇）	时间变量 t（年）	年增长速度（%）
2001	2	2	0	0.0000
2002	1	3	1	50.0000
2003	1	4	2	33.3333
2004	1	5	3	25.0000
2005	2	7	4	40.0000
2006	4	11	5	57.1429
2007	2	13	6	18.1818
2008	12	25	7	92.3077
2009	14	39	8	56.0000
2010	24	63	9	61.5385
2011	36	99	10	57.1429
2012	58	157	11	58.5859
2013	46	203	12	29.2994
2014	60	263	13	29.5567
2015	101	364	14	38.4030
2016	203	567	15	55.7692
2017	336	903	16	59.2593
2018	146	1049	17	16.1683

资料来源：本书课题组统计整理。

2. 研究样本文献的核心作者与研究机构分析

核心作者是指，某一研究领域中产出较多、影响较大的研究者。文

---

① Derek J. de Solla Price. Little Science, Big Science [M]. New York: Columbia University Press, 1965.

献计量学中分析核心作者的工具主要是洛特卡定律（Lotka law），该定律是 1926 年洛特卡（Lotka）在《科学生产的频率分布》一文中提出来的，认为发表 2 篇论文的作者数大约是发表 1 篇论文作者数的 1/4，发表 3 篇论文的作者数大约是发表 1 篇论文作者数的 1/9，……发表 n 篇论文的作者数大约是发表 1 篇论文作者数的 $1/n^2$，而且仅发表 1 篇论文的作者数占全部作者的 60%。[①] 此后，有许多学者对该定律进行了论证、修订与完善，其中影响较大的是文献计量学奠基人普莱斯（Price）在其代表作《小科学 大科学》一书中提出的评估核心作者的普莱斯定律，即在同一主题中，半数的论文（50%）为一群高生产能力作者所撰写，这一作者集合的数量约等于全部作者总数的平方根，并认为核心作者的最低发表论文篇数 M 通常满足这一等式，即 $M = 0.749\sqrt{N_{max}}$，其中，N_{max} 为所有作者中发表论文最多者的论文数量，发表论文 M 篇以上的作者为核心作者。[②]

我们通过文献题录信息统计分析工具 SATI3.2 对 1049 篇样本文献的第一作者进行了统计分析，发现第一作者人数有 915 人，人均 1.46 篇，发表 1 篇论文的作者数有 874 人，占比为 95.52%。其中，同一作者发表论文最多的篇数为 6 篇即 $N_{max} = 6$，根据普莱斯定律可求得 M = 1.84，取整数即发表论文 2 篇以上的作者即为核心作者，见表 5-2，合计有 68 人，占第一作者人数的 7.43%，他们共发表论文 154 篇，占样本文献总数的 14.61%。张锋发表了 6 篇论文，焦爱新发表了 4 篇论文。但根据洛特卡定律，样本文献中发表 2 篇及以上论文的作者数只占 7.22%，远低于 40% 的标准；仅发表 1 篇论文的作者数占全部作者的 92.78%，远高于 60% 的标准；根据普莱斯定律，半数的论文为一群高生产能力作者所撰，但样本文献中发表 2 篇及以上论文的总数只有 150 篇，占比为 14.68%，

① Lotka A. J. The frequency distribution of scientific productivity ［J］. Journal of Washington academy of science, 1926, 16（12）：317-323.

② Derek J. de Solla Price. Little Science, Big Science ［M］. New York：Columbia University Press, 1965.

远低于50%的标准要求。这意味着，中国创新创业人才研究队伍还没有形成核心作者群。这68人可以看作是该研究领域的"准核心作者群"，或者说只是形成了"核心作者群"的雏形而已。

表5-2　　　　　　　　创新创业人才样本文献的核心作者统计

序号	作者	人数（人）	个人发表文献数（篇）	合计发表文献数（篇）	总数占比（%）
1	张锋	1	6	6	0.57
2	焦爱新	1	4	4	0.38
3	刘洪波；胡春阳；李冰；刘坤；张伟；占卫国；李丽；周建；刘敏；王玉霞；陈娟莉；本刊编辑部	12	3	36	3.43
4	文革；李国君；翟金芝；吴敏；刘娟；赵路；李梅；李林燕；陶礼军；季庆辉；雍莉莉；武斌；吴桂华；高秋香；胡光中；孙阳；栾美晨；李州；袁国华；瞿群臻；李金畅；韩照祥；尹蔚民；吴明涛；昌永红；张华；尹忠红；刘仁华；刘沁玲；刘丹；陈颖；王芳；曹胜利；郑琦；姜启跃；章刘成；马莉；钦方；刘晓阳；米银俊；王茜；刘小婧；程贵林；李广；张允；桂兴春；孙跃东；陈怡；王卓欣；汪怿；倪丹；刘有升；王文华；李浩	54	2	108	10.30
合计		68		154	14.68

资料来源：本书课题组统计整理。

文献计量学中发表论文的机构数可测度期刊论文的机构分布情况。机构分布越广，说明期刊具有开放性、作者队伍具有广泛性。我们通过文献题录信息统计分析工具SATI3.2对1049篇样本文献的第一作者所属机构进行了统计分析，发现共有593所机构，机构年均发文量为1.77篇，其中有95篇文献没有机构名称，占比为9.06%，机构文献总数占比为90.94%，见表5-3。排名前三名的研究机构分别是福州大学（16篇）、佳木斯大学（14篇）和黄冈职业技术学院（11篇），详见表5-4，说明高校是研究的主体机构。统计发现，在发表2篇及以上文献的558所机构中，有554所是高校，占比为99.28%，其他4所研究机构分别是：江苏省科学技术情报研究所（2篇）、福建省科技发展研究中心（2篇）、中国高等教育学会（2篇）以及烟台市政协、烟台高新区工委（2篇）；此外，校企合作的论文有9篇，分别是天津农学院与天津农产品加工工程技术中心（5篇）、黑龙江林业职业技术学院与京东商城运营研发部（2篇），长春理工大学与广东宁源科技园发展有限公司（2篇），说明产、学、研、政联系非常紧密的创新创业人才研究，"研"的成果有6篇，"产"的成果有2篇，"产"与"学"的成果有9篇，其他1032篇文献都是"学"的成果，且综合性大学与研究型大学参与研究的成果很少，更不要说产学研政合作研究的成果。因此，我国创新创业人才研究机构还局限于高校，开放度与参与度都不够，还没有形成有影响力的研究主阵地与核心机构。

表 5-3　　　　　　　　创新创业人才样本文献的研究机构分析

序号	发表文献数（篇）	研究机构数（个）	研究机构文献总数（篇）	研究机构总数占比（%）	机构文献总数占比（%）
1	16	1	16	0.1686	1.6772
2	14	1	14	0.1686	1.4675
3	11	1	11	0.1686	1.1530
4	8	1	8	0.1686	0.8386
5	7	3	21	0.5059	2.2013
6	6	3	18	0.5059	1.8868
7	5	8	40	1.3491	4.1929
8	4	18	72	3.0354	7.5472
9	3	36	108	6.0708	11.3208
10	2	125	250	21.0793	26.2055
11	1	396	396	66.7791	41.5094
合计		593	954	100	100

资料来源：本书课题组统计整理。

表 5-4　　　创新创业人才样本文献的作者机构统计（发文数≥5）

序号	研究机构	机构数（个）	单个机构发文数（篇）	机构合计发文数（篇）	总数占比（%）
1	福州大学	1	16	16	
2	佳木斯大学	1	14	14	
3	黄冈职业技术学院	1	11	11	
4	湖南汽车工程职业学院	1	8	8	

续表

序号	研究机构	机构数（个）	单个机构发文数（篇）	机构合计发文数（篇）	总数占比（％）
5	常州大学；广州工商学院；江苏农牧科技职业学院	3	7	21	
6	广东工业大学；河北金融学院；辽宁对外经贸学院	3	6	18	
7	安徽科技学院；白城师范学院；福建农林大学；淮海工学院；黄河科技学院；江南大学；天津农学院；云南农业大学	8	5	40	
合计		18	67	128	

资料来源：本书课题组统计整理。

3. 研究样本文献的期刊分布分析

在文献计量学中，研究文献期刊分布规律的负有盛名的著名学者是英国文献学家塞缪尔·克莱门特·布拉德福（Samuel Clement Bradford），他在1934年定量描述了一个科学论文在相关期刊中集中—分散状况的规律，后来经过许多研究者的修正和研究，发展成为著名的文献分布理论即布拉德福定律。其文字描述为，如果将科学期刊按其刊载某个学科领域的论文数量以递减顺序排列起来，就可以在这些期刊中区分出载文量最多的核心区及包含着与核心区同等数量论文的相关区和离散区。这时，核心区和后继各区中所含的期刊数呈 $1:a:a^2$ 的关系（$a>1$）。[①] 换句话说，如果3个区域的期刊数量之比满足：$n1:n2:n3 = 1:a:a^2$，其中，n1、n2、n3 为3个区域的期刊数量，a 为布拉德福系数，$a>1$，则它的分布规律符合布拉德福定律。

在1049篇创新创业人才样本文献中，非期刊文献有60篇，占比为5.72％；期刊文献有989篇，占比为94.28％。这989篇期刊文献发布在

---

① Bradford S. C. Sources of information on specific subjects［J］. Engineering：An Illustrated Weekly Journal，1934，137（26）：85 - 86.

441 种期刊中，载文至少 3 篇的期刊共计 108 种，占期刊总量的 24.49%，共载文 588 篇，占论文总量的 59.45%，不完全符合"二八"分布定律。按照上述布拉德福定律，将 989 篇期刊样本文献所发表的期刊按其刊载相关文献数量的多少以递减顺序排列，将其分为核心区、相关区和离散区，使得每个区域中的文章数量大致相等，详见表 5-5。

表 5-5　　　　创新创业人才研究样本文献的布拉德福定律分布

	期刊载文数量（篇）	期刊数量（种）	占期刊总数比例（%）	文献数量（篇）	占文献总数比例（%）	平均载文密度（篇）
核心区	N≥7	24	5.44	257	25.99	10.71
相关区	3≤N≤6	85	19.27	336	33.97	3.95
离散区	1≤N≤2	332	75.28	396	40.04	1.19
合计		441	99.99	989	100	2.24

资料来源：本书课题组统计整理。

根据表 5-5，可以算出 a≈3.5，三个区域内所包含的期刊数量之比约为 1:3.5:13.8，符合布拉德福定律。这表明，已经形成了创新创业人才研究样本文献的核心期刊区。平均载文密度为 10.71 篇，详见表 5-6。分别是相关区与离散区的 2.71 倍与 9 倍，相关科研人员可以通过对核心区文献的阅读获得该领域的主要信息。笔者查阅中国知网发现，载文量最大的是河北教育出版社有限责任公司出版的周刊《教育教学论坛》，2017 年版的复合影响因子为 0.110，综合影响因子是 0.064，共计载文 24 篇；工业和信息化部出版的周刊《教育现代化》，载文 21 篇；教育部科技发展中心出版的月刊《中国高校科技》，2017 年版的复合影响因子为 0.518，综合影响因子是 0.406，载文 16 篇。这 3 种期刊载文量合计 61 篇，占期刊样本文献总量的 6.17%。但其影响因子较低，都没有进入北京大学《中文核心期刊要目总览》与中文社会科学引文索引（CSSCI），意味着国内核心期刊尚未对创新创业人才研究给予重点关注。在这 24 种期刊中，属于国内核心期刊的只有 4 种，即《教育与职业》（12 篇）、《中国成人教育》（10 篇）、《中国人才》（10 篇）、《中国大学教学》（7

篇）等，合计发文 39 篇，占期刊样本文献总量的 3.94%。

表 5 – 6　　　　　创新创业人才研究样本文献分布的核心期刊区

序号	期刊名	期刊（种）	期刊载文数（篇）	合计载文数（篇）	合计总数占比（%）
1	教育教学论坛	1	24	24	2.43
2	教育现代化	1	21	21	2.12
3	中国高校科技	1	16	16	1.62
4	创新与创业教育	1	15	15	1.52
5	科技创业月刊	1	14	14	1.42
6	人才资源开发；产业与科技论坛	2	13	26	2.63
7	教育与职业	1	12	12	1.21
8	才智	1	11	11	1.11
9	中国成人教育；中国人才；价值工程	3	10	30	3.03
10	合作经济与科技	1	9	9	0.91
11	高等农业教育；中外企业家	2	8	16	1.62
12	科技创新导报；中国市场；现代经济信息；职教通讯；中国大学教学；经济研究导刊；现代交际；中国电力教育；西部素质教育	9	7	63	6.37
合计		24	160	257	25.99

资料来源：本书课题组统计整理。

4. 基于研究样本文献共现关键词网络的可视化分析

关键词是作者对文章核心研究内容的高度概括，是对文章主题精华的高度凝练，可以在一定程度上反映当前研究领域的热点问题。特别是研究领域内高频次出现的关键词可被视为该领域的研究热点，[①] 并且可以借助可视化软件绘制共现关键词网络图来直观探测该领域的热点问题。[②] 我们通过文献题录信息统计分析工具 SATI 3.2 对中国的 1049 篇研究样本文献的关键词进行了统计分析，得到 1518 个关键词，总频次达 4017 次，

---

① 赵蓉英，许丽敏．文献计量学发展演进与研究前沿的知识图谱探析［J］．中国图书馆学报，2010，36（5）：60 – 68.

② 刘光阳．CiteSpace 国内应用的传播轨迹——基于 2006 ~ 2015 年跨库数据的统计与可视化分析［J］．图书情报知识，2017（2）：60 – 74.

详见表 5 - 7，按频次分平均每篇文献有 3.83 个关键词。其中，频次在 2 次及以上的关键词有 340 个，占比为 22.40%，合计频次数为 2839 次，占比为 70.67%；而频次在 50 次及以上的关键词有 9 个，合计频次数为 1434 次，占比分别为 0.59% 与 35.70%，可称之为高频关键词，详见表 5 - 8。结果发现，排列在前四位的始终是创新创业、人才培养、创新创业人才与人才培养模式。这意味着，中国创新创业人才研究重点关注的是创新创业人才及其培养问题。

表 5 - 7　　　　　　中国创新创业人才研究样本文献关键词频次分布

序号	关键词频次数（次）	关键词数（个）	合计关键词频次数（次）	合计占总频次比（%）
1	505	1	505	12.57
2	312	1	312	7.77
3	217	1	217	5.40
4	100	1	100	2.49
5	81	1	81	2.02
6	63	1	63	1.57
7	54	1	54	1.34
8	52	1	52	1.30
9	50	1	50	1.25
10	43	1	43	1.07
11	29	1	29	0.72
12	28	1	28	0.70
13	26	3	78	1.94
14	21	2	42	1.05
15	19	1	19	0.47
16	18	2	36	0.90
17	17	2	34	0.85
18	16	1	16	0.40
19	15	1	15	0.37
20	14	1	14	0.35
21	13	5	65	1.62
22	12	4	48	1.20
23	11	2	22	0.55
24	10	3	30	0.75
25	9	4	36	0.90

序号	关键词频次数（次）	关键词数（个）	合计关键词频次数（次）	合计占总频次比（％）
26	8	3	24	0.60
27	7	9	63	1.57
28	6	12	72	1.79
29	5	14	70	1.74
30	4	23	92	2.29
31	3	57	171	4.26
32	2	179	358	8.91
33	1	1178	1178	29.33
合计		1518	4017	100

资料来源：本书课题组统计整理。

表 5 – 8　　中国创新创业人才研究样本文献高频关键词（频次≥50）

序号	关键词	频次
1	创新创业	505
2	人才培养	312
3	创新创业人才	217
4	人才培养模式	100
5	创新创业教育	81
6	培养模式	63
7	创新	54
8	高校	52
9	高职院校	50

资料来源：本书课题组统计整理。

由表 5 – 8 可见，中国创新创业人才的研究主要集中在创新创业人才及其培养领域，具体热点问题表现在如下四方面。

一是创新创业研究，主要关键词有创新、创业、创新创业、协同创新、创业平台、众创空间、大学生创业、创新型创业等。特别是从 2014 年开始，我国学者对"创新创业"的关注度指数从 470 上升到 2015 年的 1438，2016 年的关注度继续上升到 2634，2017 年达到顶峰，关注度指数为 3570，如图 5 – 1 所示。

二是创新创业人才研究，主要关键词有人才、人才政策、千人计划、创新人才、创业人才、创新创业人才、创新创业型人才、科技创新创业

人才、海外高层次人才、人才素质、创新创业能力等。其关注度指数与
"创新创业"关注度指数几乎保持同步，如图5-2所示。

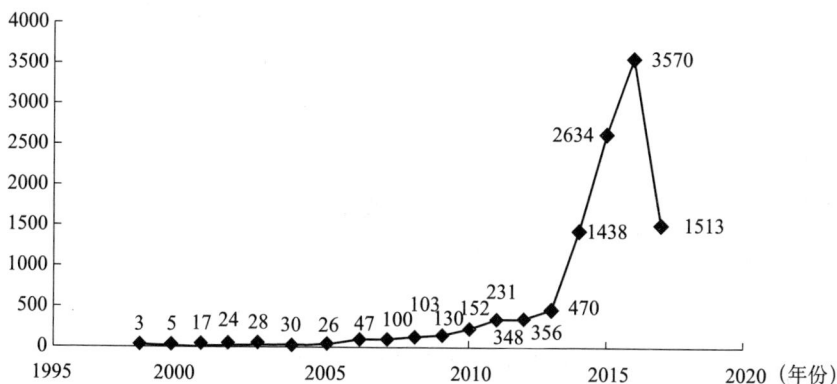

图5-1　创新创业关注度指数分析

资料来源：本书课题组统计绘制。

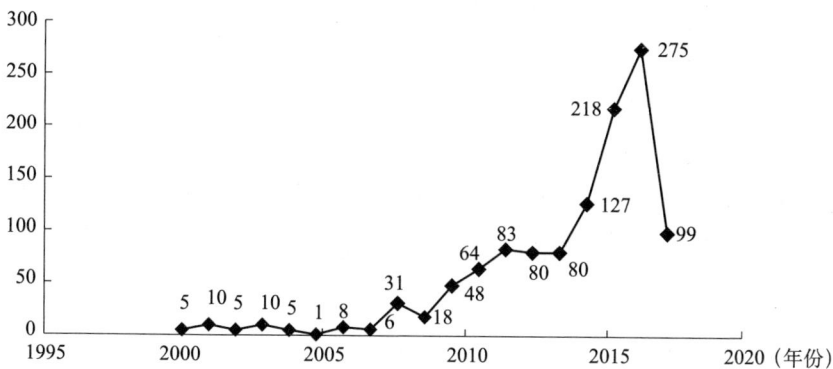

图5-2　创新创业人才关注度指数分析

资料来源：本书课题组统计绘制。

三是创新创业人才培养研究，主要关键词有培养、模式、人才培养、
人才培养模式、培养体系、人才培养体系、路径、培养路径、人才培养
路径、人才培养方案、创新创业人才培养、创新创业人才培养模式、机
制、培养机制等。图5-3显示的是我国学者对"人才培养模式"关注度
指数分析的结果，表明从2005年开始关注度指数稳步上升，上述创新创
业与创新创业人才研究关注度指数与人才培养模式研究的关注度指数基

本上保持一致。

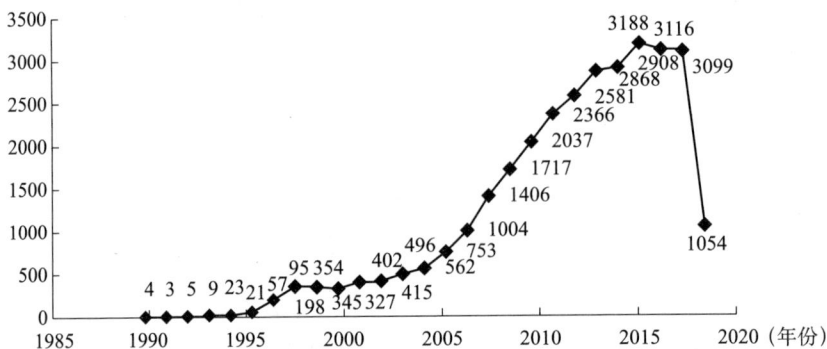

图 5 - 3　人才培养模式关注度指数分析

资料来源：本书课题组统计绘制。

　　四是高校创新创业教育研究，这是中国创新创业人才研究的重中之重，39 个高频词中有 3/4 讨论高校的创新创业教育问题，在 TOP100 关键词中也表现出几乎同等的比例。其中，创新创业教育的主体是各种类型的高校，涉及的关键词有高校、高职院校、地方高校、民办高校、学校、高等学校、应用型本科、应用型本科院校、地方本科院校、新建本科院校、地方院校、独立学院等；创新创业教育的定位是学校教育，涉及的关键词有教育、高等教育、高职教育、职业教育、创新创业教育、个性化教育等；创新创业教育的路径是高校与企业合作，涉及的关键词主要有产学研、产学研合作、产教融合、校企合作、校企协同、企业、企业管理、协同育人等；创新创业教育的改革是多管齐下，涉及的关键词有改革、实践、教学改革、教学模式、课程体系、实践教学、学科竞赛、大学科技园、保障机制、工作室、高新区等；创新创业教育的背景研究涉及的关键词有新常态、互联网＋、供给侧改革等；创新创业教育改革试点集中在电子商务、跨境电商、市场营销、艺术设计及计算机专业。

　　5. 样本文献研究结论与建议

　　如上所述，我们通过运用文献计量学的理论、方法与技术，以中国知网（CNKI）数据库为文献来源，对 1049 篇创新创业人才研究样本文献进行了统计分析，得出以下结论。

一是中国创新创业人才研究可划分为三个阶段。其中，2001～2007年为起步阶段，合计发文13篇；2008～2015年为发展阶段，合计发文311篇；2016～2018年为快速发展阶段，合计发文665篇。

二是中国创新创业人才研究量级呈指数型增长趋势。导致我国创新创业人才研究急剧、快速发展的重要原因是中央政府推进"大众创业，万众创新"的主要会议及相关文件，创新创业人才研究是具体落实中央政府部署的重大研究课题。

三是中国创新创业人才研究还没有形成核心作者群与核心研究机构。发文量较高的68人可以看作是该研究领域的"准核心作者群"，但他们基本上属于高校，说明现有研究群体与研究机构还局限于高校，开放度与参与度都不够。

四是中国创新创业人才研究样本文献的期刊分布符合布拉德福定律。这表明，已经形成了我国创新创业人才研究的核心期刊区，但期刊的影响因子不高，意味着国内核心期刊还没有被重点关注。

五是中国创新创业人才研究重点关注的是创新创业人才及其培养问题。这是基于样本文献共现关键词网络及其可视化分析得出的研究热点，因为现有研究群体与研究机构都集中在我国各类高校，特别是应用型高职院校。

因此，创新创业人才建设作为加快建设创新型国家，激发全社会创造力和发展活力，决胜全面建成小康社会和实现中华民族伟大复兴的强劲动力和不竭源泉，是一个复杂的系统工程。当务之急，就是要打破目前只有高校在"唱独角戏"的局面，不断增强我国创新创业人才研究的开放度与参与度。

一是开展务实研究。创新创业人才研究作为具体落实从中央政府到地方各级政府对创新创业工作部署的重大研究课题，涉及各个地区的各行各业，特别是各个地区与各行各业在实际操作中面临一系列具体问题与困惑，亟须学术界开展有针对性的调研，并提出解决思路与解决方案，为实际部门建言解惑。这就要求各个学科领域、各类研究机构都要介入，从不同的视角分析和解决实际工作中的具体问题，至少要能为实际部门提供思路或建议。习近平指出，科学研究既要追求知识和真理，也要服务于经济社会发展和广大人民群众。广大科技工作者要把论文写在祖国的大地上，把科技成果应用在实现现代化的伟大事业中。① 由此可见，科学研究要服务经济社会发展主战场，开展务实研究，解决国民经济和社会发展面临的关键难题。

二是进行理论创新。理论创新是指，对一个理论的重要完善和发展或将认识升华为一个新理论，它是所有创新中最重要的、决定性的创新。由于创新创业人才研究开展的时间不是很长，是一个新兴的研究领域，因而相关基础理论研究欠缺，现有研究基本上停留在分析层面，没有上升到理论的高度，这就亟须进行理论创新。理论创新的源泉在于实践，只有对实际中的具体问题进行严谨、踏实的研究，发现现有知识和理论无法解决现实面临的具体问题时，才会从新的角度探索新的理论。随着新的理论不断积累，才能形成理论体系，进而发展出新的学科。理论体系的形成是理论成熟的标志，而学科成熟的标志除了有成熟的理论体系外，还要有得到公认的学科范式，有影响力的核心作者、核心机构与核心期刊，以及独立的范畴、原理或定律，并能经受实践或实验的检验和证伪。目前的情况是"五少"：顶尖的专业人士少，具有影响力的人员少，提出的理论少、规律少，对策是短期的多长期的少，建议是一般性的多而创新的少。较有影响的创新创业人才理论是人才生态学理论，主要探究人才与外生态环境、内生态环境之间的交互作用问题。②

三是拓展研究主题。任何一个研究主题的确立需要考虑两个基本点：既要确定研究的方向，更要选择进行研究的问题。创新创业人才的研究，

---

① 习近平. 为建设世界科技强国而奋斗——在全国科技创新大会、两院院士大会、中国科协第九次全国代表大会上的讲话（2016 年 5 月 30 日）[M]. 北京：人民出版社，2016.

② 董原. 基于人才生态学理论的创新创业人才队伍建设 [J]. 兰州学刊，2016（4）：182 - 190.

在方向上可以分为三个层面。首先，是宏观层面的研究，主要问题是由短期研究进一步深化到长期研究，由政策类解读延伸到规律性探讨，深入挖掘并构建相关理论的边界与内涵。诸如人才标准的设计与各行各业人才规格研究，人才成长环境的营造与法规政策的制定研究等。其次，是中观层面的研究，主要问题有创新创业人才的培养模式研究，创新创业与企业家精神研究，创新创业人才的队伍结构研究，创新创业人才的运行机制研究等。最后，是微观层面的研究，主要问题是创新创业人才的甄选、开发、提升、激励和管理研究，以及创新创业企业、创新创业团队、创新创业者决策研究等。现有的研究成果主要聚焦创新创业人才培养问题的研究，其他主题的研究几乎是一片空白，未来研究需要各个学科领域的介入，不断开发新的研究主题。

四是改进研究方法。现有创新创业人才的研究成果以定性分析和思辨研究为主，带有一定的主观价值判断，而定量分析和实证研究不足。未来创新创业人才研究应加强实证分析和应用研究，尽可能地排除研究人员的主观干扰，用数据说话，使研究成果能够反映研究对象所具有的客观规律。这就需要正确处理好实证分析与规范分析的关系，既要有定性分析与归纳评述，又要有定量分析与实证研究，坚持定性与定量相结合的方法，重点是要引进并运用一系列科学的分析工具进行统计分析和大数据挖掘，增强研究结论的有效性。

（二）中国创新创业人才建设路径的多样性

诚如我们在上面分析中所发现的，中国创新创业人才的建设路径主要是依靠教育，特别是高等院校，其主要功能是创新创业人才的培养，不断提供创新创业人才的增量。其实，创新创业人才的建设不仅要考虑存量问题，还要考虑增量问题，更要考虑潜量问题，我们称之为创新创业人才建设的"三驾马车"。

1. 存量：创新创业人才建设的基础

存量（stock）是指，在某一指定的时点上，过去生产与积累起来的产品、货物、储备、资产负债的结存数量，是一个经济学概念。存量分析是现代西方经济学中广泛使用的分析方法，即对一定时点上已有的经济总量的数值及其对其他经济变量的影响进行分析。换句话说，存量是对应于时点的，即在某一时点上可以被测度，这也是判断一个变量是不是存量的简单易行的依据。它是事物在某一时点上的映象，是描述事物存在状态的变量。

我们将存量概念用于创新创业人才，称之为存量创新创业人才或创新创业人才存量，是指一定时间点和一定范围内的创新创业人才累积数量。该概念在使用时间维度的同时，还引入了空间维度。换句话说，"创新创业人才存量"或"存量创新创业人才"是指，一定时空点内的创新创业人才累积数量及其特征。事实上，中国创新创业人才的数量、结构及其分布在不同时间点上和不同范围内存在明显的差异，不同地区拥有的创新创业人才累积数量是不同的，它直接影响该地区的经济社会发展水平。因此，可以说无论是对一个地区还是对一个国家，拥有的存量创新创业人才的累积数量，直接构成该地区或国家经济社会发展的基础。

尽管目前还没有创新创业人才的官方统计数据，但我们可以从国家公布的有关统计数据中进行推断。其中，劳动者受教育程度特别是具有高等教育水平的劳动力数量在较大程度上反映了一个国家或地区范围内创新创业人才的存量规模。统计表明，6岁及以上人口数排列前三位的是广东、山东与河南，但大学专科及以上人口数排列前三位的是广东、江苏和山东；特别是从相对数看，排列前三位的是北京、上海、天津，但其专科及以上人口数却分别排列在第4位、第12位、第21位，其6岁及以上人口数则分别排列在第26位、第24位、第27位。

因此，存量创新创业人才面临的首要问题是如何对创新创业人才进行盘点与认定。这就需要建立评价标准与统计口径，通过仔细的盘点与统计，可以确定创新创业人才的数量和质量，这是一项基础性工作。在此基础上，才能发现存量创新创业人才与实际需求之间的差距，才能很好地解决存量创新创业人才的激活与配置问题。如王鹏等对安徽省中医药人才存量与需求状况进行了调查，建议探索面向基层的中医类别全科医生人才培养模式；[①] 中国人事科学研究院博士田永坡在《经济新常态下的人力资源市场变化与人力资源》的演讲中，针对人力资源市场"大存量与低效率"的问题，强调无论是政府还是企业都面临着新常态下如何激活人才存量的重大课题。[②] 我们呼吁，有组织地开展存量创新创业人才盘点是有效激活存量创新创业人才的前提或基础性工程，分散的、零星的激活难以形成激活存量创新创业人才的合力或集聚效应。

2. 增量：创新创业人才建设的关键

增量（incremental）也是一个经济学中的概念，主要是指在某一段时间内系统中保有数量的变化；从数学意义上讲，增量是指数的变化值，即数值的变化方式和变化程度；通俗地说，一个量相对本身有了变化，这个变化的大小就是这个量的增量，这里虽然说是增量，但这个量其实是可"正"可"负"的。因为数的变化有增加和减少两种情况，当数增加时，增量为正；当数减少时，增量为负；增加或减少的越多，增量的绝对值就越大，因而其本质是指变化值。增量与存量之间的关系用公式表示为：本期期末存量 = 上期期末存量 + 本期内增量。

在经济学中，增量与流量也有着密切关系，流量是指，在某一段时间内流入系统（或）流出系统的数量，其中，流入量或流出量称为单边流量，而流入量加流出量则称为双边流量，增量与流量的关系用公式表示为：增量 = 流入量 – 流出量。

我们将增量概念用于创新创业人才研究，称之为创新创业人才增量或增量创新创业人才。在此之前，赵放辉在其博士学位论文中提出了增

---

① 王鹏，彭代银，王键，储全根，许钒，颜贵明，尹刚，蔡荣林. 安徽省中医药人才存量与需求状况调查暨教学改革对策研究［J］. 安徽中医药大学学报，2015，34（5）：94 - 96.

② 张小伟. 新常态下如何激活人才存量［N］. 首都建设报，2015 - 06 - 10（005）.

量人才（incremental talents）概念，强调增量人才是指，一定时间内组织在一定原有数量基础上增加的各类人才。① 增量人才具有如下特征，即在学术上具有稀缺性，在事业上具有互补性，在工作上具有超越性，在贡献上具有超常性，在文化上具有冲突性，在归属上具有流动性，在公平上具有敏感性。至于增量人才形成的途径可以由组织内人才转行，现有人才提高，组织内部调整，有目标地登门招才，跨行业、跨地区招聘（含跨国招聘），大学生和人才共有，为我所用等。具体在增量人才管理和开发中，要注意引进与使用的统一、使用与效益的统一、个性与共性的统一、效益与公平的统一、增量与存量的统一。我们在这里仍然运用时空二维理念将增量创新创业人才或创新创业人才增量界定为，一定时间点和一定范围内的创新创业人才在原有累积数量基础上新增加的数量及其特征。如果说赵放辉的定义是从狭义的角度即某一组织来界定增量人才，我们则是从广义的角度来界定增量创新创业人才，它是指一定时间点和一定范围内的创新创业人才新增加的数量及其特征，具体内涵可以小指某一组织，中指某一地区，大指某一国家。

由此可见，无论是一个国家还是一个地区抑或是一个单位，都需要处理好存量创新创业人才与增量创新创业人才的关系，它们共同构成创新创业人才的规模与结构。换句话说，创新创业人才是存量创新创业人才与增量创新创业人才有机组合而成的整体。存量创新创业人才是增量创新创业人才实现的基础，存量创新创业人才数量越多，他们对专业知识、技术技能的传播作用就越大，这为增量创新创业人才成长提供了保证。同时，存量创新创业人才是增量创新创业人才累积的结果，增量创新创业人才是存量创新创业人才实现数量发展和质量提升的源泉和基础，因而增量创新创业人才是关键因素。如果在创新创业人才增量方面出现不断萎缩甚至断流的情况，原来创新创业人才基数再大的存量也会不断

---

① 赵放辉. 石油企业增量人才管理体系研究 [D]. 中国石油大学（华东），2011：4；赵放辉. 增量人才研究初探 [J]. 人力资源管理，2011（9）：29 - 31.

地萎缩，甚至使整个创新创业人才规模与结构彻底消亡。这也是我国从中央政府到地方各级政府以及学术界特别是高等院校高度关注创新创业人才培养问题的根本原因。

因此，最能反映增量创新创业人才特征的统计数据，是各级各类学校的毕业生情况。但任何某一时间点的毕业生人数不能等同于有多少相应的创新创业人才增量。事实上，只有部分毕业生属于创新创业人才，并且也不限于本专科毕业生，因而增量创新创业人才的规模与结构取决于各级各类学校培养的创新创业人才数量与质量。

3. 潜量：创新创业人才建设的根本

顾名思义，潜量（potential）是一种潜在的数量，或者说是一种估量。我们所说的创新创业人才潜量是指，在一定区域、一定时间内以及在一定培养环境和开发条件下有可能成为创新创业人才的总量或最高界限。诚如李克强在 2014 年第八届夏季达沃斯论坛上的致辞中所指出，借改革创新的"东风"，在中国 960 万平方公里土地上掀起一个"大众创业""草根创业"的新浪潮，中国人民勤劳智慧的"自然禀赋"就会充分发挥，中国经济持续发展的"发动机"就会更新换代升级。①

事实上，中国自 2013 年实行商事制度改革以来，严格按照发展市场经济的需要，从百姓经商兴业这第一道门改起，以改革工商登记为切入点，通过工商管理系统的自我革命、主动放权，带动相关部门审批制的改革，减少行政审批，转变政府职能，降低市场主体准入门槛，还权于企业，还权于市场，激发广大人民群众的创造力和市场经济的内在活力，为公平竞争搭好舞台，为经济发展提供有力支撑，为"大众创业，万众创新"提供制度平台，极大地调动了全社会创新创业的热情。特别是 2014 年 3 月 1 日实施注册资本登记制度改革，极大地激发了市场活力，新登记注册市场主体呈现快速增长，其中，3～8 月新登记注册

---

① 李克强. 紧紧依靠改革创新 增强经济发展新动力——在第八届夏季达沃斯论坛上的致辞（2014 年 9 月 10 日）[N]. 人民日报，2014 – 09 – 11（03）.

企业同比增长61%，出现"井喷式"增长态势，带动1000万以上人口就业。

因此，可以说中国是世界上创新创业人才潜量最大的国家，因为长期以来拥有世界上最多的人口数（稳居第一），一直占世界人口总数的20%左右。对中国来说，面临的最大问题是如何把人口资源转化为人力资源以及如何把人力资源转化为人才资源，再把人才资源转化为创新创业人才资源，我们将后者称之为"人才资源资本化"的过程。

这里所说的人口资源不同于人力资源，人力资源不同于人才资源，人才资源也不同于人才资本。人口资源是指，一定时间和一定空间范围内具有一定数量、质量与结构的人口总体，它是进行社会生产不可缺少的基本物质条件。人力资源是指，能够推动整个经济和社会发展、具有劳动能力的人口总和，人力资源的数量为具有劳动能力的人口数量，其质量指经济活动人口具有的体质、文化知识和劳动技能水平，而一定数量和质量的人力资源是社会生产的必要先决条件。人才资源是指，人力资源中素质层次较高的那一部分人，可称之为杰出的、优秀的人力资源，着重强调人力资源的质量。当人才资源还处于自然状态即静止状态，还没有投入生产过程、投入创造新价值过程中的时候，只是一种潜在的、可能被利用、可能创造新价值的资源。人才资源只有与物质资本、货币资本等其他要素结合并通过合理的配置和科学的管理被利用起来，从自然形态转变为社会形态，发挥出对生产的推动作用时，才能被称作人才资本。其中，人才资源资本化是一个复杂的过程，不仅包括人才资本与其他资本结合的过程，而且包括人才资本的形成过程和积累过程。人才资本与其他要素的结合是关键。只有使人才资源有序地流动和高效地配置，与其他生产要素结合，才能真正使人才资源转化为人才资本，创造新的价值。人才资本的形成过程和积累过程，是人才资源资本化的基础。只有加大投资，培养大量的、高素质的人，将人才资源开发出来，才能谈得上人才资源向人才资本转化。人才资源资本化的本质是投资开发、有效配置人才资源，促进人才资本与其他资本结合，创造社会财富。印度中央储备银行的首席经济学家、普纳大学校长纳兰德拉·贾达夫（Na-rendra Jadhav）在访问中国时强调指出："我们唯一的选择是把这个嗷嗷待哺的负担转化为有创造力的财富，而这个转化的关键就在于教育，要在教育的规模和质量上全面提升，让我们的年轻人口成为能够适应未来挑战的人才，这两个国家年轻人的素质将决定我们两个国家未来的前途。"① 在贾达夫看来，教育是把人口负担转化为财富的关键。

无论是人口资源资本化，还是人力资源资本化，或者说人才资源资本化，实质上都是指，实现人才价值进而创造新价值的过程。根据我们在中国知网（CNKI）中跨库检索"主题 = 人才资源资本化或者题名 = 人才资源资本化或者 v_subject = 中英文扩展（人才资源资本化，中英文对照）"，"模糊匹配"的结果有 94 篇文献（检索时间：2018 年 6 月 30日）。其中，沈振宇等在《知识经济与人力资源资本化》中最早提出了"人力资源资本化"的概念及其操作程序。② 刘泽双分析了人力资源资本化对企业管理的影响，主要表现在使财务报表的内容和结构发生变化、对当期损益与纳税的影响、对企业投资资本的影响、对企业理财的影响以及对企业经营目标的影响等方面。③ 吴建洪分析了人力资源资本化实施的条件及策略，诸如完善人力资本的市场机制，建立和完善人力资本的价值评估模式，优化中国人力资本股权化运作的法律环境，建立健全中介机构和企业的组织形式等。④ 郭玉玺主要从理论的角度就人力资源资本化的定义、具体作用以及人力资源与人力资本之间的区别等相关理论进行了探讨。⑤ 徐梓轩分析了人力资源资本化及其实现，关键是要培养可增

---

① 郭宇宽．贾达夫：教育是把人口负担转化为财富的关键［N］．第一财经日报，2007 - 07 - 03（A7）．

② 沈振宇，焦颖，马骁．知识经济与人力资源资本化［J］．地质技术经济管理，1999（Z1）：74 - 79．

③ 刘泽双．人力资源资本化对企业管理的影响［J］．西安理工大学学报，2001（1）：105 - 109．

④ 吴建洪．人力资源资本化实施的条件及策略［J］．才智，2008（2）：53 - 54．

⑤ 郭玉玺．人力资源资本化的理论探讨［J］．科技资讯，2014（17）：193．

值的高素质人才，具体措施是员工培训、科学的薪酬体系、合理的员工参与机制和有效的绩效管理。[①] 概括起来，人才资源资本化的实现路径是指，人才资本的形成、积累和与其他资本结合的途径和方式，具体包括四个方面，一是医疗保健，它是形成和积累人才资源的基本保证；二是教育培训，它是人才资源智力成分的主要来源，而培训主体可以是国家、社会、家庭和个人；三是人才流动，它是人才资源寻求与其他要素结合的前提；四是资本激活，它是人才资源与其他要素结合的增值过程。

综上所述，创新创业人才的存量、增量和潜量的关系可以概括为：潜量是指，有可能成为创新创业人才的总体估量或最高界限，其效能取决于人才资源的规模与结构；而人才资源与人力资源、人口资源有着密切的联系，我国拥有丰富的人口资源，意味着创新创业人才建设的根本任务就是要实现人口资源资本化或人力资源资本化或人才资源资本化，即将人口资源转化为人力资源，再将人力资源转化为人才资源，最后将人才资源转化为创新创业人才资源；已经转化为创新创业人才的数量，称之为存量创新创业人才；在规定时间和空间内新增加的创新创业人才数量，称之为增量创新创业人才。具体可用下列公式来表示：

$$\frac{\text{本期期末创新}}{\text{创业人才数量}} = \frac{\text{上期期末存量}}{\text{创新创业人才}} + \frac{\text{本期内增量创新}}{\text{创业人才}}$$

第二节　创新创业人才的评价标准研究

（一）中国创新创业人才评价标准文献分析

诚如我们在第二章分析中所发现的，中国人才评价标准经历了从传

---

　　① 徐梓轩. 浅析人力资源资本化与人力资源资本化的实现 ［J］. 中外企业家，2013（12）：125－126，16.

统的德才兼备，到计划经济下的唯学历、唯职称，再到市场经济下的重能力、业绩，以及面向未来的重心态、品行的发展历程，呈现出从单一走向多元的特点。但对创新创业人才的评价标准研究却比较薄弱，相关成果不多。概括起来，有三种情形：一是关于创新创业人才评价标准的研究；二是关于创新人才评价标准的研究；三是关于创业人才评价标准的研究。

1. 关于创新创业人才评价标准的研究

根据我们在中国知网（CNKI）中跨库检索"主题＝创新创业人才的评价标准或者题名＝创新创业人才的评价标准或者 v_subject＝中英文扩展（创新创业人才的评价标准，中英文对照）"发现"模糊匹配"的结果只有28篇，而跨库检索"主题＝创新创业人才评价或者题名＝创新创业人才评价或者 v_subject＝中英文扩展（创新创业人才评价，中英文对照）"则发现"模糊匹配"的结果有79篇，跨库检索"主题＝创新创业人才标准或者题名＝创新创业人才标准或者 v_subject＝中英文扩展（创新创业人才标准，中英文对照）"发现"模糊匹配"的结果仅有2篇文献。其中，徐辉的《高校创新创业人才培养的评价标准》，提出理论知识、实践能力、创新思维、创业能动性是影响创新创业人才评价的主要标准，认为在高校创新创业人才培养中，理论知识是基石，实践能力是手段，创新思维是关键，创业能动性是动力。[①] 王立忠等的《光电专业特色化创新创业人才培养标准的构建与探索》，构建了"一个体系、四个培养、五个阶段、四个平台"的特色化创新创业人才培养模式。"一个体系"是指，创新创业工程能力训练的多层次、立体化培养体系；"四个培养"是指，基础课与专业课程教学中注重创新与应用意识的培养、实验教学中注重工程应用设计能力的培养、实习过程中注重学生实际工程应用技能和团队意识的培养、综合课程设计中注重学生工程意识的培养。

---

① 徐辉. 高校创新创业人才培养的评价标准 [J]. 江苏高教, 2009 (5)：107 – 108.

"五个阶段"是指，理论教学阶段、实验教学阶段、实践教学阶段、设计类课程教学与竞赛培训阶段。"四个平台"是指，网络辅助教学资源平台、实验平台、实习（实训）平台和创新创业实训平台。①

因此，关注的重点是创新创业人才培养的评价标准，而对创新创业人才的评价标准则关注不够，与此相关的论文有 2 篇：李学明在《科学构建市场化的创新创业人才评价体系》中，分析了世界上主要发达国家的标杆城市和中国的标杆城市筛选与集聚创新创业人才的典型做法，将其经验概括为四个方面：一是引入多主体评价，全面扩大社会参与的广度和维度，充分体现了优秀创新创业人才"业内认可"原则与用人单位自主评价人才的原则。二是人才评价以用为本，将人才认定的覆盖范围全面拓展至各个行业领域，将新兴产业和相关行业人才全部纳入认定范围，使人人享有被认定为人才的机会。三是突出创新创业导向，强化科技创新、知识创新、企业自主创新、科研团队创新、专利设计等评价因素，强调创新要以高层次创新人才为核心，创业要符合产业发展导向和技术创新需求，吸引集聚各类人才创新创业。四是进行人才分类评价，对基础研究人才弱化中短期目标考核，突出学术水平、技术水平评价，注重研究成果质量及其对国家、社会的影响力；对应用开发人才，强化创新创业贡献评价，注重创新能力、创新成果、产学研结合等；对科技成果转化人才，突出转化的效益、效果评价，注重产值、利润等经济效益和吸纳就业、节约资源、保护环境等社会效益。② 盛楠等在《创新驱动战略下科技人才评价体系建设研究》中，将科技人才分为科技创新人才和科技创业人才两类。科技创新人才是指，具有较强创新能力和创新精神，长期从事原创性科学研究、技术创新活动和科技服务的科技人才；科技创业人才是指，具有较强的创新创业精神、市场开拓能力和经营管

---

① 王立忠，彭璐，刘微，王春武，常喜，刘洪波. 光电专业特色化创新创业人才培养标准的构建与探索 [J]. 高师理科学刊，2015 (9)：90 - 93.

② 李学明. 科学构建市场化的创新创业人才评价体系 [J]. 人才资源开发，2017 (17)：33 - 34.

理能力，利用自主知识产权或掌握核心技术创办企业的科技人才。[①]

2. 关于创新人才评价标准的研究

根据我们在中国知网（CNKI）中跨库检索"主题＝创新人才评价或者题名＝创新人才评价或者 v_subject＝中英文扩展（创新人才评价，中英文对照）"发现"模糊匹配"的结果有 597 篇。跨库检索"主题＝创新人才标准或者题名＝创新人才标准或者 v_subject＝中英文扩展（创新人才标准，中英文对照）"发现"模糊匹配"的结果有 31 篇。而跨库检索"主题＝创新人才评价标准或者题名＝创新人才评价标准或者 v_subject＝中英文扩展（创新人才评价标准，中英文对照）"发现"模糊匹配"的结果只有 11 篇。相关研究主题可以概括为两个方面：

一是创新人才"培养的评价标准"，代表性成果有王秀梅的博士学位论文《工科高校创新人才培养及评价研究》[②] 以及张军等的《创新人才"培养的评价标准"和"培养机制"研究》、[③] 吴翠花等的《创新人才培养的高校教学质量评价指标研究》，[④] 呼吁创新人才培养需要创新评价机制，认为"唯分数论英雄"的评价机制不利于培养创新人才已成共识。强调通过构建创新评价机制，建立创新人才发展平台，把学生导向创新的轨道是培养创新人才的有效方法。[⑤] 刘宗鑫等针对创新人才培养绩效研究局限于事后评估、系统性不强等问题，从系统演化的角度对创新人才培养体系进行分析，构建了基于管理耗散的创新人才培养绩效评价指标

---

① 盛楠，孟凡祥，姜滨，李维桢. 创新驱动战略下科技人才评价体系建设研究 [J]. 科研管理，2016（S1）：602 – 606.

② 王秀梅. 工科高校创新人才培养及评价研究 [D]. 北京：华北电力大学，2008.

③ 张军，吴建兰. 创新人才"培养的评价标准"和"培养机制"研究 [J]. 黑龙江史志，2014（5）：266 – 267.

④ 吴翠花，李慧. 创新人才培养的高校教学质量评价指标研究 [J]. 教育教学论坛，2013（5）：6 – 8.

⑤ 汪建华. 创新人才培养需要创新评价机制. [C]//Proceedings of Conference on Creative Education（CCE2012），Scientific Research Publish：2012. 29 创新教育国际学术会议·中国上海（2012 – 05 – 20）：539 – 543；张聪，赵川平. 创新人才培养需要的评价制度 [J]. 高等农业教育，2001（S1）：57 – 58.

体系。① 董晓芳等则从高等院校创新型人才培养模式改革的角度，提出了人才开发—人才培养—人才评价—人才激励多环节系统模型，强调对创新人才的评价，既要考虑创新人才的当期成果，主要包括已经形成的论文和专利等，更要顾及创新人才的远期潜能，主要包括创新能力、创新意识、创新动力、知识结构、智力水平等指标。② 邱妘从社会对人才需求的角度出发，借助平衡计分卡工作原理，从定性与定量两个方面研究国际化应用型创新人才评价体系的构建，从而解决在国际化大背景下，高等院校所培养学生的评价问题，也为社会选择、选拔人才提供可供借鉴的评价手段与评价方法。③

二是创新人才的评价标准，代表性成果有秦元海等的《以科学人才观为指导的创新人才评价机制》，④ 强调要从规范职位分类与职业标准入手，建立以业绩为核心，由品德、知识、能力等要素构成的各类人才评价指标体系。郭彩云等基于科技创新人才的态度和行为，从创新意愿、创新行为、创新能力、创新支持和创新成果五个方面，初步构建了科技创新人才创新绩效评价指标体系。⑤ 时小春等通过文献查阅、企业调研、专家访谈等方式，将创新人才划分为知识创新人才、技术与产品创新人才、管理创新人才和制度创新人才等，并构建了企业创新人才的一般评价指标体系，具体包含三个层次、六个准则层指标、14 个方案层指标。⑥ 崔杰运用定性和定量相结合的方法，对创新人才成长环境完善度测评问

① 刘宗鑫，李晓峰. 创新人才培养绩效云集成评价模型［J］. 统计与决策，2017（4）：53 - 56.

② 董晓芳，赵守国. 高等院校创新型人才培养模式的改革思路［J］. 科学管理研究，2017（1）：83 - 86.

③ 邱妘. 国际化应用型创新人才评价体系构建［J］. 宁波大学学报（人文科学版），2007（6）：76 - 79.

④ 秦元海，刘顺厚. 以科学人才观为指导创新人才评价机制［J］. 甘肃联合大学学报（社会科学版），2007（2）：35 - 38.

⑤ 郭彩云，刘志强，曹秀丽. 科技创新人才创新绩效指标体系构建与评价——基于 SPSS 与隶属度转换算法［J］. 工业技术经济，2016（4）：3 - 8.

⑥ 时小春，范献胜. 宁波企业研发创新人才评价指标体系构建［J］. 合作经济与科技，2016（10）：178 - 179.

题进行了系统的研究，将创新人才成长环境分为现有人才状况、激励和培训环境、企业文化环境、科研环境等四个方面，并建立了一套评价指标体系。① 汪菁等则构建了一个科技创新人才创新能力评价指标体系，并对我国 31 个省级行政区的科技创新人才创新能力进行实证研究。② 王亮等将高层次科技创新人才发展环境分为科技、社会、经济、生活和人才市场环境 5 个子环境，并选取 27 项指标运用熵值法对中国中部地区的人才发展环境进行了评价和对比分析。③ 曲婷以湖南省为例，分析了"走出去"背景下中国国际化创新人才发展评价及对策研究，并构建了国际化创新人才发展的评价指标体系。④

3. 关于创业人才评价标准的研究

根据我们在中国知网（CNKI）中跨库检索"主题 = 创业人才评价或者题名 = 创业人才评价或者 v_subject = 中英文扩展（创业人才评价，中英文对照）"发现"模糊匹配"的结果有 178 篇，跨库检索"主题 = 创业人才标准或者题名 = 创业人才标准或者 v_subject = 中英文扩展（创业人才标准，中英文对照）"发现"模糊匹配"的结果有四篇。而跨库检索"主题 = 创业人才评价标准或者题名 = 创业人才评价标准或者 v_subject = 中英文扩展（创业人才评价标准，中英文对照）"发现"模糊匹配"的结果只有 2 篇，并且讨论的都是创新创业人才评价标准，即前面介绍的徐辉的《高校创新创业人才培养的评价标准》⑤ 以及李学明的《科学构建市场化的创新创业人才评价体系》。⑥ 相关研究主题也可概括为以下两方面。

---

① 崔杰. 创新人才成长环境完善度测评体系与数学方法 [J]. 统计与决策, 2008 (1): 18 - 20.
② 汪菁, 沈佳文, 刘孝斌. 科技创新人才的创新能力评价及区域比较——基于我国 31 个省级行政区的实证研究 [J]. 城市学刊, 2016 (5): 22 - 28.
③ 王亮, 马金山. 基于熵值法的科技创新人才发展环境评价研究 [J]. 科技创新与生产力, 2016 (3): 1 - 3.
④ 曲婷. "走出去"背景下我国国际化创新人才发展评价及对策研究——以湖南为例 [J]. 科学管理研究, 2015 (2): 85 - 88.
⑤ 徐辉. 高校创新创业人才培养的评价标准 [J]. 江苏高教, 2009 (5): 107 - 108.
⑥ 李学明. 科学构建市场化的创新创业人才评价体系 [J]. 人才资源开发, 2017 (17): 33 - 34.

一是创业人才培养的评价标准，强调建立经济强国的关键在于培养创业人才，而要有效地培养创业人才，就必须在创业人才培养目标指引下，构建创业人才培养教育体系和创业人才培养评价体系。代表性成果有：段远鹏的《创业人才培养系统研究》，① 认为创业人才评估是对开展创业教育全过程的综合性评价，因而成功的创业活动不是唯一的评价标准，其他如模拟创业活动的开展、可行性的创业项目设计、创业活动的效果等指标同样可参与评价。刘丽群等以创业素质、创业能力、科技应用和创新创业知识转化能力为评价维度，构建了"智慧旅游"背景下众创人才能力评价体系。② 冯帅等从物流管理专业创业人才培养的角度，构建了适合我国物流管理专业创业教育质量评价指标体系。③ 李春波在《工商管理专业创业人才培养模式研究》中，则构建了创业人才培养效果评价体系。④

二是创业人才的评价标准，代表性成果有孙芬等的《高层次科技创业人才素质评价研究》，⑤ 构建了高层次科技创业人才创业素质冰山模型；王进主张从创业内驱力（人格特质与行为维度）、创业基础（知识维度和经验维度）、创业团队（团队胜任力维度）和创业项目（技术维度和市场维度）四个方面来构建高层次创业人才评价指标体系。⑥ 崔行武等则从知识水平、相关经验水平、品德、承诺能力、预测决策能力、科学管理能力、关系管理能力等维度，构建了高层次创业人才能力评价指标体系。⑦ 周方涛选取主体要素、服务与支持要素和环境要素 3 个一级指标，构建

① 段远鹏. 创业人才培养系统研究 [J]. 科学管理研究，2008（6）：70-73.

② 刘丽群，何海. "智慧旅游"背景下众创人才能力评价体系构建探讨——以湖南省大学生创新创业为例 [J]. 旅游纵览（下月刊），2017（8）：233-234+236.

③ 冯帅，刘冀琼. 基于 AHP 的物流管理专业创业人才教育质量评价研究 [J]. 物流科技，2016（9）：148-151.

④ 李春波. 工商管理专业创业人才培养模式研究 [J]. 黑龙江教育（高教研究与评估），2018（4）：69-70.

⑤ 孙芬，曹杰. 高层次科技创业人才素质评价研究 [J]. 山东社会科学，2010（12）：77-80.

⑥ 王进. 高层次创业人才评价指标体系亟待完善 [J]. 中国人才，2014（7）：54-55.

⑦ 崔行武，王滨，时涛. 高层次创业人才能力评价指标体系构建研究 [J]. 西北人口，2015（5）：63-67.

了区域科技创业人才生态系统评价指标系统，具体包括 10 个二级指标和 39 个三级指标。[①] 刘文光在其博士学位论文中也构建了一个区域科技创业生态系统评价指标体系，其中区域社会支撑环境包括经济环境、科技环境、文化环境和自然环境 4 个一级指标以及隶属于它们的 16 个二级指标；区域科技创业生态群落包括政府服务环境、金融环境、科教环境、市场环境、科技中介服务环境和科技创业企业内部环境 6 个一级指标以及隶属于它们的 24 个二级指标。[②]

（二）中国创新创业人才评价标准体系的构建

如上所述，中国对创新创业人才评价标准的研究有三种情形：一是关于创新创业人才评价标准的研究；二是关于创新人才评价标准的研究；三是关于创业人才评价标准的研究。每一类研究都包括人才培养的评价标准与人才的评价标准两部分。相对来说，研究创新人才评价标准的文献较多，之后是创业人才评价标准研究，最后是创新创业人才评价标准的研究。由此可见，中国创新创业人才队伍可以分为四大类：一是既有创新又有创业的人才；二是只有创新没有创业的人才；三是只有创业没有创新的人才；四是既没有创新也没有创业的人才。这里主要讨论既有创新又有创业的创新创业人才评价标准体系的构建问题。

1. 人才标准理论

人才标准就是对于什么是人才，怎样衡量、使用和评价人才等一系列问题的基本认识。代表性的人才标准理论主要有以下三种。

一是西方的一维人才标准理论。较有代表性的观点是美国普林斯顿大学包莫尔（Baumol）教授提出的美国企业家的十大条件，即合作精神；决策才能；组织能力；精于授权；善于应变；勇于负责；敢于求新；敢

---

① 周方涛. 基于 AHP-DEA 方法的区域科技创业人才生态系统评价研究 [J]. 管理工程学报，2013（1）：8 - 14.

② 刘文光. 区域科技创业生态系统运行机制与评价研究 [D]. 天津：天津大学，2012.

担风险；尊重他人；品德超人。

二是麦肯锡（Mckinsey）公司的人才标准理论。麦肯锡公司是一家在世界享有盛名的管理咨询机构，它的二维人才标准理论从工作能力（强、弱）和工作热情（高、低）两个维度评价人才，并将人才划分为四种基本类型：A 类型，工作能力强，工作热情高；B 类型，工作能力低，工作热情高；C 类型：工作能力强，工作热情低；D 类型：工作能力低，工作热情低。

三是中国古代二维人才标准理论。例如，司马光是中国德才兼备理论的集大成者，他的二维人才标准理论对后世影响深远。司马光分别从道德（道德高和道德低）、才能（才能高和才能低）二维评价人才，明确了人才标准的内涵和相互之间的联系，并将人才分为四种类型：A 类型，道德高，才能高；B 类型，道德低，才能高；C 类型，道德高，才能低；D 类型，道德低，才能低。

2. 中国人才标准的演变

改革开放以来，主要遵循邓小平"尊重知识、尊重人才"的指示，在人才工作中建立了以学历和职称为主要内容的人才标准，强调人才是指，具有中专以上学历和初级以上职称的人员，从而培养造就了各个领域的大批优秀人才，为推动社会主义现代化建设事业发挥了重要的作用。2002 年以后，根据党的十六大报告确定的"尊重劳动、尊重知识、尊重人才、尊重创造"的重大方针，第一次提出在坚持德才兼备的原则下，把品德、知识、能力和业绩作为衡量人才的主要标准，建立了判别人才不能仅看学历或职称的高低，主要看实际能力和贡献大小的新人才标准。鼓励人人都做贡献，人人竞相成才。

由此可见，改革开放后，中国的人才标准经历了从"重学历"到"重能力"的转变，人才标准的内涵也从"两个尊重"逐步扩展到"四个尊重"。特别是 2003 年 12 月党中央、国务院在北京召开了新中国历史上第一次全国人才工作会议，全面总结了我党人才工作的成绩和经验，深刻阐述了实施人才强国战略的重要性和紧迫性，科学分析了人才工作所面临的国内国际新形势，明确提出了我国人才工作的根本任务、指导方针和总体要求。强调实施人才强国战略，大力培养造就各类高素质人才，是落实全面建设小康社会战略目标的重要保证，是实现中华民族伟大复兴的根本大计。①

具体要牢固树立"三个观念"：一是人才资源是第一资源的观念，充分发挥人才资源开发在经济社会发展中的基础性、战略性、决定性作用，通过长期不懈努力，使我国由人口大国转化为人才资源强国，把人口压力转化为人才优势。二是人人都可以成才的观念，努力形成谁勤于学习、勇于投身时代创业的伟大实践，谁就能获得发挥聪明才智的机遇，就能成为对国家、对人民、对民族有用之才的社会氛围，创造人才辈出、人尽其才的生动局面。三是以人为本的观念，尊重劳动、尊重知识、尊重人才、尊重创造，努力营造鼓励人才干事业、支持人才干成事业、帮助人才干好事业的社会环境，放手让一切劳动、知识、技术、管理和资本的活力竞相迸发，让一切创造社会财富的源泉充分涌流，以造福于人民。

这次人才会议通过的《中共中央国务院关于进一步加强人才工作的决定》明确提出要坚持德才兼备的原则，把品德、知识、能力和业绩作为衡量人才的主要标准，不唯学历、不唯职称、不唯资历、不唯身份，不拘一格选人才，并尽快建立以业绩为依据，由品德、知识、能力等要素构成的各类人才评价指标体系。

2018 年 2 月，中共中央办公厅、国务院办公厅印发了《关于分类推进人才评价机制改革的指导意见》，强调人才评价是中国人才发展体制机制的重要组成部分，是人才资源开发管理和使用的前提。建立科学的人才分类评价机制，对于树立正确用人导向、激励引导人才职业发展、调

---

① 中共中央办公厅、国务院办公厅印发《关于分类推进人才评价机制改革的指导意见》［EB/OL］. 见 http://www.gov.cn/zhengce/2018－02/26/content_ 5268965. htm.

动人才创新创业积极性、加快建设人才强国具有重要作用。总体要求是，围绕实施人才强国战略和创新驱动发展战略，以科学分类为基础，以激发人才创新创业活力为目的，加快形成导向明确、精准科学、规范有序、竞争择优的科学化、社会化、市场化人才评价机制，建立与中国特色社会主义制度相适应的人才评价制度，努力形成人人渴望成才、人人努力成才、人人皆可成才、人人尽展其才的良好局面，使优秀人才脱颖而出。具体包括五大部分：一是总体要求和基本原则；二是分类健全人才评价标准；三是改进和创新人才评价方式；四是加快推进重点领域人才评价改革；五是健全完善人才评价管理服务制度。①

3. 中国创新创业人才评价的维度

衡量人才的基本标准是德才兼备，德看其品德修养，才看其知识能力，两者缺一不可。才高无德之人，是不能被称为人才的。具体来说，人才标准始终包含三个组成部分，即人才的道德标准、人才的准入标准和人才的检验标准以及其相互关系。其中，人才的道德标准强调德行是区分人才与非人才的标准；人才的准入标准强调知识是区分人才和非人才的标准；人才的检验标准则强调能力与业绩是人才的检验标准。因此，中国创新创业人才评价的维度也包括四个方面，即德行、知识、能力和业绩，除此之外，还必须符合"双创"的标准，既有创新也有创业。具体阐述如下。

一是德行。因为在创新创业过程中面临大量的道德问题，如利益分配问题，公平与效率、竞争与协作、目的与手段的关系问题等。由于它固有的道德属性，要求创新创业者具备相应的品德修养。其中，有两个核心观测指标即诚信与责任心。事实上，恪守诚信、追求个人价值实现、终身学习、高度责任心、富有团队精神是成功创新创业人才的主要特质。特别是诚信与责任心，它比知识和能力更重要。调查显示，几乎所有的

---

① 中国政府网. 中共中央国务院关于进一步加强人才工作的决定（2003年12月26日）[EB/OL]. 中华人民共和国中央人民政府，http://www.gov.cn/test/2005-07/01/content_11547.htm.

上榜企业家都认为诚信非常重要。做事先做人，做人必须讲诚信，做大事者忌与无诚信之人来往，没有诚信不可能创造财富。

二是知识。知识指，个人在某一特定领域拥有的事实型信息与经验型信息。创新创业人才必须具有扎实的基础知识和广泛的知识面，并要求在博学广识的基础上在某一个领域或某些领域有所专长，实现知识广度与知识深度的统一，形成复合型知识结构。根据厄克特（Urquhart）的研究，现代科学家所接触的全部科学情报的一半是属于相邻的知识领域，并且这些领域是科学家感到最需要的。美国对 1311 位科学家的论文、成果、晋级等作了 5 年调查，发现这些人大多是以博取胜，很少有仅仅精通一门的专才。相反，缺乏综合的知识结构和交叉学科的教育，一个科技专家对新的科技成果往往会出现本能的阻抗，由于偏振而本能地排斥有创造的知识单元，以至压制新学科、新思想的形成和发展，使科学失去了很多重大成果发现的机会，造成科技史上的不幸和损失。

特别是在知识经济时代，除了受教育状况外，最重要的观测指标是知识管理与学习力，知识管理坚持积累—共享—交流的原则，知识积累是实施知识的管理基础；知识共享是使组织的每个成员都能接触和使用公司的知识和信息；知识交流则是使知识体现其价值的关键环节，它在知识管理的 3 个原则中处于最高层次。学习力由 3 个要素组成，即学习动力、学习毅力和学习能力。学习动力是指，自觉的内在驱动力，主要包括学习需要、学习情感和学习兴趣。学习毅力是指，自觉地确定学习目标并支配其行为克服困难，实现预定学习目标的状态。它是学习行为的保持因素，在学习力中是一个不可或缺的要素。学习能力是指，由学习动力、学习毅力直接驱动而产生的接受新知识、新信息并用所接受的知识和信息分析问题、认识问题、解决问题的智力，主要包括感知力、记忆力、思维力、想象力等。学习的动力体现了学习的目标；学习的毅力反映了学习者的意志；学习的能力则来源于学习者掌握的知识及其在实践中的应用。因此，个人的学习力或学习灵敏度（learning agility），不仅包含它的知识总量，即个人学习内容的宽广程度和组织与个人的开放程度；也包含它的知识质量，即学习者的综合素质、学习效率和学习品质；还包含它的学习流量，即学习的速度和吸纳并扩充知识的能力；更重要的是知识增量，即学习成果的创新程度以及学习者把知识转化为价值的程度。世界上成功企业的秘诀就在于，它能以最快速度、最短时间学到新知识，获得新信息；组织的员工尤其是领导层能不断提高学习能力；加强组织学习，形成具有特色的组织文化，集思广益，获得最大成效；以最快速度、最短时间把学习到的新知识、新信息用于企业变革与创新，最大限度地适应市场和客户的需要。

三是能力。能力是指，完成一个项目或者任务所体现出来的综合素质，主要表现为结构化地运用知识完成某项具体工作的能力，即对某一特定领域所需技术与知识的掌握情况。任何一种活动都要求参与者具备一定的能力，而且能力直接影响活动效率。基于能力标准的人才能力评价依据以下思路进行：根据能力模型设计人员能力评价方法和评价工具，通过能力评价活动的组织和实施对其实施能力测评，依据测评结果了解岗位人员的能力现状，评价结果包含团队能力水平和个人能力水平。创新创业人才也可分为个人能力和团队能力两个方面，前者除了个人的通用能力外，主要表现为创造能力，富于开拓性，能开创新局面，对社会发展做出创造性贡献；后者发挥团队精神、互补互助以达到团队最大工作效率的能力，主要表现为懂经营、会管理、带团队。

四是创新。无论是创新者还是创业者都必须敢于创新。没有创新精神就不敢冒风险，就谈不上开拓。只有敢于试验、敢于冒险，才能走出新路，走出好路，干出新的事业。创新是指，以现有的思维模式提出有别于常规思路或常人思路的见解为导向，利用现有的知识和物质，在特定的环境中，本着理想化需要或为满足社会需求而改进或创造新的事物、方法、元素、路径、环境，并能获得一定有益效果的行为。创新以新思维、新发明和新描述为特征，是人类特有的认识能力和实践能力，是人类主观能动性的高级表现形式，是推动民族进步和社会发展的不竭动力。

创新不容易，因为创新意味着改变，意味着付出，也意味着风险，它不仅是创新创业人才的一大特征，也是评价创新创业人才的一个重要标准。创新是一项脑力活动，运用创新思维可以找到多种解决方案；创新是一项艺术活动，融合创新艺术能够创造行业新奇迹；创新是一项技术活动，洞察发展趋势开创行业新局面。通常，创新创业人才主要具有五大特征，即要永远充满对新知识的渴望，并善于获取知识，具有较宽广的知识面；要有提出问题、发现问题的能力；要有强烈的创新意识；要有创造思维能力；要有脚踏实地、不畏艰险、勇于攀登的精神和严谨的学风。具体观测点是创新意识或创新精神与创新思维或创新方法与创新工具。

五是业绩。在竞争环境中，业绩至关重要，因为只有业绩才能把一个人和其他竞争者区别开来，尽管业绩背后多少有运气成分，有些人业绩好是因为恰好碰到了好客户。例如，IBM 需要"高绩效"的人才，在 IBM 的"高绩效"文化中，主要包括以下 3 个方面："win"必胜的决心："execution"又快又好的执行能力："team"即团队精神。业绩是指，完成的事业、建立的功劳或取得的重大成就，创新创业人才的最大业绩就是创业，即在创业过程中取得的经营业绩。其包括两方面：一个是效率，即投入与产出间的比例关系，高效率意味着以较少的投入得到较高的产出；另一个是效果，指目标达到的程度。具体表现为公司销售收入及利润的来源与结构，公司利润实现状况，公司销售收入与利润比率的关系，公司利润历史变化状况及未来增长特点，公司利润进一步增长的基础何在等。其中，财务绩效评价指标主要有三种：一是经营收益率（operating income to total assets，OPOA），即经营收益与总资产之比；二是普通收益率（ordinary income to total assets，OROA），即普通收益与总资产之比；三是经营现金流比率（operating cash flows to total assets，CFOA），即经营现金流与总资产之比。

4. 中国创新创业人才评价标准体系

综上所述，中国创新创业人才评价标准体系包括 5 个一级指标和 13 个二级指标，详见表 5 – 9。

表 5 – 9　　　　　　　　中国创新创业人才评价标准体系

目标	一级指标	二级指标
中国创新创业人才评价标准体系 A	德行 B1	C1 诚信
		C2 责任心
	知识 B2	C3 受教育程度
		C4 知识管理
		C5 学习力
	能力 B3	C6 通用能力
		C7 创造能力
		C8 团队能力
	创新 B4	C9 创新意识
		C10 创新思维
	业绩 B5	C11 经营收益率
		C12 普通收益率
		C13 经营现金流比率

资料来源：本书课题组编制。

第三节　职业生涯开发技术研究

西方学者将职业生涯开发或职业生涯规划区分为基于个体的职业生涯开发或职业生涯规划与基于有组织的职业生涯开发或职业生涯规划，我们据此将职业生涯开发技术区分为个人职业生涯开发（personal career development，PCD）技术，有组织的职业生涯开发（organizational career development，OCD）技术。尽管职业生涯开发技术和职业生涯规划技术有着明显的区别，但我们在内涵上都纳入职业生涯开发技术的范畴，不做明确的界定。[①] 职业

---

① 从字面上看，开发是指以荒地、矿山、森林、水力等自然资源为对象进行劳动，以达到利用的目的，后拓展为发现或发掘人才、技术等以供利用，甚至包括发掘、收集、整理、选择文化资源等，意指通过研究或努力，开拓、发现、利用新的资源或新的领域；规划是指，个人或组织制定的比较全面、长远的发展计划，是对未来整体性、长期性、基本性问题的思考和考量，设计未来整套行动的方案。根据世界知识产权组织的定义，技术是制造一种产品的系统知识，所采用的一种工艺或提供的一项服务，无论这种知识是否反映在一项发明、一项外形设计、一项实用新型专利或者一种植物新品种，或者反映在技术情报或技能中，或者反映在专家为设计、安装、开办或维修一个工厂或为管理一个工商业企业或其活动而提供的服务或协助等诸多方面。

生涯开发技术或职业生涯规划技术，就是利用从研究和实践经验中获得的现有知识或从外部引进技术为职业生涯实践进行实质性的改进，以达到有效、便捷等特定目的的方法和手段。

（一）个人职业生涯开发（PCD）技术研究

个人职业生涯开发（PCD）技术是指，通过心理学、脑科学和生涯发展学科的专业知识，帮助个体发现最佳潜能优势结构，并科学确立适合发展的核心目标，制定行动方案，提升自信、完善不足，解决在学习、工作中的各类问题。中国人事科学研究院研究员罗双平在《职业选择与事业导航：职业生涯规划技术》（第 3 版）中将职业生涯规划技术区分为自我分析技术、内外环境分析技术、职业（岗位）选择技术、生涯目标抉择技术、职业生涯路线选择技术，以及具体计划与具体措施，职业生涯规划表格设计及填表说明等。① 常用的开发技术主要有如下 5 种。

1. 脑 AT 技术

脑 AT 技术（brain AT technology），又称脑 AT 整体潜能测评系统，是由北京师范大学沃建中的研发团队经过 14 年的研究而形成的。研发团队从脑功能的差异性出发，把脑的神经传导、认知的客观测量、心智行为模式结合起来，用量子力学方法和计算机工具，寻找个体的最佳潜能优势结构，在中国 25 个地区采集样本超过 20 万例。

脑 AT 技术通过测试个人的人格、兴趣、潜能特点，具体包括人格108 个维度、14 大项基本潜能、1838 种职业，来测量个人的最佳潜能优势结构模型。它可以用来发现个体的哪项潜能优势最高。人格、兴趣、潜能各项值最高的人就是能把工作和生活都做到极致的人。

脑 AT 技术包含三大量表：人格测验量表（含 54 个维度）、职业潜能量表（含 14 大类核心职业潜能）、职业心向量表（含 35 个维度）。其中，

---

① 罗双平. 职业选择与事业导航：职业生涯规划技术（第 3 版）［M］. 北京：机械工业出版社，2008.

人格量表各维度 Cronbachα 系数在 0.60～0.93 区间，重测信度为 0.85，实证效度为 0.91。职业心向量表（兴趣部分）各维度的 Cronbachα 系数在 0.79～0.91 区间，重测信度为 0.81，实证效度为 0.87。采用 T 分数，对 14 项核心潜能的区分效度进行检验，发现各项潜能以 100 为中心，在 ±50 范围内呈正态分布趋势，潜能部分具有较高的区分效度。

脑 AT 技术吸收国内外最新研究成果，依据现代心理测量理论，使用国际领先的脑电超慢涨落分析仪（ET）、眼动仪等设备作为基础研究工具，以个体心理发展的脑机制为出发点，实验室实验和现场实验相结合，通过使用减法反应时、加法反应时、微观发生学等技术，重新构建了心理潜能理论体系，对人的终身发展、学习生活、职业规划等提供前瞻性的科学指导和帮助。表 5-10 列出了脑 AT 潜能测评与其他测评的区别。

表 5-10　　　　　　　　脑 AT 潜能测评与其他测评的区别

项目	脑 AT 潜能测评	其他测评
测验载体	电脑现场测验	网上测验或纸笔测验
测验性质	真正潜能检测	自我评价性测验（测查个体自己认为的兴趣，能力）
数据记录	记录反应时（纳秒），准确率，诚实度	多为两点量表～五点量表
常模采集	跨越 25 个省区市 380 万人次	100～3000 人次
测查范围	潜能，人格，兴趣	多为兴趣测试
信度、效度	高（复测结果一致）	（受知识经验影响）
结果的区分度和准确性	测试者精确获得自身发展水平在同类群体中的确切位置，每份报告均有不同	只将测试者分为 3～5 类，报告差异不大，没有区分度
编制方法	自主研发	从国外相关测验中修订
测验流程	用心理学方法对测试顺序做了科学的安排	
人格测验	108 种维度	5～9 种维度（不少测验还从异常人群测验中修订而来）
潜能测验	个人 14 大项基本潜能，多元整体潜能理论	无潜能测验
兴趣测验	将中国 1838 种职业进行分类，对大部分职业从业人员进行了实际访谈	在霍兰德职业兴趣测验基础上进行修订，将职业分为 8 类，某些职业不符合中国职业分类特点

资料来源：环度生涯规划．http://www.huanduguihua.com/s/naoATceshijishu/．

脑 AT 技术设备主要有：一是刺激信息提供装置，为被试者呈现视觉刺激信息、听觉刺激信息，包括文字、图形、动画和声音信息；二是视线跟踪装置，跟踪记录被试者在获取并处理视觉刺激信息过程中眼睛的运动状态，包括眼睛位置坐标、停留时间、瞳孔直径；三是反馈数据采集装置，用于采集被试者响应所述视觉刺激信息、听觉刺激信息输入的反馈数据；四是认知指标值分析装置，根据测试需要将刺激信息划分为多个认知区域，根据所述视线跟踪装置的记录，通过视动分析法获取被试者在处理视觉刺激信息过程中的认知指标值，包括刺激信息上每一认知区域的总的注视点数量和总的注视持续时间、每一注视点处的瞳孔直径、平均每一注视点的注视持续时间；五是认知准确度分析装置，根据所述反馈数据的内容计算被试者的认知准确度；六是认知能力值计算装置，根据所述认知指标值和认知准确度，通过统计学方法计算获得表征被试者的综合认知能力的标准分数。

2. 行为改变技术（behavior modification technology）

行为改变技术属于对人类行为进行分析和改变的心理学领域，又称行为矫正或行为治疗。其中，分析是指，识别整体与其某一特定行为之间的相互作用关系。整体包括个体心理、生理等方面的内环境整体，家庭、学校（单位）、社会的外环境整体，以及过去、现在和未来的时间整体。通过对这三个层面整体的分析，识别个体具体行为产生的根本原因。改变是指，开展和实施某些程序和方法，制作专项训练计划帮助人们改变他们的行为。行为改变的程序和方法被专业的规划师用来帮助人们改变其显著的社会行为，使之达到正常水平，进而达到改进其生活的某些方面的目标。

李祚山和陈小异在《行为改变技术》中指出，行为改变技术是根据实验心理学尤其是学习心理学及社会心理学的行为原理与行为技术，注重处理效果的验证程序，客观而系统地改变行为的有效方法。行为改变技术可应用于几乎所有的人类行为情境，目前主要用于处理儿童和成人的心理问题、心理困扰和失常行为，因而被称为行为治疗。行为改变技术的主要特征是应用实验心理学的研究成果，强调客观系统的处理方法，重视后天学习环境的学习历程，注重具体量化的特殊行为并注意客观环境的适当配合以解决个体问题、增进个体社会适应能力。[①]

该领域的代表性人物：

一是伊凡·P. 巴甫洛夫（Ivan P. Pavlov），其贡献就是揭示了反应性条件反射（又称经典条件反射）基本过程的试验。他论证了反射行为（如对食物流口水的行为）可以对一个中性刺激形成条件反射。

二是爱德华·L. 桑代克（Edward L. Thorndike），其主要贡献在于对效果定律（law of effect）的描述。从本质上说，效果定律认为对环境产生良好效果的行为更可能在将来被重复。

三是约翰·B. 华生（John B. Waston），其贡献在于开启了心理学中被称作行为主义运动。他断言，可观测的行为是心理学特有的主题，而且所有的行为都是受环境事件控制的。尤其是他描述了一种环境事件（刺激物）从个体身上得到回应的刺激——反应心理学。

四是伯勒斯·F. 斯金纳（Burrhus F. Skinner），他是新行为主义心理学的创始人，操作性条件反射理论的奠基者，并创制了研究动物学习活动的仪器——斯金纳箱。其中，操作性条件反射是斯金纳新行为主义学习理论的核心，他发现，如果一个人做出组织所希望的行为，那么，组织就与此相联系提供强化这种行为的因素；如果做出组织所不希望的行为，组织就应该给予惩罚，据此让组织成员学习组织所希望的行为并促使组织成员矫正不符合组织要求的行为。

五是爱德华·C. 托尔曼（Edward C. Tolman），他是新行为主义的代表，目的行为主义的创始人，力图客观了解行为的目的性。托尔曼的贡献在于，提出了整体行为模式和中介变量的概念，并建构符号完形理论，成为认知心理学的先驱。他认为，学习者所学得的不是动作系列，而是

① 李祚山，陈小异. 行为改变技术 ［M］. 北京：北京师范大学出版社，2013.

预期（或目的）与符号间的联系或预期的证实，并以证实原则来代替强化。其行为是整体的、有目的的，学习者必须对学习情境的符号与图形（或完形）产生"认识的完形"。

　　因此，行为改变技术的理论基础主要包括四个方面：一是反应性条件反射理论，又称之为经典条件反射理论，其提出者是俄国生理学家、心理学家、高级神经活动学说的创始人或奠基人巴甫洛夫。他因在消化生理学方面的出色成果而荣获 1904 年诺贝尔生理学或医学奖，成为世界上第一个获得诺贝尔奖的生理学家。其卓越贡献表现在三个方面：心脏的神经功能，消化腺的生理机制（获诺贝尔奖）和条件反射研究，其中，对以后心理学发展影响最大的是由他的条件反射研究所演变成的经典条件作用学习理论。事实上，条件反射是巴甫洛夫在研究狗的消化腺分泌时意外发现的。他在狗的腮部唾腺位置连接一导管，引出唾液，并用精密仪器记录唾液分泌的滴数。实验时给狗食物，并随时观察其唾液分泌情形。在此实验过程中，巴甫洛夫意外地发现，除食物之外，在食物出现之前的其他刺激（如送食物来的人员或其脚步声等），也会引起狗的唾液分泌。1901 年，他将狗对食物之外的无关刺激引起的唾液分泌现象称之为条件反射。条件反射（conditioned reflex）是指，在某种条件下，非属食物的中性刺激也与食物刺激同样引起脑神经反射的现象。从 1901 年起，巴甫洛夫专心从事条件反射实验研究，直到 1936 年逝世为止，长达 35 年之久。具体有四个结论：引起唾液分泌的刺激（指食物）称之为无条件刺激（unconditioned stimulus，US）；食物引起的唾液分泌，称之为无条件反应（unconditioned response，UR）；食物之外的刺激，称之为条件刺激（conditioned stimulus，CS）；食物之外刺激引起的反应，称之为条件反应（conditioned response，CR）。他强调刺激呈现的顺序，认为只有中性刺激先于非条件刺激出现，中性刺激才能引起条件反射，并且中性刺激必须和非条件刺激相结合。此外，还要注意刺激之间的区别。巴甫洛夫发现，如果想要让狗能够识别某种特定的刺激，只对这一特定的刺激形成条件反射，就要注意区分这一刺激和其他刺激的区别。如果不加以强化，狗会不加辨别地对所有类似刺激都形成条件反射。华生在巴甫洛夫条件反射实验的影响下提出了刺激—反应学说，用公式表示为 S—R。华生认为，个体的行为完全可以用刺激与反应来进行解释，学习的实质是形成习惯，基本规律包括频因律与近因律。桑代克则强调学习是刺激与反应（S—R）的联结，有什么样的刺激就有什么样的反应。学习是一种渐近的尝试与错误的过程。随着错误反应逐渐减少、正确反应逐渐增加，终于形成稳固的刺激—反应的联结。基本学习定律包括准备律、练习律和效果律。

二是操作性条件反射理论，其提出者是美国心理学家，行为学家，作家，发明家，社会学者及新行为主义的主要代表斯金纳。斯金纳在心理学方面的卓越贡献，就是揭示了操作性条件反射的规律。如果说华生坚持"没有刺激，就没有反应"的信条，斯金纳却认为这种观点不尽全面，也不准确。斯金纳提出，要注意区分"引发反应"与"自发反应"，并据此提出了两种行为：应答性行为和操作性行为。应答性行为是指，由特定的、可观察的刺激所引起的行为，如在巴甫洛夫实验室中，狗看见食物或灯光就流唾液，食物或灯光是引起流唾液反应的明确刺激；操作性行为是指，在没有任何能观察的外部刺激情境下的有机体行为，它似乎是自发的，如白鼠在斯金纳箱中的按压杠杆行为就找不到明显的刺激物。应答性行为比较被动，刺激控制、操作性行为代表有机体对环境的主动适应，由行为的结果所控制。人类的大多数行为都是操作性行为，如游泳、写字、读书等。

在此基础上，斯金纳提出两种学习形式：一种是经典式条件反射学习，用以塑造有机体的应答行为；另一种是操作式条件反射学习，用以塑造有机体的操作行为。这两种反射是两种不同的联结过程：经典性条件反射是 S—R 的联结过程；操作性条件反射是 R—S 的联结过程。这便补充和丰富了行为主义原有的公式。具体来说，根据行为发生以后刺激的性质以及导致行为变化的规律，可以将操作性条件反射分为四种类型：其一是正强化，即个体行为的结果导致积极刺激增加，对该行为予以肯定，使该行为再次出现的可能性增强。其二是负强化，即个体行为的结果导致消极刺激的减少，从而使该行为再次出现的可能性增强。其三是消退，即行为的结果导致了积极刺激的减少或者没有积极的刺激，从而使这种行为逐渐减少。例如，员工的业绩进步与原地踏步得到的结果相同，员工追求进步的行为就会慢慢消退。其四是惩罚，即行为的结果导致了消极刺激的增加，从而使行为反应减弱。例如，企业的各种纪律、规则、制度等。在行为改变技术使用中，大部分行为矫正程序都是为改变操作性条件反射的行为而设计的。

三是认知行为改变理论，它是认知理论和行为理论的整合，是对认知理论和行为理论所存在缺陷的批评和发展，却不是简单的相加或者拼凑。具有代表性的有阿尔伯特·埃利斯（Albert Ellis）的合理情绪行为疗法（rational emotive behavior therapy，REBT），艾伦·T. 贝克（Aaron T. Beck）和维克多·C. 莱米（Victor C. Raimy）的认知疗法（cognitive therapy，CT）以及唐纳德·梅肯鲍姆（Donald Meichenbaum）的认知行为矫正技术（cognitive behavior modification，CBM）等。其中，合理情绪行为疗法（REBT）是指，在心理治疗过程中，治疗师诘难患者的不合理的、造成其心理困惑的认知，并将其改变为合理、健康的认知，以治疗患者心理障碍。其基本原理可用"ABCDE"概括，其中：激发事件 A（activating events）指激发的事件；信仰体系 B（belief system）指人们对事件所持的观念或信念；情绪及行为后果 C（emotional and behavioral consequences）指观念或信念所引起的情绪及行为后果；质疑非理性信仰 D（disputing irrational beliefs）指劝导干预；效果 E（effect）指治疗效果或咨询效果。最重要的过程是劝导干预，即治疗师通过使用疏泄、解释、领悟、再教育、示范、面质、布置家庭作业、行为脱敏等技术，使患者理解导致自己心理问题的不合理信念并逐渐建立起合理的信念，在 REBT 治疗中，面质技术使用较为广泛。认知疗法（CT）是根据人的认知过程，影响其情绪和行为的理论假设，通过认知疗法和行为技术来改变求治者的不良认知，从而矫正不良行为的心理治疗方法。

认知疗法常采用认知重建、心理应付、问题解决等技术进行心理辅导和心理治疗，其中认知重建最为关键。认知行为矫正技术（CBM）关注求助者自我言语表达的改变，因为行为的改变要经过一系列中介过程，包括内部言语、认知结构与认知行为的相互作用以及随之而来的结果，分为三个阶段，即自我观察、开始一种新的内部对话及学习新的技能。具体操作程序是，通过角色扮演和角色想象使求助者面临一种可以引发焦虑的情境；要求求助者评价他们的焦虑水平；教给求助者察觉那些他们在压力情境下产生的引发焦虑的认知；帮助求助者通过重新评价自我陈述来检查这些想法；让求助者注意重新评价后的焦虑水平。

四是社会学习理论，又称之为观察学习原理或模仿学习原理，其提出者是加拿大心理学家，社会学习理论的创始人，认知理论之父——阿尔伯特·班杜拉（Albert Bandura）。阿尔伯特·班杜拉提出的社会学习理论包含观察学习、自我效能、行为适应与行为治疗等内容。班杜拉把观察学习过程分为注意、保持、动作复现、动机四个阶段。简单地说，就是观察学习须先注意榜样的行为，然后将其记在脑子里，经过练习，最后在适当的动机出现时再次表现出来。阿尔伯特·班杜拉认为，以往的学习理论家一般都忽视了社会变量。他们通常用物理方法来进行动物实验，以此来创建其理论体系，这种研究方法对于作为社会一员的人的行为来说，没有多大研究价值。因为人是生活在一定社会条件下的，所以他主张在自然的社会情境中来研究人的行为。事实上，人们在社会情境中通过观察和模仿，学到了许多行为。"自我效能"的概念则是指，个体对自己在特定的情境中是否有能力得到满意结果的预期。阿尔伯特·班杜拉认为，个体对效能预期越高，就越倾向于做出更大努力，而影响自我效能形成的因素有四个，直接的成败经验，替代性经验，言语劝说和情绪的唤起，这四个因素影响了自我效能感的形成。具体来说，有三种强化，即直接强化、替代性强化和自我强化。直接强化是指，通过外部因素对学习行为予以强化；替代性强化是指，观察者通过观察他人行为所带来的奖励性后果而受到强化；自我强化是指，依赖于社会传递的结果，即个人依据强化原理来安排自己的活动或生活，每达到一个目标即给予自己一点物质的酬报或精神的酬报，直到最终目标完成。关于学习策略，大致可以分为三类：第一类是学习方法，即学习过程中信息的加工程序、加工方法或者加工规则；第二类是对学习过程中的信息加工进行调节和控制的技能；第三类是学习过程中信息加工方法与调控技能的结合。

3. 职业测评技术（occupation evaluation technology）

职业测评是心理测验的一个分支，在学术上被广泛认可的定义是"行为样组的客观标准的测量"。职业测评通常以特定理论为基础，经过设计问卷、抽样、统计分析、建立常模等程序编制，必须符合三个条件：一是效度即测验结果的准确性；二是信度即测验结果的稳定性；三是常模即每一位被试者的心理测验都有一个原始分数，在通常情况下这个分数没有实际意义，除非这个分数能与别人比较。科学的职业测评是客观化、标准化的问卷，它的科学性、客观性、可比较的功能是其他自我了解的方法所不具有的。

职业测评中的心理测验主要包括以下几种类型。一是智力倾向测验，具有考察智力（能力）水平及其结构的双重目的。一方面，不同的人智力水平不同，选择优智的人，可期望获得高绩效；另一方面，智力水平相近的人，其智力结构可能不同，有的人擅长言语理解、加工、表达，有的人擅长数字加工，有的人则擅长对形象的分析、加工。不同智力结构的人，适合不同类型的工作。二是人格测验，用来测量求职个体与他人相区别的独特而稳定的思维方式和行为风格，这些特点可能影响该求职者的工作绩效和工作方式及工作习惯。三是职业兴趣测验，即不同人的工作生活兴趣可以按照对人、对概念、对材料这三大基本内容要素分类，而社会上的所有职业、工作也是围绕这三大基本内容要素展开的。基于这一理论思想设计的职业兴趣测验，可以在个体兴趣与职业之间进行匹配。四是职业价值观及动机测验，了解个人在职业发展中所重视的价值观以及驱动力，即"你要什么"。动机是指，由特定需要引起的，欲满足该种需要的特殊心理状态和心理意愿。而通过动机测验，可以了解个体的工作特点生活特点，从而找到激励他们积极性的依据和途径，并以此为依据安排相应的工作内容。五是职业能力测验，考察个人的基本的能力素质或特殊的能力素质，如逻辑推理能力、口头表达能力，即"你擅长什么"。六是职业性格测验，考察个人与职业相关的性格特点，即"你是怎样的一个人"。七是职业发展评估测验，主要是评估求职技巧、职业发展阶段等。这是职业测评中最基本、最常用的七大类测验。

此外，还有用于针对整个组织的组织行为评估，针对中高层管理者的情境模拟测验和高绩效管理测验等；用于个体职业规划、发展的测评还包括职业/生涯决策测验和职业/生涯成熟度测验等。这些测验都是基于西方经典职业发展理论之上的，均用于评估个体的职业发展程度，是欧美国家进行职业辅导的基本工具，但是这些测验目前还缺乏实用的中国版本，因此，还没有在国内得到普遍应用。

职业测评的目的是实现人适其职，职得其人；人尽其才，才尽其用。职业测评在研究、咨询、辅导和组织对员工的职业/生涯开发中都占据重要的地位，是不可或缺的工具。具体来说，其功能表现在如下8个方面：一是预测功能，即预测个体在教育训练、职业训练以及未来工作中的表现。二是诊断功能，评估个体的长处和短处，优势和劣势，并诊断个体在兴趣、价值观和职业决策/生涯决策等方面的特质。三是区别功能，区别出个体的某些特质最类似于哪一类的职业群体。四是比较功能，即依据测量学指标，将个体素质（能力倾向、兴趣、价值观等）与某些效标团体（即作为衡量有效性参照标准的团体）相比较，从而观察两者之间的匹配程度。五是探测功能，即了解个体在职业发展/生涯发展的连续过程中，其职业决策、职业适应性的行为、态度，以及能力方面的一般状况，以便提供必要的职业辅导。六是评估功能，即对职业咨询/生涯咨询或辅导的进展情况和效果进行评估。

职业测评在职业规划中的作用主要表现在如下几方面。一是职业兴趣，即你喜欢什么工作？兴趣是力求认识、掌握某种事物，并经常参与该种活动的心理倾向。在职业上，每个人也都会有自己的偏好。职业兴趣对人的行为有强大的驱动作用，因此，要了解自己的职业兴趣，并尽可能从事有趣的职业。职业兴趣测评对于明确职业兴趣、协助职业选择、拓展职业范围都具有重要作用。二是能力倾向，即你擅长什么工作？能力是人们成功地完成某种活动所必需的个性心理特征。在职业规划中，能力是了解自己最重要的方面，它是事业成功的必要条件，即"有之不必然，无之必不然"。如果我们能够及时、准确地了解自己的优势能力，并在制定职业目标时予以充分地考虑，会极大地提高达成职业目标的概率。能力倾向测评不仅可以预测成功，而且在预测失败方面会有更大的效果，即它可以有效地预测要避免从事的职业。三是价值观，即你喜欢什么工作方式与生活方式？每个人工作都是为了满足一定的需要，但很难找到一份完全满足自己需要的工作。如何取舍，价值观起着重要作用。价值观是人对客观事物的需求表现出的评价，包括从人生的基本价值取向到个人对具体活动或具体事物的有用性、重要性、价值的判断。价值观测评会有助于职业决策和提高工作满意度。四是性格，即待人处世、处理事情的方式与风格是什么？性格是在现实中由一个人稳定的态度和习惯化的行为方式所表现出的个性心理特征，它是最能体现个体差异的一个特质。性格测评有助于了解自己的行为方式，为职业决策和职业行动提供可靠的依据。

关于职业测评结果的使用，职业测评在进行自我探索、职业定位上对大部分受测者都会有一定的帮助，但我们也要认识到职业测评是一种间接测量，测定的是隐蔽在个体中的内在的、抽象的客观存在，它是看不到、摸不着的。而且测评本身是一种心理素质和心理特征由样本进行推测的过程，带有主观性（测评开发者的主观性，以及测评结果解释时的主观性），不可能达到完全准确地测定，准确率能达到70%就已经相当好了。因此，对测评结果不要盲目迷信，需要辩证地看待。具体来说，对各种专业的人才素质要求还没有很全面、深刻的了解，即使测评结果显示你适合某种工作，那只是从性格、能力或未来能力、兴趣等方面提供的参考；有的职业测评显示一些职业较适合性格外向的人做，但实践中一些性格内向的人也能做得很好，为什么？因为很多测评中给出的推荐职业也只是统计意义上的结果，所以测评结果中推荐的职业主要供参考。职业选择决策是一个复杂的、动态的过程，要考虑很多因素。在做具体决策时，职业测评的结果只能作为参考，其他因素，如职业的发展前景、工作环境、带来的经济报酬及非经济报酬、家人的期望等，都是必须考虑的内容。

由此看来，职业测评技术仅仅是一个工具，用得好会事半功倍，用得不好则可能误入歧途。所以，清楚地了解这些测评、掌握恰当的使用方法、以良好的心态看待测评结果，是进行测评前必要的准备工作。更需要说明的是，再好的职业测评也只是给出一份准确的分析报告，并不是最终的准确结论，进行测评的目的不应是为了测评而测评，也不应是为了得到一个与个性匹配的职业名称而进行测评，测评的结果，主要是指导进一步探索、激励日后的学习和提高。

4. 职业锚技术（career anchor technology）

职业锚技术产生于在职业生涯规划领域具有重要地位的美国麻省理工大学斯隆管理学院、美国著名的职业指导专家埃德加·H. 施恩（Edgar H. Schein）领导的专门研究小组，是对该学院毕业生的职业生涯研究中演绎成的。斯隆管理学院的 44 名 MBA 毕业生，自愿形成一个小组接受施恩教授长达 12 年的职业生涯研究，包括面谈、跟踪调查、公司调查、人才测评、人才问卷等多种方式，最终分析总结出了职业锚（又称职业定位）理论或技术。

职业锚，又称职业系留点。锚，是使船只停泊定位用的铁制器具。职业锚是指，当一个人不得不做出选择的时候，他无论如何都不会放弃的职业中的那种至关重要的东西或价值观，实际上就是人们选择和发展自己的职业时所围绕的中心。因此，职业锚也是自我意向的一个习得部分。个人进入早期工作情境后，由习得的实际工作经验所决定，与在经验中自省的动机、价值观、才干相符合，达到自我满足和自我补偿的一种稳定的职业定位。职业锚强调个人能力、个人动机和个人价值观三方面的相互作用与相互整合。职业锚是个人和工作环境互动的产物，在实际工作中是不断调整的。

施恩开发的职业锚问卷是国外职业测评中运用最广泛、最有效的工具之一。职业锚问卷是一种职业生涯规划咨询、自我了解的工具，能够协助组织或个人进行更理想的职业生涯发展规划。职业锚以员工习得的工作经验为基础，产生于早期职业生涯。员工的工作经验进一步丰富、发展了职业锚。1978 年，施恩提出的职业锚理论包括五种类型，自主型职业锚、创业型职业锚、管理能力型职业锚、技术职能型职业锚、安全型职业锚。在 20 世纪 90 年代，又发现了三种类型的职业锚，即安全稳定型职业锚，生活型职业锚，服务型职业锚。施恩将职业锚增加到 8 种类型，并推出了职业锚测试量表，简述如下。

一是技术/职能型（technical functional competence）职业锚的人，追求在技术/职能领域的成长和技能的不断提高，以及应用这种技术/职能的机会。他们对自己的认可来自其专业水平，喜欢面对来自专业领域的挑战。他们不喜欢从事一般的管理工作，因为这将意味着放弃在技术/职能领域的成就。

二是管理型（general managerial competence）职业锚的人，主要追求并致力于工作晋升，倾心于全面管理，独自负责一个部分，可以跨部门整合其他人的努力成果，他们想去承担整个部分的责任，并将公司的成功与否看成自己的工作。具体的技术/功能工作仅仅被看作是通向更高、更全面管理层的必经之路。

三是自主独立型（autonomy independence）职业锚的人，希望随心所欲地安排自己的工作方式、工作习惯和生活方式。追求能施展个人能力的工作环境，最大限度地摆脱组织的限制和制约。他们宁愿放弃提升工作的机会或拓展工作机会，也不愿意放弃自由与独立。

四是安全稳定型（security stability）职业锚的人，主要追求工作中的安全与稳定感。他们可以预测将来的成功从而感到放松。他们关心财务安全，例如，退休金和退休计划。稳定感包括诚信、忠诚以及完成老板安排的工作。尽管有时他们可以达到一个高的职位，但他们并不关心具体的职位和具体的工作内容。

五是创业型（entrepreneurial creativity）职业锚的人，希望运用自己的能力去创建属于自己的公司或创建完全属于自己的产品或服务，而且愿意去冒风险，并克服面临的障碍。他们想向世界证明，公司是靠自己的努力创建的。他们可能正在别人的公司工作，但同时在学习并评估自身将来的机会。一旦感觉时机到了，他们便会走出去创建自己的事业。

六是服务型（service dedication to a cause）职业锚的人，指那些一直追求他们认可的核心价值的人。例如，帮助他人，改善人们的安全，通过新的产品消除疾病。他们一直追寻这种机会，这意味着即使变换公司，他们也不会接受不允许他们实现这种价值的工作变换或工作提升。

七是挑战型（pure challenge）职业锚的人，喜欢解决看上去无法解决的问题，战胜强硬的对手，克服无法克服的困难障碍等。对他们而言，参加工作或职业的原因，是工作允许他们去战胜各种不可能。新奇、变化和困难是他们的终极目标。如果事情非常容易，就马上变得非常令人厌烦。

八是生活型（life style）职业锚的人，喜欢允许他们平衡并结合个人的需要、家庭的需要和职业的需要的工作环境。希望将生活的各个主要方面整合为一个整体。正因为如此，他们需要一个能够提供足够的弹性让他们实现这一目标的职业环境，甚至可以牺牲他们职业的一些方面，如，提升带来的职业转换，他们将成功定义得比职业成功更广泛。他们认为，自己如何去生活，在哪里居住，以及如何处理家庭事务，及在组织中的发展道路是与众不同的。

职业锚在员工的工作生命周期中，在组织的事业发展过程中，发挥着重要的功能作用。一是使组织获得正确的反馈。职业锚是员工经过搜索，所确定的长期职业贡献区或职业定位。这一搜索定位过程，依循员工的需要、动机和价值观进行，所以职业锚清楚地反映出员工的职业追求与职业抱负。二是为员工设置有效、可行的职业渠道。职业锚准确地反映了员工职业需要及其所追求的职业工作环境，反映员工的价值观和抱负。透过职业锚，组织获得员工正确信息的反馈，才可能有针对性地对员工职业发展设置可行的、有效的、顺畅的职业渠道。三是增长员工工作经验。职业锚是员工职业工作的定位，不但能使员工在长期从事某项职业中增长工作经验，同时，员工职业技能也能不断增强，直接产生提高工作效率或劳动生产率的明显效益。四是为员工做好奠定中后期工作的基础。因为职业锚是员工在通过工作经验的积累后产生的，它反映了该员工的价值观和被发现的才干。当员工从事某一种职业工作过程，就是自我认知过程，就是把职业工作与自我价值观相结合的过程，开始决定其中后期的主要生活选择和职业选择。①

　　特别需要强调的是：一要注意职业锚以员工习得的工作经验为基础。职业锚发生于早期职业阶段，新员工已经工作若干年，习得工作经验后，才能够选定自己稳定的长期贡献区。个人在面临各种各样的实际工作生活情境之前，不可能真切地了解自己的能力、动机和价值观，以及在多大程度上适应可行的职业选择。因此，新员工的工作经验，产生、演变并发展了职业锚。换句话说，职业锚在某种程度上由员工实际工作所决定，而不只是取决于潜在的才干和动机。二要注意职业锚不是员工根据各种测试出来的能力、才干或者作业动机、价值观，而是在工作实践中，依据自身和已被证明的才干、动机、需要和价值观，现实地选择和准确地进行职业定位。三要注意职业锚是员工自我发展过程中的动机、需要、价值观、能力相互作用和逐步整合的结果。四要注意员工个人及其职业不是固定不变的。职业锚是个人稳定的职业贡献区和职业成长区。但是，这并不意味着个人将停止变化和发展。员工以职业锚为其稳定源，可以获得该职业工作的进一步发展，以及个人生物社会生命周期和家庭生命

---

① 宋斌，闵军. 国外职业生涯发展理论综述 [J]. 求实，2009 (S1)：194-195.

周期的成长、变化。此外，职业锚本身也可能变化，员工在职业生涯的中后期可能会根据变化的情况，重新选定自己的职业锚。

5. SWOT 分析技术（SWOT analysis technology）

SWOT 是英文 strengths、weaknesses、opportunities 和 threats 的缩写，其中：S（strengths）是优势，W（weaknesses）是劣势，O（opportunities）是机会，T（threats）是威胁。SWOT 分析模型出自麦肯锡（Mckinsey）咨询公司，主要是指基于内外部竞争环境和竞争条件下的态势分析，即将与研究对象密切相关的各种主要内部优势、内部劣势、外部机会和外部威胁等，通过调查列举出来，并依照矩阵形式排列，然后用系统分析的思想，把各种因素相互匹配起来加以分析，从中得出一系列相应的结论，而结论通常带有一定的决策性。因此，运用这种方法，可以对研究对象所处的情景进行全面、系统、准确地研究，从而根据研究结果制定相应的发展战略、计划以及对策等。

SWOT 分析有其形成的基础。按照企业竞争战略的完整概念，战略应是一个企业"能够做的"（即组织的强项和弱项）和"可能做的"（即环境的机会和威胁）之间的有机组合。著名的竞争战略专家迈克尔·E. 波特（Michael E. Porter）提出的竞争理论从产业结构入手对一个企业"可能做的"方面进行了透彻分析和说明，而能力学派的管理学家则运用价值链解构企业的价值创造过程，注重对公司资源和能力的分析。SWOT 分析，就是在综合了前面两者的基础上，以资源学派学者为代表，将公司的内部分析（即 20 世纪 80 年代中期管理学界权威们所关注的研究取向，以能力学派为代表）与产业竞争环境的外部分析（即更早期战略研究所关注的中心主题，以安德鲁斯与迈克尔·E. 波特为代表）结合起来，形成了自己结构化的平衡系统分析体系。

SWOT 分析实际上是一种将对企业内部条件和企业外部条件各方面进行综合与概括，进而分析组织的优劣势、面临的机会和威胁的方法。它将公司战略与公司内部资源、外部环境有机结合起来。其中，优劣势分析主要着眼于企业自身实力及其与竞争对手的比较，而机会分析和威胁分析将注意力放在外部环境的变化及对企业的可能影响上。但是，外部环境的变化可能会给具有不同资源和不同能力的企业带来的机会和威胁却可能完全不同。因此，两者之间又有紧密的联系。当公司要拓展某一新的业务或进行新的投资前，以及在制定销售计划时，所用的战略分析方法之一便是 SWOT 分析。采用这种决策方法的根本目的，是把公司自身和竞争对手公司的优势、劣势、机会和挑战进行比较，然后，决定某项新业务或新投资是否可行。做 SWOT 分析有利于自己的公司在做新业务前能否扬长避短、趋利避害，化劣势为优势，化挑战为机遇。同时，也使自己的公司知道该学习什么来面对市场商机，即知己知彼、百战不殆，从而降低公司的经营风险和投资风险。由此可见，清楚地确定公司的资源优势和资源缺陷，了解公司所面临的机会和挑战，对于制定公司未来的发展战略有着重要的意义。

因此，与其他的分析方法相比较，SWOT 分析从一开始就具有显著的结构化特征和系统性特征。就结构化而言，首先，在形式上，SWOT 分析法表现为构造 SWOT 结构矩阵，并对矩阵的不同区域赋予不同的分析意义；其次，在内容上，SWOT 分析法的主要理论基础也强调从结构分析入手对企业的外部环境和内部资源进行分析。另外，早在 SWOT 诞生之前的 20 世纪 60 年代，已经有人提出过 SWOT 方法分析中涉及的内部优势、内部劣势，外部机会、外部威胁这些变化因素，但只是孤立地对它们加以分析。SWOT 方法的重要贡献就在于，用系统的思想将这些似乎独立的因素相互匹配起来进行综合分析，使得企业战略计划的制定更加科学、全面。

自 SWOT 方法形成以来，广泛应用于战略研究与竞争分析，成为战略管理和竞争情报的重要分析工具。分析直观、使用简单是它的重要优点。即使没有精确的数据支持和更专业化的分析工具，也可以得出有说服力的结论。但是，正是这种直观和简单，使得 SWOT 方法不可避免地带有精度不够的缺陷。例如，SWOT 方法采用定性分析，通过罗列 S、W、

O、T 的各种表现，形成一种模糊的企业竞争地位描述。以此为依据作出的判断，不免带有一定程度的主观臆断，所以，在使用 SWOT 方法时要注意方法的局限性，在罗列作为判断依据的事实时，要尽量真实、客观、精确，并提供一定的定量数据弥补 SWOT 方法定性分析的不足，构造高层定性分析的基础。具体来说，有四种组合策略：第一是 SO 策略，即最大化优势与最大化机会的组合，主要课题是利用哪些优势来抓住哪些机会；第二是 ST 策略，即最大化优势与最小化威胁的组合，主要课题是利用哪些优势来克服或避免哪些威胁；第三是 WO 策略，即最小化劣势与最大化机会的组合，主要课题是通过改进哪些劣势来抓住哪些机会；第四是 WT 策略，即最小化劣势与最小化威胁的组合，主要课题是通过改进哪些劣势来克服威胁或避免哪些威胁。

SWOT 分析技术在个体职业生涯规划中的应用，就是将原本对企业内部环境的优势分析、劣势分析，转换为对个体自身的优势分析和劣势分析，而企业外部环境的机会分析和威胁分析，相当于对职业环境因素以及各种可供选择的职业前景的分析。综合自身的优势和劣势，认清周围职业的环境和前景，有助于个体职业决策，更容易地进行职业选择。基本步骤是，先对 SWOT 方法的四个维度进行分析，然后通过矩阵式交叉分析，找出适合自身发展的基本策略。具体来说，第一步是评估个人的长处和短处，标出重要特质；特别要认识自己的短处，并试图改正它或在职业生涯中避开它。第二步是识别职业生涯的计划和威胁，即列出两三个自己感兴趣的产业，并批判性地提出这些产业所面临的机会和威胁。第三步是描绘未来五年职业生涯的目标，进行自己的 SWOT 方法的评估。第四步是描绘未来五年职业生涯的行动计划，使自己的计划具体化。

（二）有组织的职业生涯开发（OCD）技术研究

有组织的职业生涯开发是组织为了自身战略发展的需要，协助员工规划其职业生涯的发展并为员工职业生涯发展设计通道，提供必要的教育、培训、轮岗、晋升等发展机会，是组织为了达成组织和个人的目标而采取的一系列旨在开发人潜力的措施。因此，有组织的职业生涯开发集中考察个人与组织在一定时期内的相互作用，具体内涵如下。其一，组织是职业开发的主体。有组织的职业生涯开发是组织人力资源开发和管理活动的重要组成部分，是组织发起的行为或活动。其二，员工是有组织的职业生涯开发的客体。由于员工具有能动性和主动性，有组织的职业生涯开发需要与员工互相配合完成。其三，有组织的职业生涯开发是一个动态过程。有组织的职业生涯开发不是静止的现象或事物，而是主体作用于客体，将主体目标和任务和客体的个人需要和职业抱负融为一体的管理活动，其目标在于实现组织和个人的共同发展。其四，有组织的职业生涯开发的实质是挖掘人力资源的内在潜能，提高人力资源的能力和价值，充分启发、调动员工的工作积极性、自觉性和创造性。改善组织的人力资源开发活动与管理活动，能够保证组织获得现在和将来所需的人力资源，提升组织的工作效率和经济效益。

有组织的职业生涯开发具体可从以下六个方面考虑：一是员工自我评估手段，诸如职业生涯规划讨论会、参考书目或电脑软件；二是组织机构潜力的评估程序，诸如可推广性预测和评价中心；三是内部劳动力市场信息交换，包括职业信息手册、资源中心等；四是员工与主管、人力资源顾问或专业化的职业咨询顾问之间的个人咨询和职业生涯讨论；五是岗位任职、技能审核或调查、更替或人员接替规划的职务调配制度等；六是开发培训项目，具体包括内外结合的活动安排、研讨班、学费补偿、岗位轮换、充实强化、指导制度等。格特里奇（Gutteridge）根据美国调查将这6种有组织的职业生涯开发技术排序如下：一是开发计划占59%；二是工作匹配系统占53%；三是个人咨询和职业研讨占46%；四是组织机构潜力评估程序占45%；五是员工自我评估方法占28%；六是内部劳务市场信息交流占24%。① 由于有组织的职业生涯开

---

① ［美］托马斯·G. 格特里奇，赞迪·B. 莱博维茨，简·E. 肖尔. 有组织的职业生涯开发［M］. 李元明，吕峰，译. 天津：南开大学出版社，2001：19.

发注重的是工作场所的学习，以及创造一种有利于这种学习的文化，所以组织必须采用多种多样的活动方式和策略方法来让员工适应不同的学习形式，还有一个关键因素是要确认适合公司的价值观。一项职业生涯开发政策必须明确公司、员工和主管都将遵守的实施准则。组织必须能够通过职业生涯规划使个人发挥他们的才干，以积极合作的精神投入公司要求他们从事的工作中。常用的有组织的职业生涯开发技术主要有如下几种。

1. 组织的基础工作

有组织的职业生涯开发方案必须依托组织才可以实施，这就意味着，组织需要切实地做一些基础工作，并为有组织的职业生涯开发实践创造支持条件。我们在调查中发现，绝大多数组织机构没能开展有组织的职业生涯开发活动，与其前期的基础性工作薄弱有着密切联系。组织的基础性工作具体表现在如下几个方面。

一是人力资源管理系统。特别是中小企业和小微企业等组织机构普遍缺乏人力资源管理系统，甚至绝大多数机构没有独立的人力资源管理部门，人力资源管理的工作主要由总经理办公室的人员负责管理，在担任人力资源管理工作的同时协助总经理的工作。根据郑晓明在《现代企业人力资源管理导论》一书中提出的"5P"模式，即识人（perception）、选人（pick）、用人（placement）、育人（professional）和留人（preservation），一套完整的组织人力资源管理系统应该包括以识人为基础的素质测评与岗位分析系统；以选人为先导的招聘与选拔系统；以用人为核心的配置与使用系统；以育人为动力的培训与开发系统；以留人为目的的考核与薪酬系统。[①]

二是明确角色和任务。无论是个人还是组织在职业生涯开发中都扮演不同的角色并承担不同的任务。马力将个人的角色和任务概括为五个

---

① 郑晓明. 人力资源管理导论 [M]. 北京：机械工业出版社，2005.

方面。其一是个人在职业发展中的权利和义务，包括要求获得信息的权利，参与职业生涯管理的权利，要求机会平等的权利，个人信息保密的权利，以及提高个人透明度、做好本职工作等义务。其二是职业发展中个性的作用，要求理解个性作用的内涵，不让个性误导职业方向，正确看待个性，发展职业锚。其三是职业发展中的连续性问题，即保龄球现象，就是说个人一旦选择了职业目标和生涯路线，应该保持从业的连续性和一直性，始终如一地坚持自己的职业发展方向，以保持和完成职业量的积累和质的飞跃，而连续性的重点在于在职业发展过程中不能有断点，具体策略是选球、找准方向、不断修正。其四是职业发展中的自适应调整，即适者生存，因为职业发展是一个人对职业环境不断适应的过程，其适应机制包括发展性机制与防御性机制两种，具体类型可分为五大类：A 类型（即对劳动或工作的意义不甚明确）；B 类型（即经常对工作的质与量表现出恐慌不安的情绪）；C 类型（即公开表示敌意或攻击他人的情感）；D 类型（即主要特征是依赖心特别强）；E 类型（即在社会性方面表现非常迟钝）。其五是自我定位，规划人生，就是明确"我能干什么？""社会可以提供给我什么机会？""我选择干什么？""我怎么干"等问题，使理想可操作化，为职业发展提供明确的方向。至于组织的角色和任务则表现在四个方面。一是组织内部的多个角色，包括企业最高领导者、人力资源管理部门、职业生涯委员会、职业生涯指导顾问和各级管理者（同级、直接上级、直接下级）。二是组织的各项管理活动，包括职业发展方向和策略的提出，组织和工作的分析，了解员工个人的发展需要，心理契约的管理，以及营造良好的组织支持条件，诸如管理部门的支持、人事政策的调整等。三是组织的具体任务，包括确定不同职业生涯期的职业管理任务，职业生涯规划的定期检查以及信息传递机制和职业指导等，重点是要设计职业生涯阶梯模式，是选择单阶梯模式、双阶梯模式，还是多阶梯模式？四是组织在职业管理中开发的具体步骤和具体方法，包括职务分析、员工基本素质测评，建立与职业生涯管理相配套的员工培训与开发体系，制定较完备的人力资源规划，制定完整、有序的职业生涯管理制度体系等。①

三是职业匹配过程管理。人岗匹配的思想最早出现在科学管理时代，如科学管理之父——弗雷德里克·温斯洛·泰勒（Frederick Winslow Taylor）在《工厂管理》一书中提出了人岗匹配的思想，要求员工与岗位相适应，主张将过去由工人挑选岗位转变为由岗位挑选工人；管理过程之父——亨利·法约尔（Henr Fayol）在《工业管理与一般管理》中，通过深入、细致地研究各类员工应该具备的素质与能力，归纳了各类员工的能力结构；并且在组织理论之父——马克斯·韦伯（Max Weber）的理论体系中也体现了人岗匹配的思想，认为在挑选每个岗位的候选人时，依据技术条件和技术工具，最好的办法是通过考试或证明其技术证书来挑选员工或者使用两种方法的结合，员工是靠任命而不是通过选举产生的。

中国对于如何选人与用人等问题的研究由来已久，并积累了对人岗匹配研究颇具积极影响的思路和方法。例如，廖泉文在《人力资源管理》一书中提出了"三维策划"的思路，即通过个人对职业匹配的主动策划、组织的职业匹配策划以及职业匹配过程重新策划管理职业匹配过程，并共同构成职业匹配策划的统一体。其中，职业匹配过程的主动策划强调个人最终要肩负起开创其职业规划的责任，为建立目标和完善职业计划，每个人都需要识别自己的知识、技能、能力、兴趣和价值观，并寻找有关职业选择的信息。当然，职业匹配过程是一个长期而艰难的过程，几乎很少有人对其职业道路是完全满意的。大多数人对某一阶段是满意的，对另一阶段是比较满意的，而对其余阶段是不满意的。面对这些职业匹配的难题，个人需要对自身的职业发展因素进行分析，主动进行职业生涯规划。职业匹配过程的组织策划要求紧扣考核这一条主线，分五个步骤实施。在招聘时，必须对其能力、素质、性格、气质等进行测评，对其背景资料，包括学历、专业、专长、兴趣、学校成绩等进行收集，初步拟定适合的岗位。在上岗前，必须对其进行有针对性的上岗培训，同

时，评估其能力和岗位胜任度；在员工进入角色前，组织必须对其工作能力、态度、品行、业绩等进行跟踪考评，从而确定其对该岗位的胜任程度并考虑是否有更加匹配的岗位；经过跟踪考评后，组织应考虑对员工的职业进行具体设计，如培养方案、职位晋升和一定的工作压力，给他更多表现的机会等；培养方案实施时，进行培训考评和跟踪评估，逐步完成组织对其职业的策划。上述五个步骤均须建立人事档案，以不断比较每次评估的正确程度，预测其未来可能的行为及其可能达到的高度，对人力资源进行优化配置。职业匹配过程的重新策划有三种情形：其一是职业发展道路的三大阶段，第一阶段是适应新环境，第二阶段是创新阶段，第三阶段是对工作的再适应。其二是职业发展道路遭遇第一次挫折时，通常会发生职业的平移或职业的轻微变更。其三是职业发展道路遭遇第二次挫折时，需要对职业进行重新设计。①

2. 组织的胜任力模型

有关胜任力的研究源于组织行为学和心理学的理论和实践研究内容，最早对胜任力的研究应该追溯到"管理科学之父"——泰勒（Taylor）的相关研究，他通过时间—动作研究来分析特定工作对员工能力的要求，成为最早开始对胜任力进行分析和研究的学者，其研究被称为管理胜任特征运动。麦克米兰（McClelland）对胜任力展开了系统的研究，他在帮助美国外事局甄选驻外联络官的过程中，发现传统能力测验预测驻外联络官效率低，而且也不公平。他使用行为事件访谈方法挑选驻外联络官，发现驻外联络官具有三种核心胜任力：跨文化的人际敏感性、快速进入当地政治网络和对他人的积极期望。在此基础上，他提出了胜任特征的概念，在1973年发表《测量胜任特征而非智力》。表5-11罗列了有代表性的胜任力定义，一致认同胜任力包括知识、技能、动机和特质等要素，同时，胜任力与工作绩效存在密切关系。通过胜任力可以预测员工

---

① 廖泉文. 人力资源管理［M］. 北京：高等教育出版社，2003：241-243.

未来的工作绩效，并与员工的工作任务相联系，通过胜任力能够区分业绩优秀者与业绩一般者。因此，胜任力的定义可界定为能够预测从业者未来工作绩效的、能够把绩效优秀者与绩效一般者区分开来的知识、技能、动机、社会角色、价值观和态度等的个体特征。

表 5 – 11 有代表性的胜任力定义

序号	代表作者	胜任力定义
1	麦克米兰 （McClelland，1973）	胜任力是与工作绩效或生活中其他重要成果直接相似或相联系的知识、技能、能力、特质或动机，它能够在特定的工作岗位和组织环境中区分绩效优秀者与绩效普通者
2	博亚特兹 （Boyatzi，1982）	胜任力是一个人所拥有的导致其在一个工作岗位取得出色业绩的潜在特征，这些特征可能是个人动机、特质、技能、自我形象或社会角色及其所具备的知识
3	斯宾塞 （Spencer，1993）	胜任力是指，能将某一工作（组织、文化）中成就卓越者与表现平平者区分开来的个人潜质，它可以是动机、特质、自我形象、态度或价值观，某领域的知识、认知或行为技能——任何可以被可靠测量或计数的且能显著区分优秀绩效与一般绩效的个体特征
4	诺德豪格 （Nordhaug，1994）	胜任力是能产生工作绩效的知识、技能、能力的组合

资料来源：本书课题组整理。

为了科学地理解和运用胜任力，有必要对胜任力进行详细分类：根据胜任力的显现程度不同，分为外显胜任力和内隐胜任力；根据胜任力适用的范围不同，分为专业技术胜任力、可迁移胜任力和通用胜任力；根据胜任力的情景具体性不同，分为元胜任力、行业通用素质、组织胜任力、标准技术素质、技术行业胜任力和特殊技术胜任力，详见表 5 – 12。

表 5 – 12 胜任力的分类标准及类型含义

序号	分类标准		类型含义
1	胜任力的 显现程度	外显 胜任力	也称为基准胜任力，是员工最基本的素质，是完成工作需要的最低标准和要求
		内隐 胜任力	也称为鉴别性素质，包括动机、特质和价值观等，真正能够将表现优秀者和表现一般者区分开来，职位越高，它的作用就越大

续表

序号	分类标准		类型含义
2	胜任力适用的范围	专业技术胜任力	是指某个特定角色和工作所需要的胜任力，是员工为完成特定岗位职责在专业技术方面的要求
		可迁移的胜任力	是指在企业内不同角色都需要的技巧和能力，但重要程度和精确程度会有所不同
		通用胜任力	是指适用于所有工作的胜任力，它包括两个层次：一个是指，适用于一个企业所有工种的胜任力；另一个是指适用于任何企业的胜任力
3	胜任力的情景具体性	元胜任力	是指一个人胜任所有工作都必须具备的，包括最起码的知识和技能、职业道德、动力，具有很强的转移性和通用性。如果与素质的冰山模型比较，元素质主要包括冰山下面潜在的素质和冰山上面的非专业知识和非专业技能
		行业通用的素质	包括产业结构及其目前发展所需的知识、分析竞争对手战略和运作方面的能力、网络和联盟方面的知识等
		组织胜任力	包括企业文化、价值观和特定知识技能。企业可以通过榜样作用、文化宣传、工作轮换、培训开发、现场指导等积极的方式来形成这种组织内部的知识和技能，传播有关组织目标的核心价值和核心信息
		标准技术素质	是一个范围更广的具有操作定向的胜任力，主要通过常规的教育体系、学徒关系和内部培训等方法获得
		技术行业胜任力	在行业内可跨企业流动使用，并且仅仅可用来完成一个或少量有限的工作任务
		特殊技术胜任力	仅仅解决一个企业内非常少的任务，主要指企业独特技术和日常操作相关的知识和技能。只能在一个企业内产生，并且能够通过工作轮换、内部培训、师徒关系等渠道得到发展

资料来源：史东风. 基于岗位胜任力的石油企业中层管理者人岗匹配模型研究［D］. 成都：西南石油大学，2011：17.

国际上通用的胜任力模型，主要有冰山模型和洋葱模型两种。冰山模型是麦克米兰提出的模型，认为胜任力由五部分组成，根据显现程度不同，外显胜任力包括员工拥有的知识、技能和行为，浮出"冰山"的水面上；内隐胜任力包括态度、个性、动机和价值观等，位于"冰山"的水下部分。在胜任力"冰山"模型中，外显胜任力与内隐胜任力两部分共同决定了员工的行为。洋葱模型是美国学者博亚特兹（Boyatzi）提出的模型，它表现了构成胜任力的核心要素，展示了观察、衡量胜任力各个构成要素的难易程度。

我们认为,对于任何一个人来说,用环境定义其胜任力是最有效的,包括个人角色和职位层级,以及一些组织层面的因素。例如,某些胜任力对于一个财务分析人员来说相对要比对于客户服务人员来说重要,一些能力对于个人的绩效来说要比对于管理者的绩效重要,而有些能力对于工作重心是关注运营效率的人来说是重要的胜任力,但对于那些重心是关注突破性变革的人来说可能就不那么需要了。因此,胜任力可以被划分为不同的组别,用来定义在不同环境下的成功。这些特殊的胜任力模型通常被作为"胜任力档案"提及,其应用具体包括以下三点:一是特定角色的胜任力要求是基于工作分析的,通常被用来建立工作说明、指导行为面试、建立发展计划,是任命或晋升过程中人员选择的参考,并且通常贯穿于人力规划中,因为人力规划要做的事情是判定哪些人、哪些能力是组织执行其战略所必需的。二是特定岗位的胜任力要求通常对建立职业规划和职业发展的作用更大。职业发展的新趋势需要关注员工在职业发展中的责任,甚至可能意味着针对全体员工的职业发展计划会逐步取代针对少数人的职业发展规划。职业发展计划使我们相信,不只是那些在高潜力的名单列表中的人,所有员工都必须学习和成长。三是组织核心胜任力要求反映的是一系列关键的胜任力,这些胜任力是支持组织塑造自身能力和文化以达到战略目标所必需的。换而言之,一个精确的胜任力模型描述了那些在特定环境中表现优秀的、能胜任的人。

3. 组织的培训与发展

正如我们在调查中所发现的,有高达 78.75% 的参与者认为组织的培训对个人的成长益处很大,如图 5 - 4 所示。事实上,无论从组织角度还是从个人角度来说,培训已经深入人心,已成为组织发展和个人发展不可或缺的工具,认为人力资源开发与人力资源培训是组织不断学习新知识的源泉。具体来说,从职位角度看,培训能使员工获得或改进与工作有关的知识、技能、态度和行为,不断增进其工作绩效,适应职位需求;

从员工角度看，培训能满足员工职业生涯发展的需求，即员工经过培训后可以提高自身的知识和技能，增强就业能力，加大获得较高收入的机会；从组织角度看，培训能增强组织的凝聚力和竞争力，因为通过培训可以使员工对组织的目标、任务、文化等都有更加深刻的理解，可以增强员工对组织的认同感和责任心，增加其团队协作精神，培养其创新精神与创新能力；从战略角度看，培训能满足组织长远的战略发展要求，通过储备大量组织发展壮大所需要的人才，使组织在技术、人才等核心竞争力方面一直保持优势。

你认为组织培训对您有多大益处？

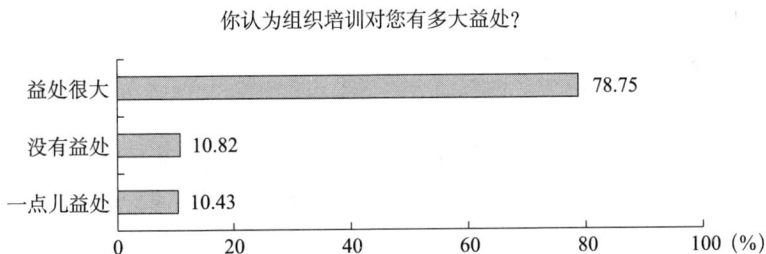

图5-4 培训作用调查结果

资料来源：本书课题组统计绘制。

但培训也使得越来越多的组织对它爱恨交加：一方面，在培训上不惜代价，甚至在选择培训师时不求最好，但求最贵；另一方面，员工在参加培训后似乎长了见识，但工作表现却原地踏步，没有根本性改变。因此，"投资要回报，培训要实效"成为决策者和培训部门关注的核心问题。因为只有让培训见到效果，才有可能真正解决组织中存在的问题。于是，有人提出了3个"90～10规律"，即员工的学习90%以上并非来自正式培训，而是来自课堂之外；员工发展的责任90%以上应当由直线经理而非专业的培训部门承担；组织中出现的问题，90%以上都不是培训所能解决的。[①] 具体对策就是从培训1.0进入学习2.0，倾向于将工作

———————

① 康至军，施琦，蒋天伦. 人力资源开发阅读地图：如何让培训更有效［M］. 南京：江苏人民出版社，2013：17-21.

实践与课堂学习结合起来，将实践经验与正规学习结合起来。越来越多的组织开始重视课堂之外的人才培养手段，如图 5 – 5 所示，如工作外的特别任务、导师/教练以及工作内的特别任务更为有效。例如，某银行综合运用课堂学习、实践锻炼、重点项目、海外进修等方法来培养管理者，强调课堂学习、人际互动和工作历练在人才培养中被混合使用。

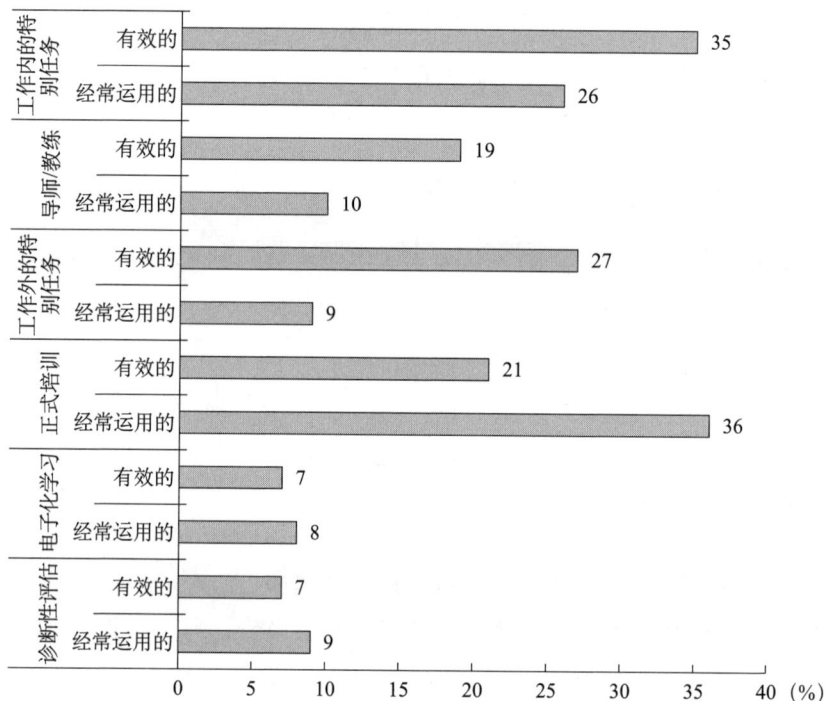

图 5 – 5　人才培养手段的运用频率与有效性

资料来源：本书课题组统计绘制。

因此，从培训到学习转换后，首席执行官（chief executive officer，CEO）、直线经理、人力资源部和员工的角色及责任都发生了根本性变化，详见表 5 – 13。

表 5 – 13　　　　　　　从培训到学习转换后的角色与分工

角色	培训	学习
首席执行官	依靠外部专家	营造学习氛围 亲自授课，教学相长

续表

角色	培训	学习
直线经理	把责任交给人力资源部 对正式培训的高期望	承担起培养下属的责任 随时随地的教练和指导
人力资源部	组织令人愉快的培训	营造学习氛围，促进学习 提供学习资源和随时随地学习的条件
员工	期望主管、人力资源部对自身职业 发展负责 对正式培训的高期望	自己承担起职业发展的责任 在工作中学习

资料来源：本书课题组整理。

4. 组织的教练技术

教练（coaching）源于体育。顶尖的网球手、高尔夫球手和其他竞技项目的运动员都有教练。教练主要帮助他们提高技能、磨砺技术、制定重大赛事的行动战略。从字面上看，"coach"原意是马车的意思，是指把人从 a 点运到 b 点。现在，我们都把它翻译成教练，寓意教练可以帮你从现在的 a 点达到目标 b 点。

20 世纪 80 年代，美国正经历着从工业社会到知识型社会的转型，经理们发现以传统的工作模式无法解决企业的新问题，同时也发觉企业的大环境每天都在快速地变化，而知识的更新速度和信息的堵塞，使得企业在管理知识型员工方面遇到了诸多障碍。传统的顾问式管理无法提升企业的竞争力，如何适应巨大而迅速的变化？如何令各种类型的知识型员工更具创造力？美国一些著名企业的管理者们，开始借用体育教练的概念，植入企业为管理服务，从而发展出企业教练行业。"coaching"作为一种管理技术从体育领域应用到企业管理领域，企业教练应运而生，也有人翻译为教练技术或态度教练等。美国职业与个人教练协会（PP-CA）把教练行为定义为一种动态关系，意在从客户自身的角度和目的出发，由专人教授他们采取行动的步骤和实现目标的方法，做这种指导的人就是教练（coaches）。简而言之，教练主要着眼于激发学员的潜能，它是一种态度训练（attitude training），而不是知识训练（knowledge training）或技巧训练（skill training）。教练不是帮学员解决具体问题，而是利用教练技术反映学员的心态，提供一面镜子，使学员洞悉自己，从而理清自己的状态和情绪。教练会对学员表现的有效性给予直接回应，从而促使学员及时调整心态、认清目标，以最佳状态去创造成果。其中，以谈话沟通的形式促成学员主动改变心态，是教练技术的基本方式。具体来说，教练技能主要涉及倾听技能、分析技能、面谈技能，有效发问技术、观察、直觉、好奇心、行动/学习、给予反馈和接受反馈、沟通和设置清晰的期望，创造实施教练的支持性环境以及自我管理等。

为了更清晰地理解 coaching 的含义，我们把它和 mentoring、training 区别开来：coaching 在中文里可以笼统地译为教练，是指通过心态的调整来支持他人，为了某个特定的目标而制订计划，激励并挑战学员有创意地克服障碍来完成计划的过程；training 是由拥有特定专业技术的人来传递特定的课程，通常是为他人的某个特定目标和掌握某种技巧服务；mentoring 的执行人被称为导师，是以言传身教的方式帮助学员树立人生观的人，如中国古代的孔子。另外，教练也不同于我们比较熟悉的顾问，顾问是为具体的问题提供咨询、解答和解决方案，而教练是从拓宽人的信念入手，着眼于激发人的潜能。建议把 coaching 定义为教练的过程更准确；coach 代表教练；coachee 指被教练者；coaching technology 指教练技术。

因此，教练技术不是为了让被教练者知道一些事情，而是为了让对方真正做到一些事情，而人的能力提升又是无法用教授的方式来完成的，最好的方式是采用体验式学习，其学习过程只有通过亲身体验才能最终有效地完成。过去，我们对于知识技能的学习都是向外的，而体验式学习却像生活中其他体验一样，是内外结合的，是个人的身体、情绪、思维通过外在参与的内在所得。体验式学习又称为"发现式学习""活动学习"或"互动学习"，在学习过程中先由学员自愿参与一连串的活动，然后发现他们所经历的体验，从中挖掘他们获得的感受和觉悟，最终目的是将这些心得应用于日常生活及工作。其特点就是必须通过亲身体验才能掌握，而一旦掌握，就很难忘记。体验式学习由四个环节组成：一是行动（do），即体验的过程是以学员为主体，实践学习为主导，学员主动获得知识的过程。行动是体验式学习过程的开端，参加者的投入与参与程度决定了他们的收获。二是发现（discover），探索发现的过程让学员置身其中，令其有切身体验，通过观察、表达和行动的形式发现不同的可能性。三是联系（connect），每个人有了体验以后，很重要的是与其他参加者探讨、交流，以及反映自己的内在生活模式。分享个人的感受只是第一步，关键环节则是把分享的东西与生活和工作结合起来。四是选择（choose），即让参加者通过体验不同的结果，选择更有效的解决方案。选择本身也成为另一种体验，有了新的体验，循环又开始了。因此，参加者可以不断进步。根据这四个步骤的英文缩写，我们可以简单地把体验式学习称为"DDCC"循环。

正如美国在调查中所发现的，培训能增加22.4%的生产力，而培训连同"教练"能增加88%的生产力。目前，专业的教练可分为四类：一是企业教练，即协助企业成功，对象是整个组织和团队以及个人；二是行政教练，即协助各种组织的中高层的行政人员改善表现，从而促进整个团队的成效；三是内部教练，已有不少企业设有内部教练的职位，以配合企业发展，协助员工提升，培育积极的工作态度；四是个人教练，即协助个人达成特定的目标，包括学业规划、事业规划和事业发展、改善人际关系、婚姻生活、亲子关系、人才培养、时间管理以及促进个人成长等。也有的是协助实现特定的短期目标，如促成短期事业目标、培养人才、改善健康状况、升职升学、孩子健康成长、理顺人际关系、工作规划，等等。企业教练先驱——添·高威（Tim Gallway）提出了一个经典公式：表现＝潜能—干扰，强调一个人的表现不佳，并不是他没有这个潜能，而是因为有更多的干扰存在，从而降低了他的表现。这个公式是教练技术中的"牛顿定律"，具有举足轻重的作用。同时，教练技术还有一个极其重要的核心原理是"信念—行为—成果"。意思是信念决定行为，行为决定成果。人的信念很难改变，但信念拓宽之后会有所不同！如何衡量信念是否需要拓宽？为什么要改变态度？其最终的立足点是人的目标。当目标确定了，与之不相符的态度和行为都需要改变，而根源中的各种干扰目标实现的信念也就需要拓宽了。由此可见，教练技术有两个核心点：一个是支持被教练者降低、拿掉干扰；另一个是支持被教练者拓宽信念，看到新的可能性！一个人看到了可能性才愿意做事，他才会从内心产生行动的张力，才愿意付诸行动。人一旦开始了新的步伐，而且从中得到了好处，便会渐渐脱离旧有的习惯，坚定迈向新的道路。概括来说，这两个法宝就是：表现＝潜能—干扰；信念—行为—成果。

张艳丽在其博士论文中将教练模型概括为四种。一是教练过程模型，如果整个过程要成功运行，教练就要很好地完成每一阶段的任务；如果遗漏某一个阶段或者集中于某一个阶段而忽略其他阶段，那么，结果就将变得混乱而糟糕。二是内隐模型，分别为临床模型、行为模型、系统模型和社会建构模型。其中，临床模型的教练者会使用一些人格测验以更深入地了解被教练者的个性，从而发掘出那些指导被教练者行动的主要思考方式和信念。行为模型的教练者会采用绩效评价、360 度反馈等方法获悉被教练者的行为偏差，进而引导被教练者思考如何改变行为。系统模型使教练者相信被教练者是与组织系统不可分离的，教练的过程必须受到被教练者的上级和其他关键相关者的支持。从社会建构角度出发的教练者则会倾听被教练者讲述的故事以理解其行动的指导框架，并且通过询问与被教练者相关的人员，获得被教练者与组织其他成员的分歧。三是领导力发展模型，该模型包括一系列方法，如探索、即兴创作、试验、运动等，进而帮助被教练者发展洞察力和新的观点，使他们能够采取有效的行动并快速适应组织的变革。教练过程中强调的是，教练者与被教练者的相互质询和对信息与事件的综合分析。四是教练的前因变量与结果变量的综合模型，此模型选择了教练的部分前因变量（情感上的组织承诺、促进学习的信念和过去作为被教练者的教练程度）和结果变量（领导—成员交换关系质量、下属的工作满意度）进行了实证分析，发现管理者促进学习的信念和过去作为被教练者的教练程度对管理教练具有显著的正向影响，而情感上的组织承诺对管理教练具有较弱的正向影响，管理教练通过提升领导—成员交换关系的质量进而提高下属的工作满意度。[①]

5. 组织的继任计划

继任计划是所有组织都应该考虑的问题，但中小型企业却往往没有为未来做好充分准备，因为似乎总有其他更为重要的事情需要处理。提前储备下一代管理者能够确保公司可持续繁荣发展，然而，这个问题并没有引起许多中小型企业的关注。许多中小型企业将没有关注继任计划等非紧急问题的原因归咎于缺少财务资源，或者无力承担额外工作和缺少专门的员工管理资源。实际上，损失关键职位的员工对中小型公司的影响非常大，所以公司绝对值得花时间去预防这种风险，因为员工人数越少，意外离职对公司造成的影响就越大。目前，促使组织把继任计划纳入人才管理战略的主要压力来源有两个，一个是劳动力老龄化；另一个是外部人才短缺。这两个压力已经变得越来越紧迫。

由此可见，继任计划是指，在领导梯队中培养各级高绩效人员，以保证每个领导层级在现在和将来都拥有足够的高绩效者，从而确保组织基业长青并具有持续的竞争优势。这里有必要讨论和澄清一些概念的定义。一是替代计划，它是指在紧急时刻为关键人和关键职位提供备用人选。当某人被列入替代计划中，并不能保证他一定会得到晋升，替代计划可以为高层在组织内外寻找有资质的候选人赢得时间。二是继任计划，主要是发展组织现有人员以备将来使用，帮助组织机构拥有应对未来人才需求的后备力量。三是继任管理，是指通过教练、指导、反馈、咨询和开发来培养未来人才的日常管理过程。四是职业规划，是指个人澄清未来的职业目标和职业理想，并制定发展规划的过程。五是职业生涯管理，是指组织澄清职位与职位之间关系的过程。六是人才管理，是指吸引、发展、保留和安置最优人才的过程。七是人力资本管理，它涉及管

---

① 张艳丽. 管理教练行为模型研究 [D]. 大连：大连理工大学，2008：24.

理组织中的人员，也意味着从财务的角度日益重视员工创造力和创新性对于组织获取和保持竞争优势的作用。八是人力规划，即比较整体上组织可获得的人才（人才供应）与组织为达成战略目标所需要的人才（人才需求）之间匹配程度的过程。由于这些概念在内涵上有所重合，在使用过程中容易引起混乱，但总体来说，继任计划可以包括所有以确保组织、部门或团队持续而有效的绩效为目的，针对关键人才的培养发展、替代和策略应用的活动。

李飞在《继任计划》一书中提出了建立有效继任计划的十大关键步骤：第一步是澄清高层对继任项目的期望和倾向；第二步是根据目标岗位建立人才池的胜任力模型；第三步是实施个性化的多人全方位评估，找准员工当前能力与目标能力之间的差距；第四步是建立一个全组织的绩效管理系统，尽可能客观地评估员工的绩效；第五步是评估个人在更高层级取得成功的潜力，潜力评估关注于未来；第六步是建立常规的、可以执行的个人发展计划（IDP），以帮助员工发展自己并为将来的晋升做好准备；第七步是实施个人发展计划（IDP），即建立领导力和管理发展项目，提供发展建议的胜任力菜单；第八步是建立人才地图，确保人事决策者在需要的时候能够立即找到组织内的人才；第九步是明确员工与管理人员在系统继任计划中的职责；第十步是评估系统性继任计划的效果。①

伯杰（Berger）在《人才管理》中提出要整合继任计划和职业规划，其可以帮助组织机构建立有实力的后备人才队伍以适应未来人才的需求。这两个项目的共同之处是都需要清晰地描述当前的工作职责、胜任水平、绩效要求、未来的胜任力需求以及是否具有未来能够胜任的潜质、能力发展的方式和评价策略等。一个值得模仿的继任计划和职业规划项目应该包括什么？这取决于以什么样的组织为参照标准，在不同行业、不同国家文化和组织机构规模中会有一些变化。但可以肯定的是，绝大多数

---

① 李飞. 继任计划［M］. 北京：地震出版社，2004.

最佳实践机构确实用一个战略性的模型或者人才地图来整合继任计划和职业规划项目的组成部分，具体包括十大部分：一是确定继任计划和职业规划策略的最佳时间；二是制定方针、目标、角色和职责；三是澄清当前工作职责和工作胜任力；四是管理并衡量绩效；五是招聘和选拔有才能的人以满足目前及未来的需要；六是保持未来工作职责、员工胜任素质与组织战略一致；七是评估晋升潜力，主要方法有上级自主评定、上级根据标准评定、360度评估、评价中心、心理测验、公文筐测验、高阶任务、内部轮岗或外部轮岗、实际工作预演；八是通过个人发展计划和行动缩小发展差距；九是人才留任和知识传承；十是结合目标评估项目结果。表5-14是整合继任计划和职业规划最佳实践的比较评估单。[①]

表5-14 整合继任计划和职业规划最佳实践的比较评估单

引言：用本评估单比较你所在组织机构与整合继任计划和职业发展计划的最佳实践。左边是列出的条目，在右边栏目中对你所在组织机构的情况进行打分。用下面的等级来衡量你的评估：1＝没有效果；2＝有点效果；3＝有效；4＝非常有效。评估完后，计算右边栏目的总分，并根据下面的准则来解释分数

你所在的组织机构在整合继任计划和职业生涯计划时：	评估			
	没有效果	有点儿效果	有效	非常有效
1. 决定继任计划和职业规划何时会成为恰当的战略	1	2	3	4
2. 制定项目方针	1	2	3	4
3. 制定可衡量的项目目标	1	2	3	4
4. 确定重要相关责任人的角色	1	2	3	4
5. 制定重要相关责任人的责任	1	2	3	4
6. 澄清当前工作职责	1	2	3	4
7. 澄清当前员工胜任力	1	2	3	4
8. 管理当前工作绩效	1	2	3	4
9. 测评当前工作绩效	1	2	3	4
10. 招聘和甄选人才以满足目前需要	1	2	3	4
11. 招聘和甄选人才以满足未来需要	1	2	3	4

① ［美］兰斯·A. 伯杰，多萝西·R. 伯杰. 人才管理：甄选、开发、提升最优秀的员工，让人才成为组织的持续竞争优势（第二版）［M］. 北森人才管理研究院，译. 北京：中国经济出版社，2012：113-124.

续表

你所在的组织机构在整合继任计划和职业生涯计划时：	评估			
	没有效果	有点儿效果	有效	非常有效
12. 让未来工作职责与组织战略保持一致	1	2	3	4
13. 让未来员工胜任力素质与组织战略保持一致	1	2	3	4
14. 评估员工晋升潜能	1	2	3	4
15. 通过个人发展计划和行动缩小发展的差距	1	2	3	4
16. 保留人才	1	2	3	4
17. 知识传承	1	2	3	4
18. 依据目标评估项目结果	1	2	3	4
总分（将右侧栏目的分数加总，并把总数写在右边一栏）总分在 72～55 区间，恭喜你！你的组织最接近最佳实践；总分在 54～37 区间，组织在正确的路线上。对于分数偏低的要更加注意：总分在 36～19 区间，组织与最佳实践的差距很大，需要相关的提升措施；总分在 18 分以下，说明组织得分远低于平均值，亟须采取行动，提高组织承诺，强化组织的后备力量				

资料来源：［美］兰斯·A. 伯杰，多萝西·R. 伯杰. 人才管理：甄选、开发、提升最优秀的员工，让人才成为组织的持续竞争优势（第二版）［M］. 北森人才管理研究院译. 北京：中国经济出版社，2012：113-124.

第四节　OCD 技术与创新创业人才队伍建设的关系研究

综上所述，职业生涯开发技术对个人和组织都有重要的影响，无论是基于个体的职业生涯开发（PCD）技术，还是基于有组织的职业生涯开发（OCD）技术，都是利用从研究和实际经验中获得的现有知识或从外部引进技术为职业生涯实践进行实质性的改进，以达到有效、便捷等特定目的的方法和手段，因而对创新创业人才队伍建设具有直接的指导意义，特别是有组织的职业生涯开发（OCD）技术是创新创业人才队伍建设最直接、最有效的工具。

（一）OCD 技术与创新创业人才队伍建设的作用机理研究

1. 机理与机制的内涵

机理是指，事物变化的理由与道理，是为实现某一特定功能，一定的系统结构中各要素的内在工作方式以及诸要素在一定环境条件下相互联系、相互作用的运行规则和运行原理。例如，在化学动力学中，机理是指，从原子的结合关系中来描绘化学过程；如果其过程是动力学控制的，机理是指，原子水平的表面过程；在化学气相沉积中，机理的含义更加广泛。其核心思想包括三方面：一是特定目标；二是影响目标的各种要素；三是各要素的相互关系。判断机理的优劣，主要考察其能否实现或在多大程度上达成预期的特定目标。

与机理相关的一个概念是机制，原指机器的构造原理和动作原理，包括两方面内涵：一是机器由哪些部分组成和为什么由这些部分组成；二是机器是怎样工作和为什么要这样工作。其引申义是指，有机体的构造、功能及其相互关系。在不同的领域会产生不同的机制，例如，在经济学研究中用经济机制一词来表示一定经济机体内各构成要素之间的相互联系和相互作用的关系及其功能，在社会科学研究中，机制可以表述为在正视事物各个部分存在的前提下，协调各个部分之间关系以更好地发挥作用的具体运行方式。因此，理解机制概念的内涵，需要把握两点：一是事物各个部分的存在是机制存在的前提，因为事物有各个部分的存在，即如何协调各个部分之间的关系问题；二是协调各个部分之间的关系，一定是一种具体的运行方式；机制是以一定的运行方式把事物的各个部分联系起来，使它们协调运行而发挥作用的。

机理与机制的区别在于，机理的重点在理上，表示原理、道理、理论；而机制的重点在制上，表示规则、条件、约束。在学术上，如果分析系统要素间的结构、行为以及关系等，两者可以通用；如果强调系统内部要素的运行原理，突出的是理论层面的解释，可以使用机理；如果强调系统要素对其他要素或者系统整体的影响，突出的是限制和规则，建议使用机制。例如，我们常说公司治理机制，而很少说公司治理机理。

2. 创新创业人才队伍建设的作用机理

作用的基本解释是对事物产生的影响或其功能、效果。作用机理是指，某一个机构、组织、肌体或自然现象等运行、工作、运作的功效、结果等的原理。创新创业人才队伍建设的作用机理则是指，在创新创业人才队伍建设过程中的各种因素及其相互关系的作用方式所遵循的原理、规则或道理。创新创业人才队伍建设是一个复杂的系统工程，其影响因素主要有如下几种。

一是政策环境因素。创新创业人才的成长受制于政治、经济、法律、文化等宏观环境因素，学术界与咨询界据此提出了 PEST 分析方法，即对影响组织机构的政治（political）、经济（economic）、社会（society）和技术（technological）这四大类主要外部环境因素进行分析，后来不断地被扩充为 STEP、DESTEP、STEEP、PESTE、PESTEL、PESTLE 或 LEP-EST、STEEPLE 与 STEEPLED 等，涉及的因素有政治（political）、经济（economic）、社会文化（socio-cultural）、科技（technological）、法律（legal）、环境（environmental）、教育（education）与人口统计（demographics）等。从创新创业人才队伍建设而言，最重要的还是政策法规，我们称之为政策环境因素。从某种意义上可以说，中国创新创业人才队伍的兴起是国家创新创业政策催生的结果。诚如中国科协撰写的关于"推进大众创业、万众创新"政策措施落实情况的评估报告所指出的，"双创"政策对稳增长、促就业、调结构成效显现；"双创"政策倒逼简政放权，市场活力进一步激发；"双创"政策对激发科技工作者的创新创业热情起到积极作用；面向"双创"的政策工具日益丰富；多层次的"双创"政策支持体系初步形成，其中，商事制度改革进展最快，最受欢迎，以众创空间为代表的创新创业平台发展势头强劲，投融资渠道多元化格局正在形成，"资源开放共享""研发支出加计扣除"等政策工具成效初显。[①]
据不完全统计，各地政府积极响应国务院"双创"政策，出台 2000 多项
相关政策，形成了从创意培育、项目支持、企业孵化到价值实现、创业
板上市的全生命周期政策支持链条。

二是教育培养因素。创新创业人才结合了创新活动和创业活动的双
重特征，是既能创新又能创业的复合型人才。他们不仅要具有创新精神，
有能力产生创新成果，而且要有通过创建企业来转化创新成果、创造价
值的能力。这就对创新创业人才提出了很高的要求。其内涵包括三方面：
其一是创新人才有动力创业；其二是创新人才有能力实现创业，并将技
术转化为市场成果；其三是创新创业人才有能力保证企业的持续成长，
巩固创新创业成果，在企业成长的同时实现创新创业人才的自我价值。[②]
显然，中国现有的教育体制和培养模式难以培养完全符合这种需要的人
才，于是出现了在第二章文献计量法分析中所发现的那样，中国现有创
新创业人才队伍建设研究的主题主要是创新创业人才培养问题，涉及的
关键词主要有创新创业、创新创业人才、创新创业教育、人才培养及其
培养模式等。教育部为此专门下文要求全国各级各类高等院校开设《大
学生职业生涯规划》《大学生就业指导》《创业基础》三门课程，并统一
编写了这三门课程的教学基本要求，全国各地教育主管部门每年还要进
行专项检查，关注这三门课程的落实情况及其落实效果。特别是 2018 年
6 月 21 日召开的新时代全国高等学校本科教育工作会议，审议通过了
《关于加快建设高水平本科教育全面提高人才培养能力的意见》以及七个
相关文件，概括起来就是"八个一"：落实一个根本任务（培养德智体美
全面发展的社会主义建设者和接班人）；坚持一个根本标准（立德树人）；
突出一个基础地位（本科教育在人才培养体系中占据基础地位）；强化一

---

① 郭哲，施云燕，宫飞. 关于推进"大众创业、万众创新"政策措施落实情况第三方评估的汇报 [J]. 科协论坛，2016（4）：42 - 44.

② 肖为群，樊立宏. 创新创业人才成长：一个整合框架分析 [J]. 科技管理研究，2014（10）：7 - 10 + 16.

个基本抓手（建设一流专业）；打造一支育人队伍（教师队伍素质直接决定大学办学能力和办学水平）；完善一套协同机制（抓实践教育，推进高校与实务部门、科研院所、行业企业合作办学、合作育人、合作就业、合作发展）；下好一步"先手棋"（持续推进现代信息技术与教育教学深度融合）；培育一流质量文化（把人才培养水平和人才培养质量作为一流大学建设的首要指标和国家标准）。因此，中国教育"玩命的中学、快乐的大学"的现象应该扭转，对中小学生要有效减负，对大学生要合理增负，提升大学生的学业挑战度，合理加大课程难度、拓展课程深度、扩大课程的可选择性，激发学生的学习动力和专业志趣，真正把"水课"变成有深度、有难度、有挑战度的"金课"。2018 年 6 月 26 日，国务院教育督导委员会派出核查组，对各地履行教育职责情况进行实地核查，这是我国首次对省级人民政府履行教育职责情况进行评价。核查的内容主要包括，贯彻执行党的教育方针情况，落实教育法律、法规、规章和政策情况，各级各类教育发展情况，统筹推进教育工作情况，加强教育保障情况，规范学校办学行为等 6 个方面、38 项测评内容、92 个测评点。

　　三是引进使用因素。现阶段，全国各级各地人民政府和组织机构都在花大力气"引进"创新创业人才，从中央政府到各级地方政府甚至到部门和各类组织机构都出台了一系列人才引进政策与措施。例如，江苏省委、省政府制定出台了《关于加强高层次创新创业人才队伍建设的意见》《关于实施江苏省"333 高层次人才培养工程"的意见》《关于推进江苏人才国际化的意见》等 20 多项人才重要文件，出台了鼓励和促进创新创业 50 条政策，出台了海外高层次人才居住证制度暂行办法等一系列重大人才政策。政策涵盖了培养、引进、使用等人才工作的各个环节和主要方面，形成了层次分明、相互配套、江苏特点的人才政策体系，党管人才的格局基本形成。① 范云鹏还就创新政策对大众创业、万众创新的

---

① 鲁旭. 江苏科技创新创业人才队伍建设研究 [J]. 特区经济，2013 (6)：49-52.

影响进行了实证分析，研究结果表明创新政策中的供给政策、需求政策、环境政策均对企业的创新动机和创新行为有显著影响。在影响方向上，创新政策对企业创新行为既有直接的正向激励作用，同时通过创新动机对企业的研发投入和非研发投入产生间接影响。在影响效果上，环境政策对企业创新动机和研发投入有最显著的正向影响。[①] 当然，还有人指出，人才政策在层级传递执行过程中也会出现基层政府执行偏差不适应的情形，具体表现为"层级传递中的政策功能异化、多部门执行中的政策实施梗阻、政策对话中的信息传送阻塞"等现象。[②]

因此，最关键的问题可能不是创新创业人才的引进，而是创新创业人才的使用。于是，有人研究创新创业人才的保留机制，包括人才激励与人才流动，结果发现，产业集群对创新创业人才的保留因素可分为三类：一类是保留主体，即产业集群中的各类机构和组织。政府机构、行业协会、金融机构和教育在内的科研、法律等咨询服务机构组成保留主体，专业化、完备的服务主体为创新型创业提供可能，也形成人才保留因素。第二类是产业集群的保留环境，良好的市政基础设施、商务设施和生活设施构成了保留环境，为创业者生活和创业活动提供了便利，形成人才保留条件。第三类是保留氛围，即产业集群中鼓励创新和冒险以及允许失败的氛围等，优秀企业的示范作用，创业成功者的激励作用，创业失败者的警示作用，形成保留的氛围。[③] 叶培群还专门研究了创业氛围的形成机理及其对地区创业绩效的影响，认为创业者以草根阶层为主，各级政府出台的各种扶持政策是形成浓厚创业氛围的重要因素。[④] 其

①　范云鹏. 创新政策对大众创业、万众创新影响的实证分析——以山西省为例 [J]. 经济问题, 2016 (9): 87-92.

②　陈丽君, 傅衍. 人才政策执行偏差现象及成因研究——以 C 地区产业集聚区创业创新政策执行为例 [J]. 中国行政管理, 2017 (12): 95-100.

③　郑琦. 产业集群的创新型创业人才保留机制研究 [J]. 财经理论研究, 2014 (4): 21-27.

④　叶培群. 创业氛围的形成机理及对地区创业绩效的影响: 浙江实证 [J]. 科技管理研究, 2012 (12): 62-66.

中，特别是对创新创业人才的孵化成为学界与业界共同关注的重大课题。例如，刘容志研究的重点是产业集群创业人才孵化主体的互动与协调，系统阐述了孵化系统协调的内涵和目标，剖析了产业集群创业人才孵化过程中的资源配置与主体协同，并通过跨案例对比分析法，实证研究了政府主导型、行业协会主导型、高校主导型产业集群创业人才孵化系统的协调机理，提出了产业集群创业人才孵化系统协调性的提升路径，构建了产业集群创业人才孵化系统协调的整合模型。① 陈芳关注的是，产业集群创业人才孵化因素及其作用机理的研究，实证研究了产业集群创业人才孵化的促进机理，构建了产业集群创业人才孵化的概念模型、阶段模型、功能模型，提出了产业集群创业人才孵化链的功能提升机制。②

根据我们提出的创新创业人才队伍建设的"三驾马车"理论模型，教育培养因素的作用主要体现为增量功能，解决增量创新创业人才问题；引进使用因素的作用主要表现为存量功能，盘活存量创新创业人才问题；政策环境因素主要发挥潜量的作用或功能，解决潜量创新创业人才问题。据不完全统计，1965～1985年美国的工作岗位量在原有基础上增加了50%，其中半数以上都是由新生企业和中小型企业创造的。③ 但所有这些研究有一个欠缺或不足，就是忽视了职业生涯开发的作用或功能。因此，我们在"三驾马车"的基础上加入职业发展因素，由此构成了中国创新创业人才队伍建设的作用机理模型，借此促进中国创新创业人才队伍建设的蓬勃发展，并形象地命名为"四季常青"机理模型，如图5-6所示。显然，这是一个交互影响的系统工程，任何一个环节或要素出现问题，都会直接或间接影响其他因素，从而影响创新创业人才队伍建设的

---

① 马晶晶. 政府促进创新创业的公共政策和服务的效果评估与分析 [D]. 西安：西安电子科技大学，2015：1.

② 刘容志. 产业集群创业人才孵化主体的互动与协调研究 [D]. 武汉：华中科技大学，2012.

③ 陈芳. 产业集群创业人才孵化因素及其作用机理的研究 [D]. 武汉：华中科技大学，2011.

数量、质量与结构，进而影响我国创新创业人才队伍建设的可持续发展。齐玮娜在其博士学位论文中甚至提出了创业质量问题并进行了理论与实证研究，认为创业异质性和创业悖论现象对西方创业理论中的"创业活动都是在良好制度背景下的具有创新性和机会导向的高质量创业"的假设提出了挑战，而大量实证研究结果的模糊性也意味着创业数量不再是一个反映区域创业水平的好指标，并强调研发投入与创业具有一定程度的替代关系，即在高研发投入和低创业水平的地区，存在"知识悖论"现象，而在研发投入过低，创业活动活跃的地区，存在创业悖论现象。①

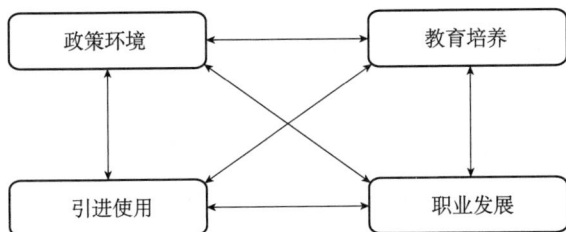

图 5-6 创新创业人才队伍建设的"四季常青"机理模型

资料来源：本书课题组编制。

四是职业发展因素。越来越多的研究发现，职业发展不仅是一个个体的事情，而是个体与组织共同承担的事情。例如，胡翔在其博士学位论文中研究了新生代员工的自我效能、组织认同与责任心的产生机制，结果发现新生代员工与老一辈员工在工作价值观、自我效能、组织认同、责任心、组织公平感、基于组织的自尊、领导方式感知、心理韧性等方面存在显著差异，且这种差异可以从年龄差异中分离出来界定为代际差异。新生代员工具备很强的独特性，要求避免采用"一刀切"的管理方式，而应针对不同的群体采用个性化的管理策略，以期最大化发挥各个

---

① 齐玮娜. 创业质量的理论与实证研究——基于区域经济的视角［D］. 广州：暨南大学，2015.

群体的优势。① 朱怡从个人与组织匹配的角度对新员工组织社会化策略与离职倾向关系进行了实证研究，发现组织社会化是促使新员工个人—组织匹配形成的重要机制，如何实现组织既希望有稳定的雇用关系又能够保持组织的灵活性，个人与组织的高质量匹配关系就是关键，但新时代员工不是追求长期雇用安全，而是更加关注对职业生涯发展的规划，甚至通过追求流动性以获得更多的学习机会和更大的发展空间。② 因为职业生涯管理可以提升员工对组织的敬业度，实证分析表明，我国员工感知的组织职业生涯管理、自我职业生涯管理及敬业度水平处于中等偏上程度，其中：员工感知的组织职业生涯管理及其各维度与敬业度呈显著正相关，对敬业度有预测能力；员工感知的组织职业生涯管理与自我职业生涯管理呈显著正相关，对自我职业生涯管理有预测能力；自我职业生涯管理整体上与敬业度呈显著正相关，对敬业度有预测作用；自我职业生涯管理在员工感知的组织职业生涯管理与敬业度之间起到部分中介作用；员工感知的组织职业生涯管理、自我职业生涯管理及敬业度会因员工的性别、岗位级别不同而呈现一定的差异性。③ 有人甚至明确提出职业发展的最终目标就是构筑个人和组织的双赢模式，④ 因为在社会这个大环境中开展职业生涯开发活动，涉及个体和组织两个利益相关者，其博弈机理可以从四个方面进行分析。诸如社会学中人们对自由的价值取向；微观经济学的最大化价值取向，包括组织的最大化和个体的最大化；人力资源管理视角的心理契约与组织承诺；以及组织和个体间的博弈分析。⑤ 通过职业发展双赢模式的构建，实现个人目标和组织目标在职业生

---

① 胡翔. 新生代员工自我效能、组织认同与责任心的产生机制——基于工作价值观的视角 [D]. 武汉：武汉大学，2015.

② 朱怡. 新员工组织社会化策略与离职倾向关系的实证研究：以个人—组织匹配为中介变量 [D]. 成都：西南财经大学，2014.

③ 裴雪玲. 组织职业生涯管理对敬业度影响的实证分析——以自我职业生涯管理为中介变量 [D]. 镇江：江苏科技大学，2017.

④ 马力. 职业发展研究——构筑个人和组织双赢模式 [D]. 厦门：厦门大学，2004.

⑤ 李福刚. 后企业时代组织职业生涯开发悖论及创新研究 [D]. 武汉：武汉大学，2004.

涯开发目标上"夹角"最小，从而实现员工不断发展和组织不断发展的双赢。有人将这种趋势称之为无边界职业生涯，强调员工职业生涯和组织之间的相互依存性；[①] 也有人称之为易变性职业生涯，认为易变性职业生涯产生的机理是个体对环境改变的适应性反映；[②] 还有人将员工与组织职业生涯管理的影响及其结果直接称之为员工生涯适应力。[③] 此外，也有人注意到创新创业人才职业的安全性问题，关注员工培训对组织承诺、离职倾向的影响，[④] 构建了"成长环境满意度""组织承诺""工作嵌入"影响"离职倾向"形成的多路径机理模型以及"机会感知""工作嵌入"调节"离职倾向"形成的机理模型，[⑤] 强调要关注创新创业人才就业不稳定性的影响因素，甚至是员工的工作生活质量都会对离职倾向产生影响。[⑥] 结构因素如创新创业人才群体的年龄结构、能级结构、知识结构、专业结构、气质结构等，也会对创新人才群体的成长产生影响。[⑦]

本项目组成员王明杰以德国、美国、英国、法国为例，比较分析了主要发达国家城市创新创业生态体系建设，为中国创新创业人才队伍建设提供了国际经验和参考模式。其中，德国"工业4.0"创新创业生态体系建设的主要特征是政府资助与多样化融资渠道；有效的企业孵化模块；创新教育；产业集群化、规模化；以及完善的科研体系。美国城市创新创业生态体系的主要特征有政府法律法规及政策支持；政府项目计划支持；政府采购；创业服务机构；资源体系化。英国城市创新创业生态体系建设的主要特征是鼓励万众创新；资金支持；政府政策扶持；创新助

---

①　江欣．基于 EQC 框架的无边界职业成长机理研究 [D]．杭州：浙江工商大学，2015.

②　符谢红．易变性职业生涯路径研究 [D]．武汉：东华大学，2013.

③　关翩翩．员工生涯适应力研究：自我与组织职业生涯管理的影响及其结果 [D]．广州：华南理工大学，2017.

④　凌玲．员工培训对组织承诺、离职倾向的影响机理研究：以可雇佣性为中介变量 [D]．广州：华南理工大学，2012.

⑤　缴旭．青年科技人才离职倾向形成机理及管理对策研究 [D]．北京：中国农业科学院，2017.

⑥　李兴林．知识员工工作生活质量对离职倾向的作用机理研究——基于职业倦怠的中介效应和机会感知的调节效应 [D]．成都：西南财经大学，2014.

⑦　张维和．结构因素对创新人才群体成长的影响 [J]．中国高校科技，2011 (9)：62-65.

推器计划。法国城市创新创业生态体系建设的主要特征有法律制度保障；良好的企业孵化环境；多形式融资渠道；产学研结合；财税激励政策。图 5 - 7、表 5 - 15 比较好地阐释了以德国、美国、英国、法国为代表的主要发达国家创新创业生态体系的形成机制，认为创新创业生态体系是一个稳定、持续、协调的生态系统，系统内不同类型资源的生成、汇聚、互换与协调形成了创新创业的有机运行体系，具体包括资源生成与整合、资源互换、组织聚合三大机制。对中国建设城市创新创业生态体系的启示：一是强化政府服务职能，因为政府在创新创业生态体系的建设中发挥着主导作用；二是构建良好的资金支持体系，为技术创新、科研成果产业化、市场化提供充足的资金来源；三是建设有效的孵化服务体系，推动创新型企业集群化；四是打造宜居宜业的生活环境，因为宜居宜业的生活环境能够吸引人才和企业的聚集，是创新创业生态体系建设的外部环境要素；五是培养创新型人才，建立先进开放的科研体系，提高创新推动创业、提升经济价值的实际效果。①

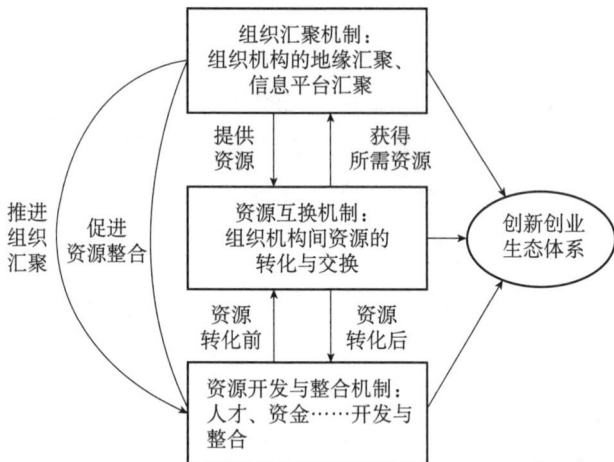

图 5 - 7　创新创业生态体系形成机制

资料来源：王明杰. 主要发达国家城市创新创业生态体系建设比较研究——以德国、美国、英国、法国为例 ［J］. 行政论坛，2016（2）：99 - 104.

---

① 王明杰. 主要发达国家城市创新创业生态体系建设比较研究——以德国、美国、英国、法国为例 ［J］. 行政论坛，2016（2）：99 - 104.

表 5 – 15　　　德国、美国、英国、法国的创新创业生态体系建设举措

国家	资源生成与整合机制	资源互换机制	组织汇聚机制
德国	创新教育；政府资助；多样化基金；完善的科研体系	企业刺激计划；有效的企业孵化模块	产业规模化、集群化
美国	法律法规及政策支持；项目支持（政府资助）；政府采购	创业服务机构	资源体系化
英国	资金支持（基金）；万众创新（创新教育）	两项政策扶持	创新助推计划
法国	法律制度保障；政府资助；多样化基金	良好的企业孵化环境；财税激励政策	产学研结合

资料来源：王明杰. 主要发达国家城市创新创业生态体系建设比较研究——以德国、美国、英国、法国为例 [J]. 行政论坛，2016（2）：99 – 104.

（二）OCD 技术对中国创新创业人才队伍建设的效能研究

中国创新创业人才队伍建设的实际效应或实际效能如何？现有研究主要关注以下几方面。

一是从政策角度进行评估。例如，李锡元等从人才政策投入产出和效果持久度两方面对高层次人才政策的效能进行了评估，认为人才政策投入产出效率比较高，但政策效果持久度虽然有所提升却不稳定。究其原因，主要是人才吸引政策特色不鲜明；人才政策重引进轻自主培养；缺乏对引进人才的考核评估；政策缺乏系统性，项目碎片化；融资激励政策体系不健全。[①] 芮国强等对地方政府人才政策的效能进行了评估，结果发现人才政策的差异性不足、协调性不够、均衡性不高、时效性不强，是阻碍中国地方政府人才政策效能的关键因素。[②] 李芹则对河南省的科技人才政策及其效能进行了评价，发现科技人才政策吸引力不强，科技成果产出率和市场化程度不高，科技人力资源结构不佳，"塔尖"人才严重

---

① 李锡元，边双英，张文娟. 高层次人才政策效能评估——以东湖新技术产业开发区为例 [J]. 科技进步与对策，2014（21）：114 – 119.

② 芮国强，彭伟，陈童. 地方政府人才政策效能评估——以常州为例的实证研究 [J]. 学海，2017（6）：156 – 160.

缺乏。导致河南省科技人才政策效能不高的原因主要有三条，即科技人才政策整体较为粗放，存在短板；缺乏及时有效的评估，政策成本意识不强；经济优势不明显，科技发展环境一般。① 郭国平专门评估了江苏省南京市人才政策体系的效能，认为现有南京人才政策的体系化、系统化初步形成，人才政策的宏观指导与实际操作结合比较紧密，人才政策涉及领域比较全面，不仅包涵了党政人才、经营管理人才、专业技术人才、高技能人才和农村实用人才，而且包含了上述各类人才的子女入学、工资待遇、医疗、户籍制度、创新创业、学习、培训等各个方面。但人才政策的效能缺失，主要表现为落实不到位，人才政策部分贬值；政策的超前性、连续性、创新性、统一性不够，导致政策威力不强；思想观念保守，对人才资源认识不足；服务功能薄弱，创业环境不够宽松；以及管理体制僵化，改革创新相对滞后等。② 崔祥民等以江苏省镇江市为例，对创新创业人才政策效能评价进行了研究，从公共政策理论出发，构建了由效益性指标、协调性指标和公正性指标构成的评价指标体系，发现镇江市创新创业人才政策效能已经逐步得以显现，政策的公正性较好，协调性部分环节需要加强，效益性分化明显。③

二是从人才角度进行评价。例如，周学军等对科技人才效能研究状况进行了综述，内容涉及人才效能的内涵及实现路径与人才效能的计量标准等，并将科技人才效能界定为科技人才投入资金、时间等资源从事科研活动取得一定的科研成果和经济产出。结果发现，科技人才独特的个性特征和职业特征，决定了其科技成果转化为经济效益的难度较大，有必要对其产出成果分开度量，能直接转化为经济效益的部分定义为经济效能，主要用高新技术产品总产值、高新技术产品出口贸易额、新产品销售收入和技术合同成交额等四个指标来衡量。以科研成果为表现形

---

① 李芹. 河南省科技人才政策及其效能评价 [J]. 河南农业, 2016 (4)：60 – 62.

② 郭国平. 南京人才政策体系效能分析 [J]. 人才开发, 2015 (7)：16 – 17, 61.

③ 崔祥民，王济干. 创新创业人才政策效能评价研究——以镇江为例 [J]. 科技与经济, 2017 (6)：86 – 90.

式的部分定义为科技效能，主要用三方专利申请量和授权量、科技成果及获奖数、科技论著和科技论文数等三个指标来衡量。[①]

三是从建设角度进行评定。例如，刘有升研究了科技创新创业人才队伍建设效率问题，认为科技创新创业人才队伍建设是创新型国家建设和创新型省份建设的重要突破口，综合实证分析及专家访谈意见，强调提升科技创新创业人才队伍建设效率应促进政策链、产业链、人才链、创新链融合，打造科技创新创业人才队伍建设生态系统。具体建议如下：首先，优化顶层设计，加强政策链引领，重点要树立系统思维，激发协同效应，持续动态优化，一方面，及时应对不断发展的形势，以此检验科技创新创业人才队伍建设政策的时效性及实效性；另一方面，深度契合相关主体的合理需求，以科技创新创业人才队伍建设政策的人性化、动态化来增强科技创新创业人才队伍建设的生命力。其次，发挥市场导向，凸显产业链拉动，重点要做强产业集群，推进成果转化，增进资金供给，为科技创新创业人才的发展提供资金扶助。再次，夯实平台建设，强化人才链引擎，重点注重区域化，促进基地化，强化"龙头"效应。一方面，要搭建平台，改革人才培养模式，完善高端创新人才和产业技能人才"二元支撑"的人才培养体系，尤其是理工科高校应在这方面发挥表率作用，为科技创新创业人才队伍建设拓宽渠道；另一方面，要培育高端人才，创新链要有效嵌入产业链需要人力资本做支撑，应着重培养领军科技创新创业人才，加强团队引进和梯队建设。最后，营造文化氛围，增进创新链实力，重点要改进环境，凸显激励，丰富载体，为各级各类科技创新创业人才的建功立业减负。[②] 杨庆还对海外高层次人才引进效能进行了评估，在宏观层面主要从海外高层次人才引进规模、引进结构、流向分布及引进质量四个方面进行分析，对中国海外高层次人才

[①] 周学军，陈颖. 科技人才效能研究综述［J］. 企业研究，2012（22）：142－143.

[②] 刘有升. 省域科技创新创业人才队伍建设效率研究［J］. 重庆文理学院学报（社会科学版），2018（2）：106－113.

引进效果进行客观描绘；在微观层面主要考察引入海外高层次人才对企业创新绩效的影响，以及个体特征、岗位任职特征对其引进绩效的具体作用，结果显示海外高层次人才引进有利于提高企业绩效，并且部分个体特征及岗位特征对引进绩效的发挥影响显著。①

但所有这些研究都没有关注职业生涯开发技术对创新创业人才队伍建设的影响，我们在国家图书馆内也没有发现类似的研究成果。调查结果显示，我国有接近一半的组织机构从未对职业生涯开发活动做过评估（占比为 47.68%），远高于美国的比例。已经开展评估的组织机构对其效果基本上持消极态度，对职业生涯开发实践的效果不太乐观，调查样本中没有一家组织机构选择"非常有效"，认为"多少有些效果"的也只有 28.57%，而认为完全无效或几乎无效者却高达 47.62%，接近一半比重。究其原因，是这些组织机构从来没有开展过职业生涯开发活动，占比为 42.86%，正在开展职业生涯开发活动的组织机构也只有 19.05%，并且有高达 57.14% 的组织机构实施职业生涯开发系统的时间不足 1 年，相关调查数据的统计分析与描述详见第三章。

我们认为，创新创业人才队伍建设的重要性不言而喻，因为人才是一切事业发展成功与否的根本，是一个国家和地区加快发展的关键因素。创新创业人才队伍建设是实现现代化追赶战略的必由之路，从美国追赶英国，到日本追赶美国，再到韩国追赶欧洲，一个共同规律就是实施人力资本优先积累战略，注重人才的累积效应。② 搞好创新创业人才的贮备，为后续发展增动力、蓄能量，是托起中国梦、实现中华民族伟大复兴的最可靠力量。对于中国这样一个最大的发展中国家来说，各行各业都缺乏人才，因而要注意储备各类人才，但当务之急是要追求创新创业人才队伍建设的精准累积效应。不仅需要有明确的战略目标规划，这是

① 杨庆. 海外高层次人才引进效能评估与提升研究 [D]. 天津：天津大学，2017.
② 于丽芬. 中国梦与创新创业人才队伍建设 [J]. 大连海事大学学报（社会科学版），2014（2）：41-43.

判断精准与否的标准，更要有达成目标的途径、模式和机制，而有组织的职业生涯开发与规划可以提供可行性方案。从目标来看，就是要重点围绕培养人才、激励人才、引进人才、合理使用人才等方面科学规划、大胆创新，紧扣国家经济社会发展的战略布局，更大力度地引进急需的紧缺人才，既要眼睛向内，也要眼睛向外，广开进贤之路，多渠道吸引国内外人才，我们称之为国家战略人才储备。但人才引进或人才储备只是第一步，更重要的是要加大核心人才的开发力度，坚持以引进为辅、以开发为主，逐步实现由引人才到造人才的转变，最终达到自我供给、自我发展的目的。我们认为职业生涯开发技术，包括个人职业生涯开发（PCD）技术与有组织的职业生涯开发（OCD）技术，有助于该目标的达成。

第五节 小结

本章讨论了中国创新创业人才建设路径的多样性和创新创业人才的评价标准以及有组织的职业生涯规划（OCD）技术对中国创新创业人才队伍建设的作用机理及其效能研究等主题。

1. 关于创新创业人才建设路径的多样性研究

我们运用文献计量学的理论、方法与技术，对中国知网（CNKI）中1049篇创新创业人才研究文献进行了统计分析。研究发现，中国创新创业人才研究可分为三个阶段，并且该领域论文发表数量呈指数型增长，样本文献的期刊分布也符合布拉德福定律，但还没有形成核心作者群与核心研究机构，处在高校"唱独角戏"阶段，导致研究主题的重点只关注创新创业人才及其培养问题。当务之急就是要不断增强中国创新创业人才研究的开放度与参与度，并从如何开展务实研究、进行理论创新、拓展研究主题、改进研究方法四个方面对未来研究提出具体建议。

但创新创业人才培养只是解决增量问题，创新创业人才建设还要关注存量问题与潜量问题，我们称之为创新创业人才建设的"三驾马车"。其中，存量是创新创业人才建设的基础，它揭示的是一定时空点内的创新创业人才累积数量及其特征。诸如创新创业人才的数量、质量与结构，衡量指标有人才的绝对数与相对数，实证研究表明中国不同地区的人才存量有很大区别。增量是创新创业人才建设的关键，是指一定时间点和一定范围内的创新创业人才在原有累积数量基础上新增加的数量及其特征。存量创新创业人才与增量创新创业人才共同构成了创新创业人才的规模与结构，创新创业人才是存量创新创业人才与增量创新创业人才有机组合而成的整体。存量创新创业人才是增量创新创业人才实现的基础，增量创新创业人才是存量创新创业人才实现数量发展和质量提升的源泉，因而增量创新创业人才是关键因素。潜量是创新创业人才建设的根本，创新创业人才潜量是指，在一定区域、一定时间内以及在一定培养环境和开发条件下有可能成为创新创业人才的总量或最高界限。中国是世界上创新创业人才潜量最大的国家，其效能取决于人才资源的规模与结构，而人才资源与人力资源、人口资源有着密切联系，因而创新创业人才建设的根本任务就是要实现人口资源资本化、人力资源资本化或人才资源资本化，即将人口资源转化为人力资源，再将人力资源转化为人才资源，最后将人才资源转化为创新创业人才资源。已经转化为创新创业人才的数量，称之为创新创业人才存量；在规定时间和空间内新增加的创新创业人才数量，称之为创新创业人才增量。它们之间的关系用公式表示：本期期末创新创业人才数量或存量 = 上期期末创新创业人才存量 + 本期内创新创业人才增量。

2. 关于创新创业人才的评价标准研究

中国对创新创业人才评价标准的研究有三种情形：一是关于创新创业人才评价标准的研究；二是关于创新人才评价标准的研究；三是关于创业人才评价标准的研究。每一类研究都包括人才培养的评价标准与人才的评价标准两部分。相对来说，研究创新人才评价标准的文献较多，之后是创业人才评价标准研究，最后是创新创业人才评价标准的研究。

在此基础上，我们介绍了人才评价标准理论，分析了中国人才评价标准的演变过程，构建了包括 5 个一级指标和 13 个二级指标的创新创业人才评价标准体系。最后，介绍了中国各级政府创新创业人才的条件要求。

3. 关于有组织的职业生涯规划（OCD）技术研究

职业生涯开发技术主要是指，利用从研究和实际经验中获得的现有知识或从外部引进技术，为职业生涯实践进行实质性的改进工作，以达到有效、便捷等特定目的的方法和手段。具体分为两类。

一是个人职业生涯开发（PCD）技术，主要通过心理学、脑科学和生涯发展学科的专业知识，帮助个体发现最佳潜能优势结构，并科学确立适合发展的核心目标，制定行动方案，提升自信、完善不足，解决在学习、工作中的各类问题。常用的开发技术主要有，脑 AT 技术，行为改变技术，职业测评技术，职业锚技术和 SWOT 分析技术。

二是有组织的职业生涯开发（OCD）技术，是指组织为了自身战略发展的需要，协助员工规划其职业生涯的发展，并为员工职业生涯发展设计通道，提供必要的教育、培训、轮岗、晋升等发展机会，是组织为了达成组织和个人的目标而采取的一系列旨在开发人的潜力的措施。常用的有组织的职业生涯开发技术主要有：组织的基础工作，组织的胜任力模型，组织的培训与发展，组织的教练技术和组织的继任计划。

4. OCD 技术与创新创业人才队伍建设的关系研究

有组织的职业生涯开发（OCD）技术对创新创业人才队伍建设有着重要的影响，是创新创业人才队伍建设最直接、最有效的工具。但创新创业人才队伍建设是一个复杂的系统工程，其影响因素主要有以下四种。一是政策环境因素，中国创新创业人才队伍的兴起是国家创新创业政策催生的结果；二是教育培养因素，主要培养既能创新又能创业的复合型人才；三是引进使用因素，最关键的问题不是创新创业人才的引进，而是创新创业人才的使用；四是职业发展因素，最终目标就是要构筑个人和组织双赢模式。由此构成了中国创新创业人才队伍建设的作用机理模型，借此促进中国创新创业人才队伍建设的蓬勃发展，我们称之为"四季常青"机理模型。其中，教育培养因素的作用主要体现为增量功能，解决增量创新创业人才问题；引进使用因素的作用主要表现为存量功能，盘活存量创新创业人才问题；政策环境因素主要发挥潜量的作用或功能，解决潜量创新创业人才问题。

至于如何评估中国创新创业人才队伍建设的实际效应或实际效能？现有的研究成果主要集中在三方面：一是从政策的角度进行评估；二是从人才的角度进行评价；三是从建设的角度进行评定。但都没有关注职业生涯开发技术对创新创业人才队伍建设的影响。事实上，职业生涯开发技术，包括个人职业生涯开发（PCD）技术与有组织的职业生涯开发（OCD）技术，有助于创新创业人才队伍建设的精准累积效应目标的达成。

第六章　结论与建议：对策分析

诚如前面四章所看到的，我们在每一章都设有小结，旨在对本章研究的主要内容和结论进行概括与总结。这里单独设置一章来写"结论与建议：对策分析"，为尽量避免重复，着重讨论本书研究的创新之处或与别人不同的观点或结论。

第一节　如何理解创新创业人才

我们详细分析了学术界关于创新创业人才的研究成果，然后从四个方面进行了新的探索。

第一，将创新与创业作为两个维度，设计了一个人才分类矩阵图，如图6-1所示，将人才概括为四类：其一是既有创新又有创业的人才，即创新创业人才；其二是只有创新没有创业的人才，即创新人才；其三是只有创业没有创新的人才，即创业人才；其四是既没有创新也没有创

图 6-1　人才分类矩阵

资料来源：本书课题组绘制。

业的人才，即普通人才。

第二，引入时间维度与空间维度对创新创业人才重新进行界定，创新创业人才是指，在一定时间点和一定范围内同时具备创新与创业两方面特质，并在社会经济发展中作出积极贡献的人。因为时空条件的不同会导致不同时间段和不同范围内的创新创业人才在数量、质量及其结构上出现差异。我们在第四章实证分析了中国不同地区的人才差异，发现导致差异最直接的原因就是时间和空间。据此，我们以 2016 年为例，构建了分地区大学专科及以上人数分布与排行榜。其中，6 岁及以上人口数排列前 3 位的是广东、山东与河南，但大学专科及以上人口数排列前三位的是广东、江苏和山东；特别是从相对数看，排列前三位的是北京、上海、天津，但其专科及以上人口数却分别排列为第 4 位、第 12 位、第 21 位，其 6 岁及以上人口数则分别排列为第 26 位、第 24 位、第 27 位。可见，此绝对数排名与相对数排名很好地揭示了中国不同地区人才存量的数量、质量与结构。

第三，提出了创新创业人才队伍建设的理论模型，如图 6-2 所示，中国创新创业人才队伍建设的路径主要依靠教育，特别是高等院校，其主要功能是创新人才的培养，不断提供创新人才的增量。其实，创新创业人才的建设不仅要考虑增量问题，还要考虑存量问题，更要考虑潜量问题，我们称之为创新创业人才队伍建设的"三驾马车"。

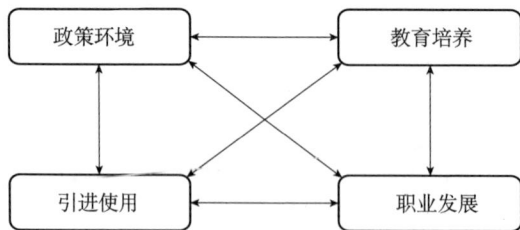

图 6-2　创新创业人才队伍建设的"四季常青"机理模型

资料来源：本书课题组绘制。

其一，存量是创新创业人才队伍建设的基础。存量创新创业人才是指，在一定时间点和一定范围内的创新创业人才累积数量及其特征。研究表明，中国创新创业人才的数量、结构及其分布在不同时间点上和不同范围内存在明显差异，不同地区拥有的创新创业人才累积数量是不同的，直接影响该地区的经济社会发展水平。因此，可以说无论是对一个地区还是对一个国家，拥有的存量创新创业人才的累积数量，直接构成该地区或国家经济社会发展的基础。

其二，增量是创新创业人才队伍建设的关键。增量创新创业人才是指，在一定时间点和一定范围内的创新创业人才在原有累积数量基础上新增加的数量及其特征。无论是一个国家还是一个地区或是一个单位，都需要处理好存量创新创业人才与增量创新创业人才的关系，其共同构成创新创业人才的规模与结构。其中，增量创新创业人才是关键因素，如果在创新创业人才增量方面出现不断萎缩甚至是断流的情况，原来创新创业人才基数再大的存量也会不断萎缩，甚至整个创新创业人才规模与结构彻底消亡。

其三，潜量是创新创业人才队伍建设的根本。潜量创新创业人才是指，在一定区域、一定时间内以及在一定培养环境和开发条件下有可能成为创新创业人才的总量或最高界限。中国是世界上创新创业人才潜量最大的一个国家，因为我们长期以来拥有世界上最多的人口数（稳居第一），一直占世界人口总数的20%左右。

第四，构建了包括5个一级指标和13个二级指标的创新创业人才评价标准体系，其中，5个一级指标或5个评价维度分别是"德行""知识""能力""创新"和"业绩"。

第二节　如何理解职业生涯开发

职业生涯开发在西方是一个比较成熟的研究领域，具体包括两方面，即分别从个人发展角度与组织发展角度研究职业生涯及其开发问题。其基本思想是组织或者个人如何把个人发展与组织发展结合起来，对决定个人职业生涯的个人因素、组织因素和社会因素等进行分析，制定对个人一生中在事业发展上的战略设想与计划安排。中国职业生涯开发研究基本上源于国外，还处在研究的初级阶段。

但我们通过分析职业、职业生涯、职业生涯开发、职业发展、职业管理等一系列概念后，发现学术界缺乏"职业生涯开发技术"或"职业生涯规划技术"的概念。本书首次提出并系统分析了这一新的技术概念，认为职业生涯开发技术或职业生涯规划技术，就是利用从研究和实际经验中获得的现有知识或从外部引进技术为职业生涯实践进行实质性的改进工作，以达到有效、便捷等特定目的的方法和手段。

参照西方职业生涯开发的分类，我们将职业生涯开发技术分为基于个体的职业生涯开发（PCD）技术与基于有组织的职业生涯开发（OCD）技术。个体的职业生涯开发（PCD）技术是指，通过心理学、脑科学和生涯发展学科的专业知识，帮助个体发现最佳潜能优势结构，并科学确立适合自身发展的核心目标，制定行动方案，提升自信、完善不足，解决在学习、工作中的各类问题。主要技术工具有自我分析技术、内外环境分析技术、职业（岗位）选择技术、生涯目标抉择技术、职业生涯路线选择技术等。常用的开发技术主要有：脑 AT 技术，行为改变技术，职业测评技术，职业锚技术和 SWOT 分析技术。有组织的职业生涯开发（OCD）技术是指，组织为了自身战略发展的需要，协助员工规划其职业生涯的发展，并为员工的职业生涯发展设计通道，提供必要的教育、培训、轮岗、晋升等发展机会，是组织为了达成组织和个人的目标而采取的一系列旨在开发人的潜力的措施。常用的有组织的职业生涯开发技术主要有，组织的基础工作，组织的胜任力模型，组织的培训与发展，组织的教练技术和组织的继任计划。

此外，我们首次采用美国培训与开发学会（ASTD）关于有组织的职业生涯开发（OCD）问卷量表，在略做修订后对中国创新创业人才 OCD

的实践状况进行了专题调研。具体数据采集的途径主要有两种：一是发放纸质问卷进行填写；二是在问卷星平台发布调查问卷。最后，将纸质问卷的调查内容输入问卷星，通过问卷星生成调查数据。因此，本书通过对中国创新创业人才OCD的实践状况进行专题调研，并对中国、美国有组织的职业生涯开发（OCD）实践状况进行了比较研究，可以说在本领域迈出了第一步。

第三节 如何理解职业生涯开发
与创新创业人才的关系

职业生涯开发与创新创业人才是一种相辅相成的关系，因为职业生涯开发技术对个人和组织都有着重要的影响，无论是基于个体的职业生涯开发（PCD）技术，还是有组织的职业生涯开发（OCD）技术，都是利用从研究和实际经验中获得的现有知识或从外部引进技术为职业生涯实践进行实质性的改进工作，以达到有效、便捷等特定目的的方法和手段，因而对创新创业人才队伍建设具有直接的指导意义，特别是有组织的职业生涯开发（OCD）技术是创新创业人才队伍建设最直接、最有效的工具。

其中，有组织的职业生涯开发（OCD）技术与创新创业人才队伍建设的作用机理，可概括为"四季常青"机理模型，如图6-2所示，意味着影响中国创新创业人才队伍建设的因素主要有四个：一是政策环境因素；二是教育培养因素；三是引进使用因素；四是职业发展因素。其中，教育培养因素的作用主要体现为增量功能，解决增量创新创业人才问题；引进使用因素的作用主要表现为存量功能，盘活存量创新创业人才问题；政策环境因素主要发挥潜量的作用或功能，解决潜量创新创业人才问题。

至于如何评估中国创新创业人才队伍建设的实际效应或实际效能？

现有的研究成果主要集中在三方面：一是从政策的角度进行评估；二是从人才的角度进行评价；三是从建设的角度进行评定，但都没有关注职业生涯开发技术对创新创业人才队伍建设的影响。事实上，职业生涯开发技术，包括个人职业生涯开发（PCD）技术与有组织的职业生涯开发（OCD）技术，有助于创新创业人才队伍建设的精准累积效应目标的达成。

主要参考文献

［1］［德］马克斯·韦伯. 新教伦理与资本主义精神［M］. 黄晓京，彭强，译. 成都：四川人民出版社，1986.

［2］［美］Edgar H. Schein, John Van Maanen. 职业锚：变革时代的职业定位与发展（第4版）［M］. 陈德金，冯展，译. 北京：电子工业出版社，2016.

［3］［美］兰斯·A. 伯杰，多萝西·R. 伯杰. 人才管理：甄选、开发、提升最优秀的员工，让人才成为组织的持续竞争优势（第二版）［M］. 北森人才管理研究院，译. 北京：中国经济出版社，2012：113－124.

［4］［美］Edgar H. Schein. 职业的有效管理［M］. 仇海清译. 北京：三联书店，1992.

［5］［美］托马斯·G. 格特里奇，赞迪·B. 莱博维茨，简·E. 肖尔. 有组织的职业生涯开发［M］. 李元明，吕峰，译. 天津：南开大学出版社，2001.

［6］［美］约瑟夫·E. 熊彼特. 经济发展理论——对于利润、资本、信贷、利息和经济周期的考察［M］. 何畏，易家详，等译. 北京：商务印书馆，1990.

［7］《十三经注疏》整理委员会（李学勤主编）. 十三经注疏·毛诗正义（上中下）［M］. 北京：北京大学出版社，1999：628.

［8］边婧. 新时期德才问题研究［D］. 南京：东南大学，2005.

［9］蔡莉，崔启国，刘静. 基于网络视角的创业环境：概念、体系构成和分析框架［J］. 管理现代化，2007（3）：26－28.

［10］曹之然. 创业理论研究：共识、冲突、重构与观察［J］. 现代

经济探讨，2008（9）：39 – 43.

［11］陈宝生．在新时代全国高等学校本科教育工作会议上的讲话（2018 年 6 月 21 日）［J］．中国高等教育，2018（Z3）：4 – 10.

［12］陈畴镛，方巍．知识经济时代理工科大学生经济管理素质的培养［J］．杭州电子工业学院学报，2000，20（2）：46 – 48.

［13］陈芳．产业集群创业人才孵化因素及其作用机理的研究［D］．武汉：华中科技大学，2011.

［14］陈丽君，傅衍．人才政策执行偏差现象及成因研究——以 C 地区产业集聚区创业创新政策执行为例［J］．中国行政管理，2017（12）：95 – 100.

［15］陈文义，张盟山．军事人才学发展的历程、经验及展望［J］．西安政治学院学报，2009（3）：47 – 50.

［16］程津培．走创新型国家发展道路是我国的战略选择［J］．科学咨询（决策管理），2008（5）：100.

［17］程灵．从职业指导到生涯辅导：欧美高校的就业指导及启示［J］．江西科技师范学院学报，2008（1）：11 – 15.

［18］崔行武，王滨，时涛．高层次创业人才能力评价指标体系构建研究［J］．西北人口，2015（5）：63 – 67.

［19］崔杰．创新人才成长环境完善度测评体系与数学方法［J］．统计与决策，2008（1）：18 – 20.

［20］崔祥民，王济干．创新创业人才政策效能评价研究——以镇江为例［J］．科技与经济，2017（6）：86 – 90.

［21］代明，殷仪金，戴谢尔．创新理论：1912～2012——纪念熊彼特《经济发展理论》首版 100 周年［J］．经济学动态，2012（4）：143 – 150.

［22］丁明磊，刘秉镰．创业研究：从特质观到认知观的理论溯源与研究方向［J］．现代管理科学，2009（8）：20 – 22.

［23］董克用．什么是 21 世纪的人才标准？［J］．中国大学生就业，2000（7）：6 – 7.

［24］和学新，张利钧．关于创新及创新人才标准的探讨［J］．上海教育科研，2007（11）：12-14.

［25］董晓芳，赵守国．高等院校创新型人才培养模式的改革思路［J］．科学管理研究，2017（1）：83-86.

［26］董原．基于人才生态学理论的创新创业人才队伍建设［J］．兰州学刊，2016（4）：182-190.

［27］杜敏．职业发展中的"斜杠青年"现象论析［J］．当代青年研究，2017（5）：78-83+114.

［28］段远鹏．创业人才培养系统研究［J］．科学管理研究，2008（6）：70-73.

［29］范韦．新中国人才学诞生小记［J］．人才开发，1999（9）：15.

［30］范云鹏．创新政策对大众创业、万众创新影响的实证分析——以山西省为例［J］．经济问题，2016（9）：87-92.

［31］冯帅，刘冀琼．基于 AHP 的物流管理专业创业人才教育质量评价研究［J］．物流科技，2016（9）：148-151.

［32］符谢红．易变性职业生涯路径研究［D］．上海：东华大学，2013.

［33］致峰．人才成功的规律［J］．人才，1981（7）：20-22.

［34］高林．论科技人才成长的规律［J］．科学学与科技管理资料，1981（10）：16-22.

［35］葛霆．要准确理解"创新"的概念及其本质［J］．中国科学院院刊，2005（6）：515-516.

［36］龚维成，张沁文．试论识别人才的几项原则［J］．科学学与科学技术管理，1981（2）：8-9.

［37］关翩翩．员工生涯适应力研究：自我与组织职业生涯管理的影响及其结果［D］．广州：华南理工大学，2017.

［38］郭彩云，刘志强，曹秀丽．科技创新人才创新绩效指标体系构建与评价——基于 SPSS 与隶属度转换算法［J］．工业技术经济，2016（4）：3-8.

［39］郭国平．南京人才政策体系效能分析［J］．人才开发，2015（7）：16－17＋61．

［40］郭文臣，孙琦．个人—组织职业生涯管理契合：概念、结构和动态模型［J］．管理评论，2014（9）：170－179．

［41］郭宇宽．贾达夫：教育是把人口负担转化为财富的关键［N］．第一财经日报，2007－07－03（A7）．

［42］郭玉玺．人力资源资本化的理论探讨［J］．科技资讯，2014（17）：193．

［43］郭哲，施云燕，官飞．关于推进"推进大众创业、万众创新"政策措施落实情况第三方评估的汇报［J］．科协论坛，2016（4）：42－44．

［44］国家职业分类大典修订工作委员会．中华人民共和国职业分类大典（2015年版）［M］．北京：中国人力资源和社会保障出版集团有限公司，中国劳动社会保障出版社，中国人事出版社，2015．

［45］韩静华，葛民．"人才学"研究资料目录［M］．南京：江苏省图书馆学会，1981：6．

［46］韩丽华．"人才"诠释中的素质教育追求［J］．人才资源开发，2010（4）：16－17．

［47］胡锦涛．坚定不移沿着中国特色社会主义道路前进 为全面建成小康社会而奋斗——在中国共产党第十八次全国代表大会上的报告（2012年11月8日）［J］．求是，2012（22）：2－25．

［48］胡翔．新生代员工自我效能、组织认同与责任心的产生机制——基于工作价值观的视角［D］．武汉：武汉大学，2015．

［49］黄彬．职业决策研究综述［J］．科教导刊（中旬刊），2011（4）：145－146．

［50］黄伯云．落实全国技术创新大会精神 加速高技术新材料产业化［J］．材料导报，1999，13（6）：3－4．

［51］冀润成．人才考核的标准与方法［J］．河北大学学报（哲学社会科学版），1985（4）：180－186．

[52] 江欣. 基于 EQC 框架的无边界职业成长机理研究 [D]. 杭州: 浙江工商大学, 2015.

[53] 缴旭. 青年科技人才离职倾向形成机理及管理对策研究 [D]. 北京: 中国农业科学院, 2017.

[54] 凯瑟琳·杜恩. MIT 创业生态系统 [J]. 科技创业, 2009 (9): 22 - 26.

[55] 康至军, 施琦, 蒋天伦. 人力资源开发阅读地图: 如何让培训更有效 [M]. 南京: 江苏人民出版社, 2013: 17 - 21.

[56] 雷祯孝, 蒲克. 应当建立一门"人才学"[J]. 人民教育, 1979 (7): 21 - 26.

[57] 雷祯孝. 运用人才发展规律来改革教育 [J]. 天津教育, 1981 (3): 46.

[58] 李炳英. 试论企业家与创新环境的构建 [J]. 科学管理研究, 1999, 17 (6): 20 - 21.

[59] 李春波. 工商管理专业创业人才培养模式研究 [J]. 黑龙江教育 (高教研究与评估), 2018 (4): 69 - 70.

[60] 李达. 人才学发展: 历程、成就与展望 [J]. 河北科技师范学院学报 (社会科学版), 2017, 16 (1): 118 - 123.

[61] 李飞. 继任计划 [M]. 北京: 地震出版社, 2004.

[62] 李福刚. 后企业时代有组织的职业生涯开发悖论及创新研究 [D]. 武汉: 武汉大学, 2004.

[63] 李克强. 紧紧依靠改革创新 增强经济发展新动力——在第八届夏季达沃斯论坛上的致辞 (2014 年 9 月 10 日) [N]. 人民日报, 2014 - 09 - 11 (03).

[64] 李芹. 河南省科技人才政策及其效能评价 [J]. 河南农业, 2016 (4): 60 - 62.

[65] 李太明. 以德帅才、德才兼备 [J]. 驻马店师专学报 (社会科学版), 1990 (1): 81 - 83.

［66］李锡元，边双英，张文娟．高层次人才政策效能评估——以东湖新技术产业开发区为例［J］．科技进步与对策，2014（21）：114－119.

［67］李兴林．知识员工工作生活质量对离职倾向的作机理研究——基于职业倦怠的中介效应和机会感知的调节效应［D］．成都：西南财经大学，2014.

［68］李学明．科学构建市场化的创新创业人才评价体系［J］．人才资源开发，2017（17）：33－34.

［69］李州．天津市滨海新区创新创业人才开发研究［D］．秦皇岛：燕山大学，2014：9.

［70］李祚山，陈小异．行为改变技术［M］．北京：北京师范大学出版社，2013：5.

［71］廖泉文．人力资源管理［M］．北京：高等教育出版社，2003：241－243.

［72］廖泉文．职业生涯发展的三、三、三理论［J］．中国人力资源开发，2004（9）：21－23.

［73］林嵩．基于网络视角的创业概念拓展研究［J］．科技进步与对策，2011（16）：72－75.

［74］凌斌，王重鸣．创业专业人才的机会识别与开发策略模型：基于建构主义视角［J］．心理科学进展，2013（4）：701－710.

［75］凌玲．员工培训对组织承诺、离职倾向的影响机理研究：以可雇佣性为中介变量［D］．广州：华南理工大学，2012.

［76］刘春雨．2020年我国全面迈入创新型国家行列——基于创新型国家评价体系的视角［J］．宏观经济管理，2017（1）：34－37.

［77］刘芳，李院平．新时期独立学院学生创业能力培育探析［J］．山西师大学报（社会科学版），2012（S3）：131－132.

［78］刘光阳．CiteSpace国内应用的传播轨迹——基于2006－2015年跨库数据的统计与可视化分析［J］．图书情报知识，2017（2）：60－74.

［79］刘洪久，刘清扬，胡彦蓉，孙伟国．基于生态学视角的科技人

才效能发展程度和产出效率研究——来自我国 30 个省区市的数据 [J]. 数学的实践与认识，2017（11）：35 – 43.

[80] 刘丽群，何海．"智慧旅游"背景下众创人才能力评价体系构建探讨——以湖南省大学生创新创业为例 [J]．旅游纵览（下月刊），2017（8）：233 – 234 + 236.

[81] 刘林青，施冠群，陈晓霞．麻省理工学院的创业生态系统探析 [J]．比较教育研究，2009（7）：20 – 24.

[82] 刘林青，夏清华，周潞．创业型大学的创业生态系统初探——以麻省理工学院为例 [J]．高等教育研究，2009（3）：19 – 26.

[83] 刘容志．产业集群创业人才孵化主体的互动与协调研究 [D]．武汉：华中科技大学，2012.

[84] 刘圣恩，马抗美．人才学简明教程 [M]．北京：中国政法大学出版社，1987：99 – 111.

[85] 刘文光．区域科技创业生态系统运行机制与评价研究 [D]．天津：天津大学，2012.

[86] 刘亚，龙立荣．职业决策理论的线索与趋势 [J]．教育研究与实验，2009（2）：78 – 81.

[87] 刘有升．省域科技创新创业人才队伍建设效率研究 [J]．重庆文理学院学报（社会科学版），2018（2）：106 – 113.

[88] 刘泽双．人力资源资本化对企业管理的影响 [J]．西安理工大学学报，2001（1）：105 – 109.

[89] 刘宗鑫，李晓峰．创新人才培养绩效云集成评价模型 [J]．统计与决策，2017（4）：53 – 56.

[90] 卢胜，施冠群，刘林青．创业型大学及创业生态系统初探 [J]．当代经济，2009（3）：118 – 120.

[91] 鲁旭．江苏科技创新创业人才队伍建设研究 [J]．特区经济，2013（6）：49 – 52.

[92] 路甬祥．科技百年的回眸与新世纪的展望 [J]．科学新闻周

刊, 1999 (33): 4 - 7.

[93] 罗群. 试论中国石油地质勘探理论的进一步创新——理论创新的概念、模式与思考 [J]. 中国石油勘探, 2010 (5): 6 - 10, 16, 84.

[94] 罗双平. 职业选择与事业导航: 职业生涯规划技术 (第3版) [M]. 北京: 机械工业出版社, 2008.

[95] 罗友花, 李明生. 资源概念与分类研究——兼与罗辉道、项保华先生商榷 [J]. 科研管理, 2000, 31 (1): 26 - 32.

[96] 马晶晶. 政府促进创新创业的公共政策和服务的效果评估与分析 [D]. 西安: 西安电子科技大学, 2015: 1.

[97] 马峃. 漫谈人才学 [J]. 江苏教育, 1980 (6): 18 - 21.

[98] 马昆姝, 覃蓉芳, 胡培. 文化环境视角下的创业研究框架探讨 [J]. 软科学, 2009 (5): 27 - 30 + 51.

[99] 马力. 职业发展研究——构筑个人和组织双赢模式 [D]. 厦门: 厦门大学, 2004.

[100] 毛泽东. 在中国共产党全国宣传工作会议上的讲话 (一九五七年三月十二日) [M] // 中共中央文献研究室. 毛泽东文集 (第7卷). 北京: 人民出版社, 1999: 270.

[101] 门里牟. 人才学基础 [M]. 呼和浩特: 内蒙古人民出版社, 1986: 59 - 64.

[102] 裴宏森. 人才标准要素构成评析 [J]. 人才资源开发, 2010 (9): 35 - 36.

[103] 裴雪玲. 组织职业生涯管理对敬业度影响的实证分析——以自我职业生涯管理为中介变量 [D]. 镇江: 江苏科技大学, 2017.

[104] 彭永新, 龙立荣. 国外职业决策理论模式的研究进展 [J]. 教育研究与实验, 2000 (5): 45 - 49.

[105] 齐建昌. "人才学" 与戏曲事业 [J]. 戏曲艺术, 1980 (3): 69 - 74.

[106] 齐玮娜. 创业质量的理论与实证研究——基于区域经济的视

角［D］. 广州：暨南大学，2015.

［107］祁娴，于涛，吴励智，曹政，唐希. 互动性视角下的城市创业孵化器建设比较研究——以苏州为例［C］. 中国城市规划学会会议论文集，2017：1564 – 1574.

［108］秦元海，刘顺厚. 以科学人才观为指导创新人才评价机制［J］. 甘肃联合大学学报（社会科学版），2007（2）：35 – 38.

［109］邱妘. 国际化应用型创新人才评价体系构建［J］. 宁波大学学报（人文科学版），2007（6）：76 – 79.

［110］曲婷. "走出去"背景下我国国际化创新人才发展评价及对策研究——以湖南为例［J］. 科学管理研究，2015（2）：85 – 88.

［111］曲逸绪. 为跨越式发展提供强大动力［N］. 吉林日报，2001 – 05 – 27（A02）.

［112］芮国强，彭伟，陈童. 地方政府人才政策效能评估——以常州为例的实证研究［J］. 学海，2017（6）：156 – 160.

［113］润王钧，牟致瑞. 生产力标准与人才标准刍议［J］. 渤海学刊，1989（3）：15 – 17 + 91. 景雰. 选拔人才的生产力标准和德才兼备标准问题刍议［J］. 烟台大学学报（哲学社会科学版），1989（1）：86 – 88.

［114］尚勇. 增强自主创新能力 建设创新型国家［J］. 中国软科学，2005（7）：1 – 3.

［115］沈伟. 大力培育创新创业的领军人才团队［N］. 新华日报，2005 – 10 – 24（A01）.

［116］沈雪萍，顾雪英. 国外职业决策研究述评［J］. 人类工效学，2010（3）：75 – 78.

［117］沈振宇，焦颖，马骁. 知识经济与人力资源资本化［J］. 地质技术经济管理，1999（Z1）：74 – 79.

［118］盛楠，孟凡祥，姜滨，李维桢. 创新驱动战略下科技人才评价体系建设研究［J］. 科研管理，2016（S1）：602 – 606.

［119］石岩涛. 我国创新创业人才培养研究综述［J］. 合作经济与

科技，2017（7）：69 – 71.

［120］时小春，范献胜. 宁波企业研发创新人才评价指标体系构建［J］. 合作经济与科技，2016（10）：178 – 179.

［121］史东风. 基于岗位胜任力的石油企业中层管理者人岗匹配模型研究［D］. 成都：西南石油大学，2011：17.

［122］孙芬，曹杰. 高层次科技创业人才素质评价研究［J］. 山东社会科学，2010（12）：77 – 80.

［123］孙剑光. "X" 型人才论［J］. 经济管理，1986（3）：50 – 52.

［124］孙剑光. 人才类型谈［J］. 中国储运，1996（3）：42.

［125］孙震. 科学人才成长的规律与教育［J］. 内蒙古科技，1981（4）：41 – 50.

［126］汪菁，沈佳文，刘孝斌. 科技创新人才的创新能力评价及区域比较——基于全国 31 个省级行政区的实证研究［J］. 城市学刊，2016（5）：22 – 28.

［127］王进. 高层次创业人才评价指标体系亟待完善［J］. 中国人才，2014（7）：54 – 55.

［128］王康，王通讯. 人才学基础［M］. 哈尔滨：哈尔滨工业大学出版社，1987：22 – 24.

［129］王立忠，彭璐，刘微，王春武，常喜，刘洪波. 光电专业特色化创新创业人才培养标准的构建与探索［J］. 高师理科学刊，2015（9）：90 – 93.

［130］王亮，马金山. 基于熵值法的科技创新人才发展环境评价研究［J］. 科技创新与生产力，2016（3）：1 – 3.

［131］王明杰. 主要发达国家城市创新创业生态体系建设比较研究——以德国、美国、英国、法国为例［J］. 行政论坛，2016（2）：99 – 104.

［132］王鹏，彭代银，王键，储全根，许钒，颜贵明，尹刚，蔡荣林. 安徽省中医药人才存量与需求状况调查暨教学改革对策研究［J］.

安徽中医药大学学报，2015，34（5）：94－96.

[133] 王通讯. 试论人才成长的几个规律 [J]. 新华文摘，1982
（1）：210－212.

[134] 王欣. 职业决策研究综述 [J]. 科技信息，2012（9）：166，127.

[135] 王秀梅. 工科高校创新人才培养及评价研究 [D]. 北京：华北电力大学，2008.

[136] 王一兵译. 学会关心：21 世纪的教育——圆桌会议报告 [J]. 教育研究，1990（7）：73－77.

[137] 王裕群，付一民. 人才类型理论及其在管理科学中的应用 [J]. 人才研究，1988（5）：38－43.

[138] 王占仁，常飒飒. 国际创业教育研究中的核心概念辨析——以"Enterprise"与"Entrepreneurship"语义、语用分析为中心 [J]. 外国教育研究，2015（6）：78－88.

[139] 王震. 人才队伍分类研究——创新人才队伍分类方式在国有企业人才分类中的应用 [D]. 北京：中央民族大学，2012.

[140] 温克勤. 我国历史上的才性之辩 [J]. 天津社会科学，1982
（4）：72－79.

[141] 吴翠花，李慧. 创新人才培养的高校教学质量评价指标研究 [J]. 教育教学论坛，2013（5）：6－8.

[142] 吴荷平. 浅谈创业人才的培养 [J]. 江苏石油化工学院学报，2001（2）：59－61，43.

[143] 吴建洪. 人力资源资本化实施的条件及策略 [J]. 才智，2008（2）：53－54.

[144] 吴林源. 职业设计与职业管理研究 [J]. 现代财经，2001，21（9）：41－44，47.

[145] 吴贻谷，刘花元. 论创造型人才的培养 [J]. 湖南师大学报（哲学社会科学版），1985（3）：11－16.

[146] 吴瑛，刘美玲. 创新创业人才培养理论述评 [J]. 合作经济

与科技，2012（23）：104 - 106.

[147] 吴永才. 论人才表现的德、才同一性及其机理 [J]. 中国人才，1990（10）：18 - 19.

[148] 伍忠祥. 职业管理：助企业与员工共发展 [J]. 经贸导刊，2001（8）：58 - 59.

[149] 夏欣，齐芳. 把科研论文写在祖国大地上 [N]. 光明日报，2016 - 08 - 28（1）.

[150] 先哲. 社会主义市场经济条件下领导人才选用的标准 [J]. 理论导刊，1994（9）：33 - 34.

[151] 李述海. 试论市场经济条件下的党政干部人才标准 [J]. 理论与改革，1994（9）：9 - 10.

[152] 肖为群，樊立宏. 创新创业人才成长：一个整合框架分析 [J]. 科技管理研究，2014（10）：7 - 10 + 16.

[153] 徐辉. 高校创新创业人才培养的评价标准 [J]. 江苏高教，2009（5）：107 - 108.

[154] 徐梓轩. 浅析人力资源资本化与人力资源资本化的实现 [J]. 中外企业家，2013（12）：125 - 126 + 16.

[155] 杨河清，陈怡安. 海外高层次人才引进政策实施效果评价——以中央"千人计划"为例 [J]. 科技进步与对策，2013（16）：107 - 112.

[156] 杨敬东. 略论潜人才的基本类型 [J]. 湖南社会科学，1989（6）：61 - 62.

[157] 杨庆. 海外高层次人才引进效能评估与提升研究 [D]. 天津：天津大学，2017.

[158] 叶培群. 创业氛围的形成机理及对地区创业绩效的影响：浙江实证 [J]. 科技管理研究，2012（12）：62 - 66.

[159] 叶忠海，陈子良，缪克成，杨永清. 人才学概论 [M]. 长沙：湖南人民出版社，1983：69 - 88.

[160] 叶忠海. 中国人才学发展的历程、成就和展望 [J]. 中国人才, 2013 (1): 30 – 33.

[161] 殷朝晖. 构建大学创业生态系统 [N]. 中国教育报·高等教育周刊, 2009 – 10 – 12 (006).

[162] 于丽芬. 中国梦与创新创业人才队伍建设 [J]. 大连海事大学学报 (社会科学版), 2014 (2): 41 – 43.

[163] 俞启定. 论王安石的人才观及人才标准 [J]. 齐鲁学刊, 1983 (2): 31 – 34.

[164] 袁界平, 吴忠. 创业新概念: 战略视角下的创业行为 [J]. 经济体制改革, 2006 (6): 60 – 63.

[165] 翟宛华. 试论孔子的人才标准 [J]. 兰州学刊, 1984 (3): 63 – 67.

[166] 张聪, 赵川平. 创新人才培养需要的评价制度 [J]. 高等农业教育, 2001 (S1): 57 – 58.

[167] 张军, 吴建兰. 创新人才"培养的评价标准"和"培养机制"研究 [J]. 黑龙江史志, 2014 (5): 266 – 267.

[168] 张世高. 关于人才定义 [J]. 党建与人才, 1997 (2): 32 – 33.

[169] 张世高. 关于人才学问题的传达提纲 [J]. 科技管理研究, 1981 (1): 10 – 15.

[170] 张世高. 人才学浅说 [M]. 广州: 科学普及出版社广州分社, 1984: 9 – 11.

[171] 张四龙, 雷竞. 组织职业生涯管理的九大角色 [J]. 中国劳动, 2016 (23): 54 – 57.

[172] 张维和. 结构因素对创新人才群体成长的影响 [J]. 中国高校科技, 2011 (9): 62 – 65.

[173] 张项民. 创新人才研究的理论综述与展望 (上篇) [J]. 中国人才, 2010 (11): 63 – 64.

[174] 张小伟. 新常态下如何激活人才存量 [N]. 首都建设报,

2015 - 06 - 10 (005).

[175] 张艳丽. 管理教练行为模型研究 [D]. 大连：大连理工大学, 2008：24.

[176] 章也. 论孔子的人才分类思想 [J]. 内蒙古社会科学, 1982 (6)：86 - 90.

[177] 赵放辉. 石油企业增量人才管理体系研究 [D]. 青岛：中国石油大学（华东）, 2011：4.

[178] 赵放辉. 增量人才研究初探 [J]. 人力资源管理, 2011 (9)：29 - 31.

[179] 赵鹤. 再论创业的定义与内涵：从词源考古到现代释义 [J]. 教育教学论坛, 2015 (1)：84 - 86.

[180] 赵蓉英, 许丽敏. 文献计量学发展演进与研究前沿的知识图谱探析 [J]. 中国图书馆学报, 2010, 36 (5)：60 - 68.

[181] 郑炳章, 李占乔, 朱燕空. 基于环境视角的创业研究框架构建 [J]. 技术经济与管理研究, 2009 (6)：34 - 36.

[182] 郑琦. 产业集群的创新型创业人才保留机制研究 [J]. 财经理论研究, 2014 (4)：21 - 27.

[183] 郑晓明. 人力资源管理导论 [M]. 北京：机械工业出版社, 2005.

[184] 中央组织部人才工作局. "千人计划" 实施状况问卷调查综述 [J]. 中国人才, 2011 (10)：16 - 18.

[185] 钟祖荣. 杰出性：人才的本质特征 [J]. 中国人才, 1989 (4)：8 - 10.

[186] 钟祖荣. 现代人才学 [M]. 杭州：浙江教育出版社, 1986：98 - 99.

[187] 周方涛. 基于 AHP - DEA 方法的区域科技创业人才生态系统评价研究 [J]. 管理工程学报, 2013 (1)：8 - 14.

[188] 周菲, 黄芩. 对我国近年成名的四百名科技人才的调查报告

[J]. 科学学与科学技术管理, 1981 (2): 33 -35.

[189] 周菲, 黄芩. 为开发人才资源贡献力量——关于我国近年来新出人才的调查 [J]. 山西师院学报 (社会科学版), 1980 (4): 43 -46.

[190] 周劲波, 黄胜. 关系网络视角下的国际创业研究述评 [J]. 外国经济与管理, 2013 (2): 22 -23.

[191] 周学军, 陈颖. 科技人才效能研究综述 [J]. 企业研究, 2012 (22): 142 -143.

[192] 朱宪玲. 关于人才标准理论与实践的历史考察 [J]. 韶关学院学报 (社会科学版), 2005 (5): 58 -61.

[193] 朱晓红, 刘振. 创新型创业机会的生成机制研究——创业者与利益相关者互动视角 [J]. 现代财经 (天津财经大学学报), 2014 (11): 24 -35 +59.

[194] 朱怡. 新员工组织社会化策略与离职倾向关系的实证研究: 以个人一组织匹配为中介变量 [D]. 成都: 西南财经大学, 2014.

[195] 朱云胜. 在新形势下应继续坚持德才兼备以"德"为首的选人用人标准 [J]. 彭城大学学报, 1995 (3): 23 -26.

[196] Anna Miller-Tiedeman. Career decision making and its evaluation [J]. Journal of Career Development, 1979, 5 (4): 250 -261.

[197] Bandura A. Social cognitive theory: an agentic perspective [J]. Asian Journal of Social Psychology, 1999, 2 (1): 21 -41.

[198] Bandura A. Social learning theory of aggression [J]. Journal of Communication, 1978, 28 (3): 12 -29.

[199] Baruch Y., Peiperl M. Career management practices: An empirical survey and implications [J]. Human Resource Management, 2000, 39 (4): 347 -366.

[200] Bradford S. C. Sources of information on specific subjects [J]. Engineering: An Illustrated Weekly Journal, 1934, 137 (26): 85 -86.

[201] Chatman, Jennifer A. Improving interactional organizational re-

search: A model of person-organization Fit [J]. The Academy of Management Review, 1989, 14 (3): 333 – 349.

[202] Cummings J. L. , Doh J. Identifying who matters: Mapping key players in multiple environments [J]. California Management Review, 2000, 42 (2): 83 – 104.

[203] Dawis R. V. , Lofquist L. H. A psychological theory of work adjustment [M]. Minneapolis: University of Minnesota Press, 1984: 75 – 170.

[204] Derek J. de Solla Price. Little science, big science [M]. New York: Columbia University Press, 1965.

[205] Dunn K. The entrepreneurship ecosystems [J]. MIT Technology Review, 2005 (9): 23 – 35.

[206] Francis D. H. , Sandberg W. R. Friendship within entrepreneurial teams and its association with team and venture performance [J]. Entrepreneurship Theory and Practice, 2000, 25 (2): 27 – 37.

[207] Frank Parsons. A prophecy: With the first known use of the term "vocational guidance" [J]. Journal of Counseling & Development, 1926, 4 (4): 152.

[208] Frooman J. Stakeholder influence strategies [J]. Academy of Management Review, 1999, 24 (2): 191 – 205.

[209] Glade W. P. Approaches to a theory of entrepreneurial formation [J]. Explorations in Entrepreneurial History, 1967, 4 (3): 59 – 245.

[210] Gutteridge T. G. , Leibowitz Z. B. and Shore J. E. Organizational career development [M]. San Francisco: Jossey-Bass Pub, 1993.

[211] Gutteridge T. G. Organizational career development systems: The state of the practice [M]. In: Hall D. T. ed. Career development in organizations, San Francisco: Jossey-Bass Publishers, 1986: 50 – 95.

[212] Gutteridge, Thomas G. and Otte Fred L. Organizational career development: What's going on out there? [J]. Training and Development Jour-

nal, 1983, 37 (2): 22 - 26.

[213] Harsha N. Perera, Peter McIlveen. Vocational interest profiles: Profile replicability and relations with the STEM major choice and the Big-Five [J]. Journal of Vocational Behavior, 2018, 106 (6): 84 - 100.

[214] Hitt M. A. , Ireland R. D. , Camp S. M. and Sexton D. L. Strategic entrepreneurship: Entrepreneurial strategies for wealth creation [J]. Strategic Management Journal, 2001, 22 (6 - 7): 479 - 491.

[215] Holland J. L. Makinn vocational choices [M]. Englewood Cliffs. NJ: Prentice Hall, 1997.

[216] Holland J. L. A theory of vocational choice [J]. Journal of Counseling Psychology, 1959, 6 (1): 35 - 45.

[217] ILO. International standard classification of Occupations 2008 (ISCO-08) [EB/OL]. http://www. ilo. org/public/english/bureau/stat/ isco/isco08/index. htm.

[218] Israel M. Kirzner. Perception, opportunity and profit: Studies in the theory of entrepreneurship [M]. Chicago: Chicago University Press, 1979.

[219] Itamar Gati, Naomi Fassa and Yaron Mayer. An aspect-based approach to person-environment Fit: A comparison between the aspect structure derived from characteristics of occupations and that derived from counselees' preferences [J]. Journal of Vocational Behavior, 1998, 53 (1): 28 - 43.

[220] Itamar Gati, Tony Gutentag. The stability of aspect-based career preferences and of the recommended list of occupations derived from them [J]. Journal of Vocational Behavior, 2015, 87 (4): 11 - 21.

[221] Itamar Gati. Pitfalls of congruence research: A comment on tinsley's "the congruence myth" [J]. Journal of Vocational Behavior, 2000, 56 (2): 184 - 189.

[222] Itamar Gati. Using career-related aspects to elicit preferences and characterize occupations for a better person-environment fit [J]. Journal of

Vocational Behavior, 1998, 27 (3): 343 – 356.

[223] Jepson D. A. Vocational decision-making strategy-types: An explora-tory study [J]. Vocational Guidance Quarterly, 1974, 23 (1): 17 – 23.

[224] Krumboltz J. D. Counsellor actions needed for the new career per-spective [J]. British Journal of Guidance & Counselling, 1998, 26 (4): 559 – 564.

[225] Krumboltz J. D. Evaluating computer-assisted career guidance pro-grams [J]. Journal of Career Development, 1990, 17 (2): 133 – 136.

[226] Krumboltz J. D. Representing the process of changing jobs: A re-action to the conceptual framework for job change [J]. Journal of Career De-velopment, 1990, 17 (1): 25 – 29.

[227] Lila Norris, Laurence Shatkin and Martin R. Katz. SIGI PLUS and project LEARN: A retrospective [J]. Journal of Career Development, 1991, 18 (1): 61 – 72.

[228] Lotka A. J. The frequency distribution of scientific productivity [J]. Journal of Washington Academy of Science, 1926, 16 (12): 317 – 323.

[229] Martin R. Katz. Computerized guidance and the structure of occupa-tional information [J]. PROSPECTS, 1988, 18 (4): 515 – 525.

[230] Martin R. Katz. Theoretical foundations of guidance [J]. Review of Educational Research, 1969, 39 (2): 127 – 140.

[231] Mitchell R. K. , Busenitz L. and Lant T. et al. Toward a theory of entrepreneurial cognition: Rethinking the people side of entrepreneurship research [J]. Entrepreneurship: Theory and Practice, 2002, 27 (2): 93 – 104.

[232] Parsons F. Choosing your vocation [M]. Boston: Houghton-Miffi-in, 1909.

[233] Prabalad C. K. , Harnel G. The Cornpetence of the corporation [J]. Harvard Business Review, 1990, 68 (3): 79 – 93.

[234] Rita Gunther McGrath, Ian MacMillan. The entrepreneurial mind-

set: Strategies for continuously creating opportunity in an age of uncertainty [M]. HarvardBusiness School Press, 2000.

[235] Shane S. , Venkataraman S. The promise of entrepreneurship as a field of research [J]. Academy of Management Review, 2000, 25 (1): 217 - 226.

[236] Sonnenfeld J. A. , Peiperl M. A. Staffing policy as a strategic response: A typology of career system [J]. Academy of Management Review, 1988, 13 (4): 588 - 600.

[237] Super D. E. A theory of vocational development. [J]. American Psychologist, 1953, 8 (5): 185 - 190.

[238] Super D. E. Vocational adjustment: Implementing a self-concept [J]. Journal of Counseling & Development, 1951, 30 (2): 88 - 92.

[239] Super D. E. A life-span, life-space approach to career development [J]. Journal of Vocational Behavior, 1980 (16): 282 - 298.

[240] Tversky A. , Kahneman D. Rantional choice and the farming of decisions [J]. Journal of Business, 1986, 59 (4): 251 - 278.

[241] Walker, J. W. , Gutteridge, T. G. Career planning practices [M]. AMA COM, 1979.

[242] Willian J. Rothwell and Henry J. Sredl. The ASTD reference cuide to workplace and performance: Volume 2: Present and future roles and competencies [M]. Paperback: Human Resource Development Press, 2014.

[243] Willianson E. G. The meaning of communication in counseling [J]. The Personnel and Guidance Journal, 1959, 38 (1): 6 - 14.

[244] Yamanaka, Yoshiko. A Historical study on the developmental process of the idea ' vocational guidance ': Deciphering frank parsons' choosing a vocation (1909) [J]. Journal of Science Education in Japan, 2010, 34 (2): 189 - 198.